ZEICHNEN like a Sir

Marcel Kühn

„Drawing like a Sir"

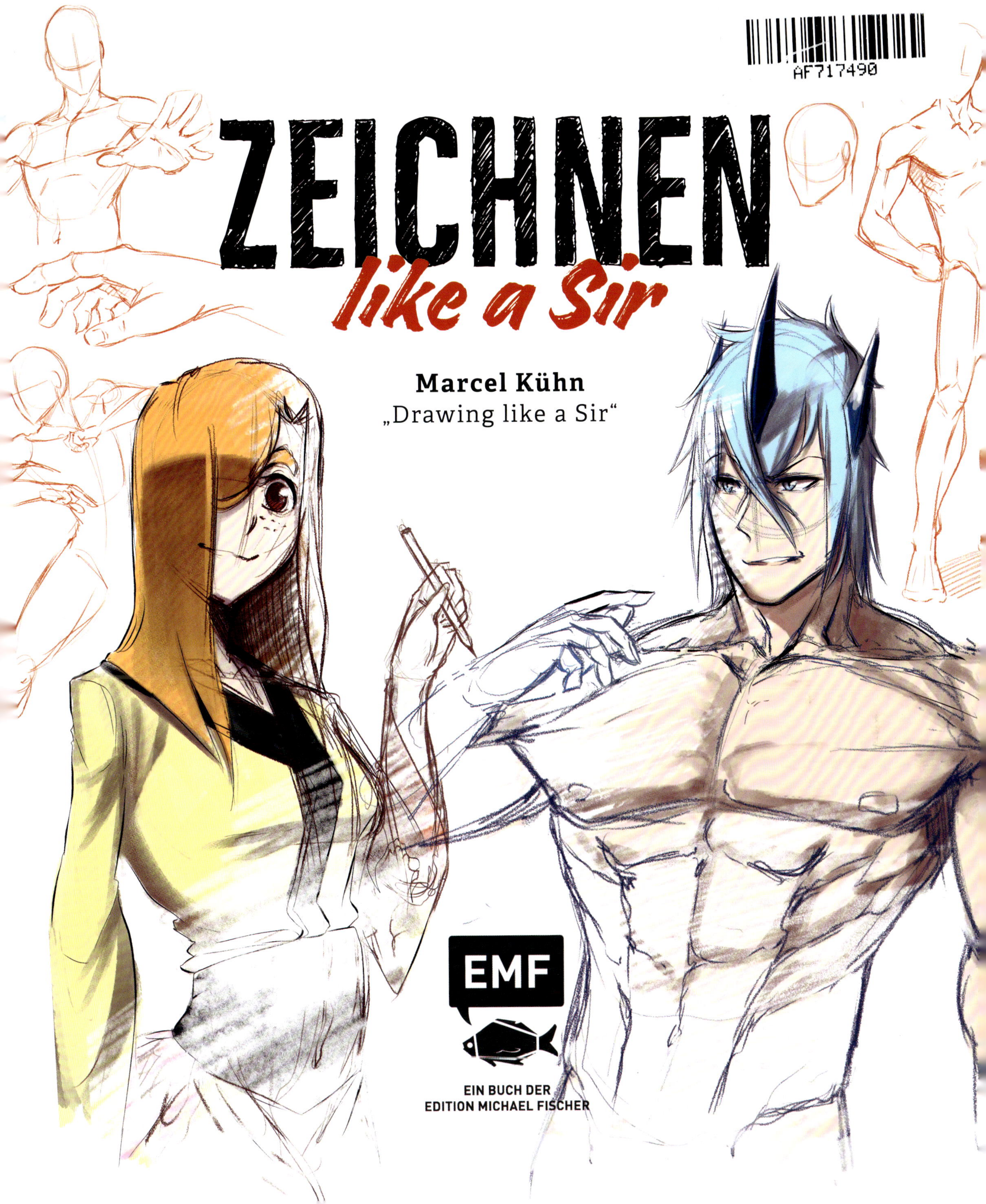

EMF

EIN BUCH DER
EDITION MICHAEL FISCHER

INHALT

4 VORWORT

6 GETTING STARTED KAPITEL 1

8 ALLER ANFANG
12 TRADITIONELLES ZEICHNEN
13 DIGITALES ZEICHNEN
14 MATERIAL & TIPPS ZUM TRADITIONELLEN ZEICHNEN
16 MATERIAL & TIPPS ZUM DIGITALEN ZEICHNEN
18 ÜBUNGEN FÜR DEN ANFANG
20 VON 2D ZU 3D

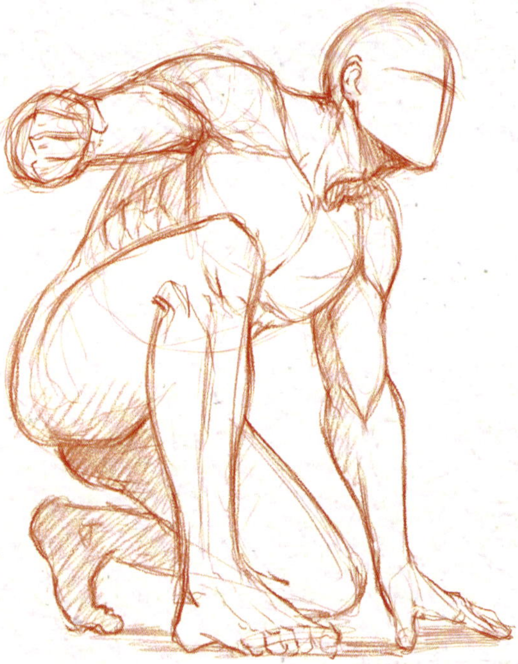

22 GESICHTER ZEICHNEN KAPITEL 2

24 GESICHTSFORM UND AUFBAU
29 *Seitenprofil*
32 *Gesichter in Perspektive*
36 MÜNDER
38 AUGEN
42 NASEN
45 OHREN
46 MIMIK & AUSDRUCK
50 MANN VS. FRAU
52 ALT VS. JUNG

54 HAARE UND FRISUREN KAPITEL 3

56 WIE HAARE FUNKTIONIEREN

64 KÖRPER UND ANATOMIE KAPITEL 4

66 PROPORTIONEN & BASICS
67 *Körper simplifizieren*
70 *Arme & Beine*
73 *Simpler Körper — Step by Step*

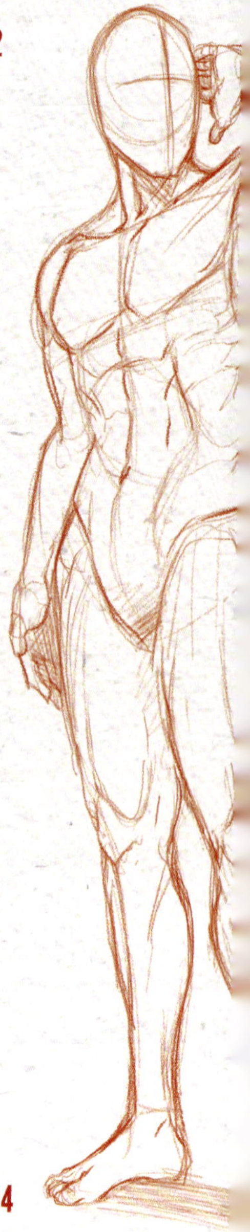

75 DAS NÄCHSTE LEVEL ...
77 *Torso*
78 *Rücken*
79 *Arme*
82 *Beine*
84 *Hände*
90 *Füße*
94 *Das Becken und die Hüfte*
96 *Brüste*
98 *Körpertypen*
99 *Muskeltypen*

101 VON BAUKLÖTZEN ZU ANATOMIE
102 *Oberkörper im Detail*
104 *Arme im Detail*
106 *Beine im Detail*
108 *Körper in Bewegung*

110 KLEIDUNG UND FALTEN KAPITEL 5
112 WIE FALTEN FUNKTIONIEREN

116 POSEN UND DYNAMIK KAPITEL 6
118 DYNAMIK
119 *Contrapposto*
120 *Wind & Schwung*
122 EINE POSE ENTWERFEN

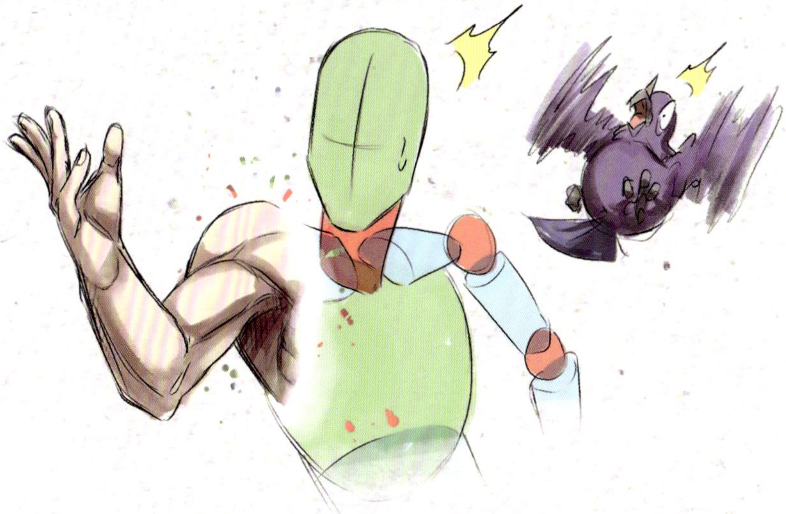

124 PERSPEKTIVE UND RAUM KAPITEL 7
126 PERSPEKTIVISCH ZEICHNEN
130 *Ganzer Körper in Perspektive*

132 DAS ENDE VOM ANFANG KAPITEL 8
134 DEIN EIGENER STIL
136 ARTBLOCK UND BESSER WERDEN
138 THUMBNAIL SKETCHES
140 WIE ICH EIN MOTIV ENTWERFE

142 SCHLUSSWORT
143 ÜBER DEN AUTOR

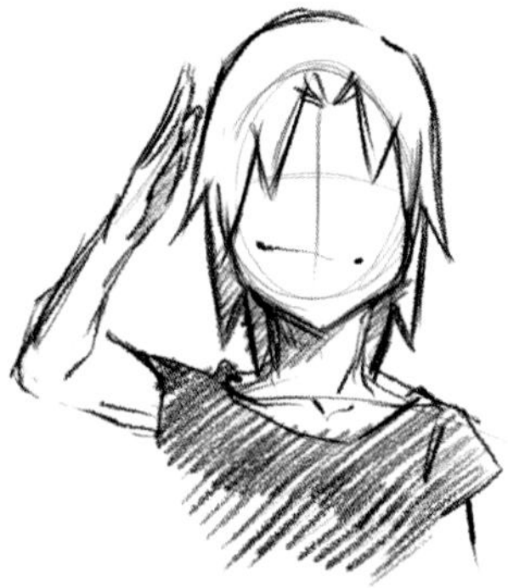

HI! HAST DU KURZ 'NE MINUTE?

Mein Name ist Marcel.

Ich bin der Typ, der dieses Buch gezeichnet und geschrieben hat. Glaub mir: Dieser Text hier ist extrem wichtig für dich. Vielleicht der wichtigste Teil aus diesem gesamten Buch, weshalb ich ihn so weit nach vorne wie möglich setze.

Vor circa 10 Jahren war ich auch da, wo du jetzt bist. Ich weiß genau, wie sich das anfühlt, ein Buch zum Thema „Zeichnen lernen" zu lesen und damit besser werden zu wollen. Egal ob du ganz am Anfang stehst oder schon etwas fortgeschrittener bist, eine Sache musst du immer im Kopf behalten: Zeichnen ist echt absolute Übungssache. Egal ob Manga, Cartoon oder Realismus, das sagen dir alle, die sich damit auskennen. Nachdem du dieses Buch hier durchgelesen hast, wirst du nicht direkt alles daraus supergut selbst zeichnen können. Was aber in diesen ganzen Büchern so gut wie nie dabeisteht und was mir persönlich immer gefehlt hat, ist: Das ist voll und ganz normal!

Nachdem du dieses Buch gelesen hast, weißt du vielleicht, wie man Gesichter oder Körper zeichnet. Aber wenn du selbst darin wenig Erfahrung hast, ist es völlig normal, anfangs noch nicht gut zeichnen zu können.

Das ist, wie wenn du dir ein Video von jemandem anschaust, der einen Rückwärtssalto macht. Natürlich hast du gesehen, wie es funktioniert. Aber du selbst bekommst das ohne Übung definitiv nicht hin. Das Wissen alleine reicht nicht – und so ist es auch beim Zeichnen.

Ich wurde auch nicht mit Talent geboren (ich zeige dir später ein paar alte Zeichnungen von mir). Und eins ist sicher: Du wirst früher oder später an den Punkt kommen, an dem du dir wahrscheinlich die Zähne ausbeißen wirst. Das ist bei fast jeder Kunstform mal der Fall. Aber in der Situation kann ich dir nur empfehlen: Komm gerne hierher zurück. Lies dir diesen Teil und die nächsten Seiten noch mal durch und behalte gerne immer im Kopf, dass selbst deine Vorbilder mit Strichmännchen angefangen haben.

Du liest hier gerade ein Buch von jemandem, der sechs Jahre lang jeden Tag an einer Mangaserie gezeichnet hat. Ich hab selbst erlebt, dass Routine und Übung einen definitiv weiterbringen. „Übung macht den Meister" ist so ein abgedroschener Satz. Wenn es eine Sache gibt, die ich mir im Nachhinein gerne selbst gesagt hätte, ist es diese: Es stimmt halt echt. Aber natürlich kann ich nicht in der Zeit zurückreisen und mir das selbst sagen. Deshalb sag ich's dir.

Ob du's dir zu Herzen nimmst, liegt nun in deiner Hand.

Viel Spaß mit dem Buch!

Ich habe mein Allerbestes gegeben.

Jetzt bist du dran.

- Marcel (DlaS)

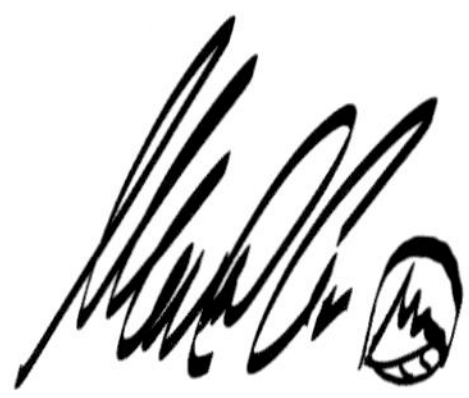

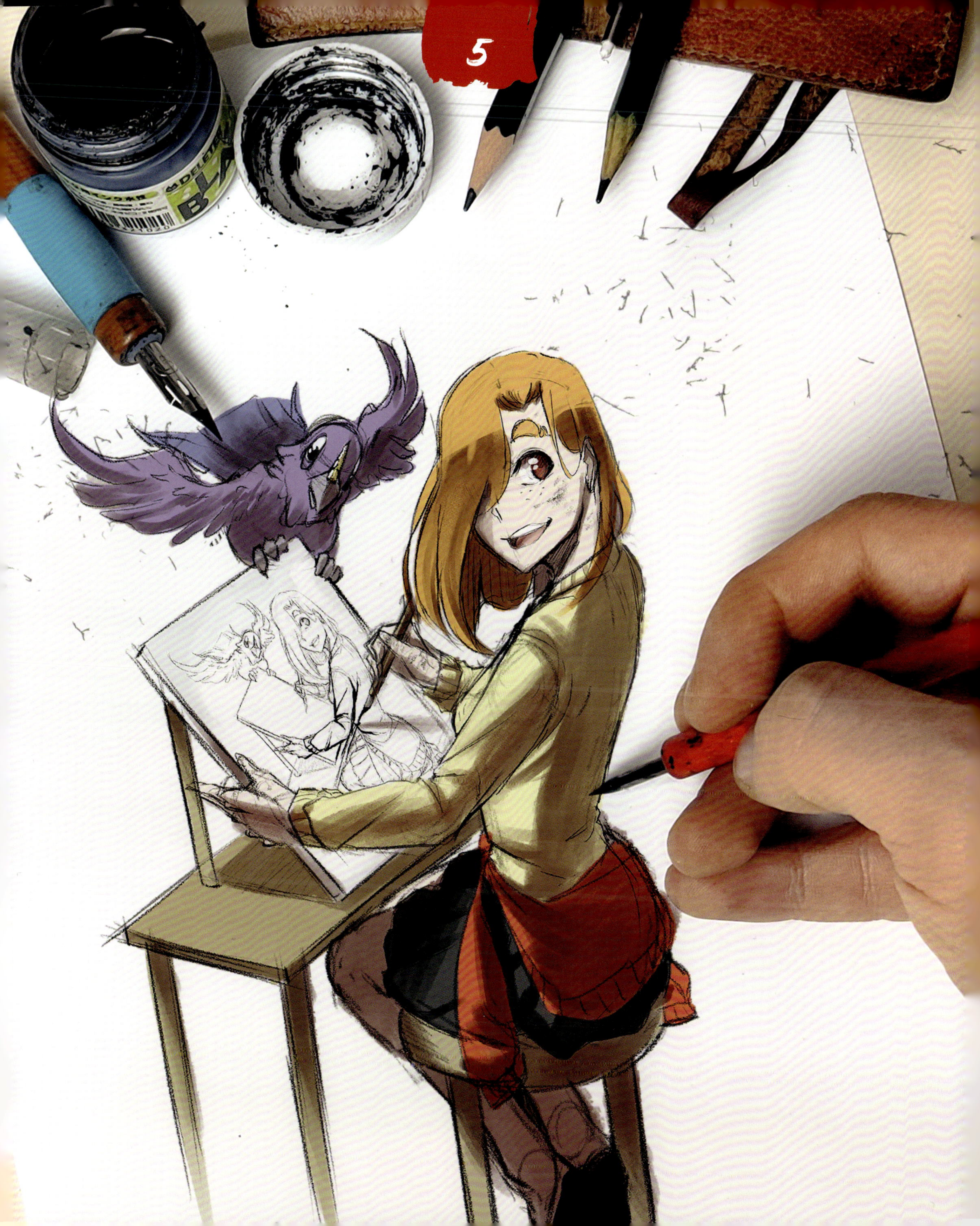

GETTING STARTED

1

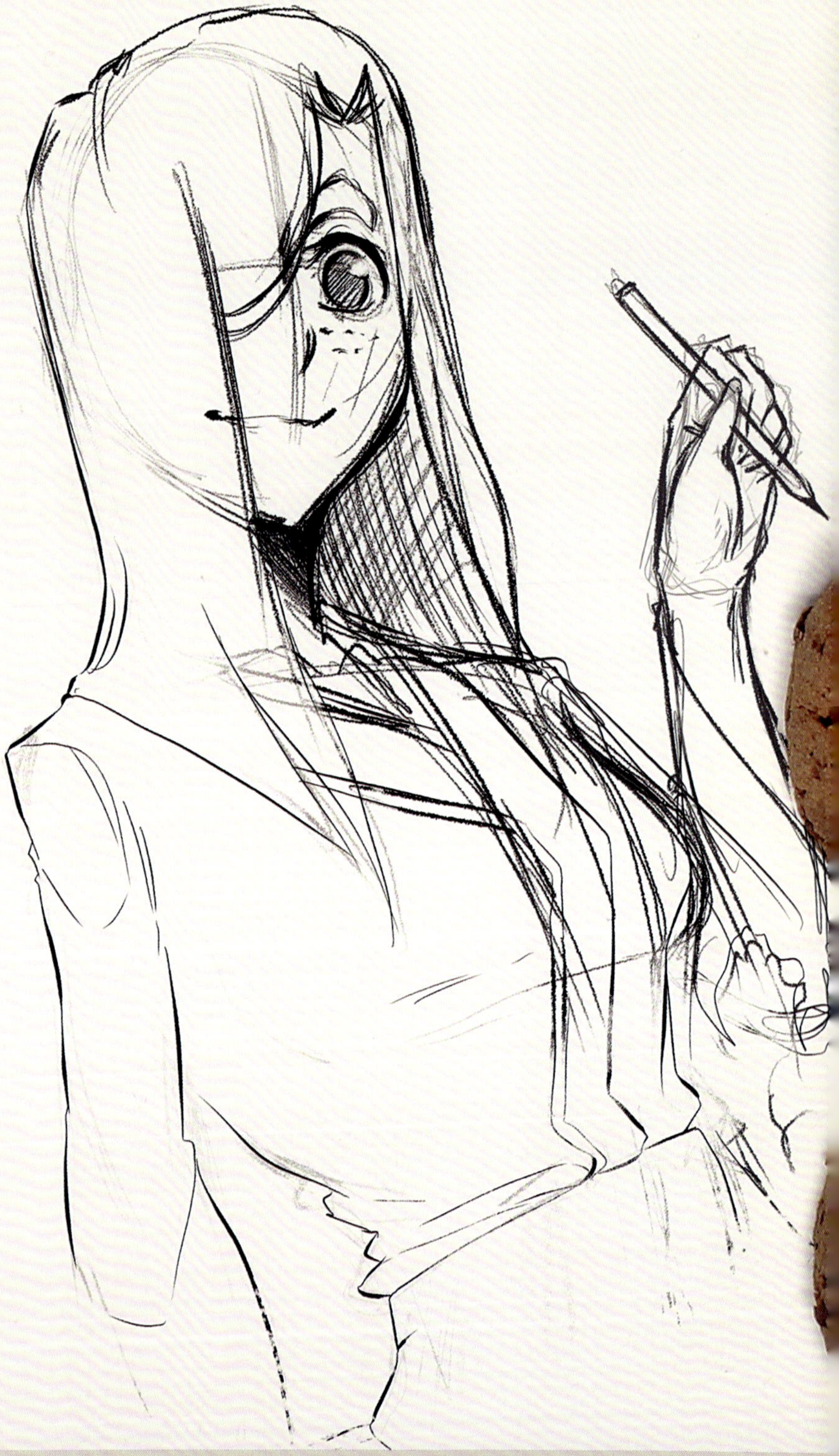

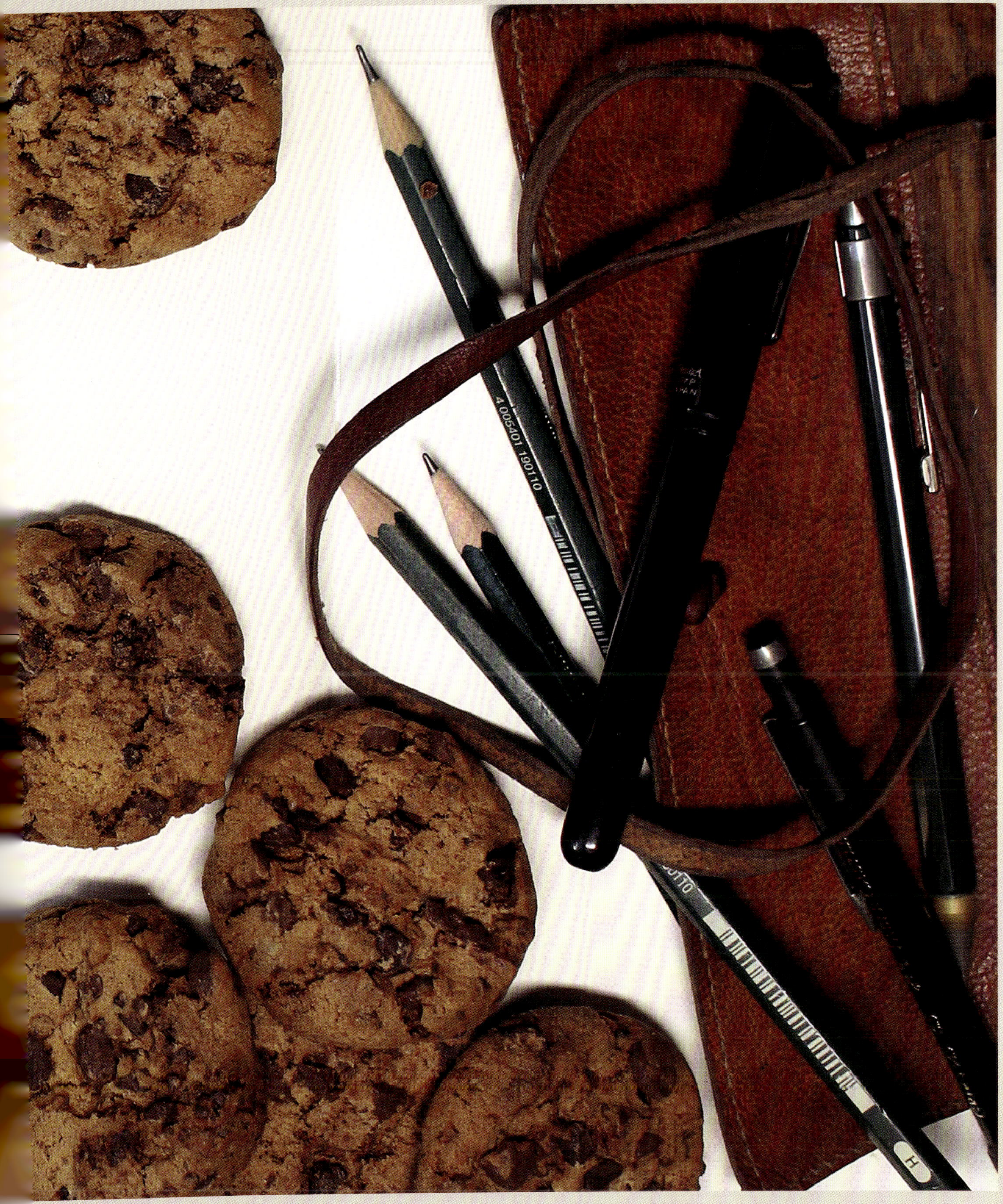

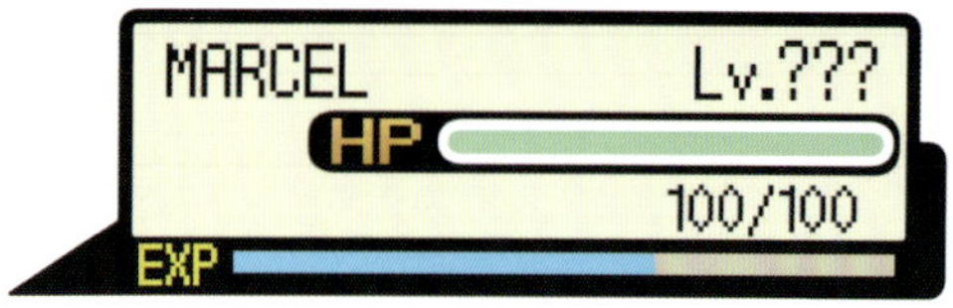

ALLER ANFANG

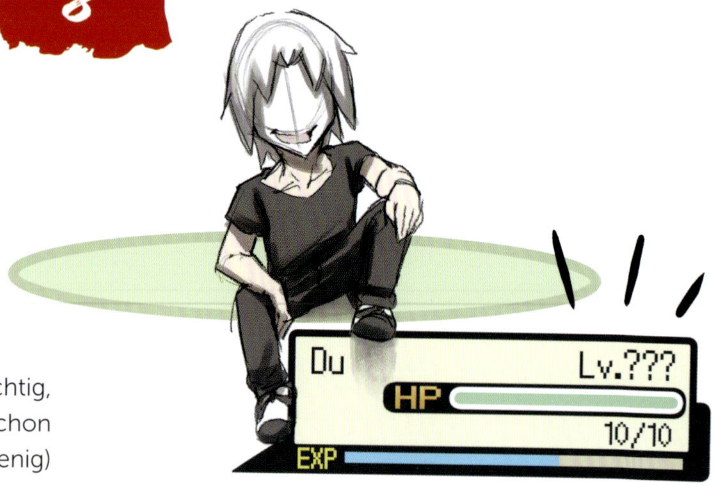

Ich würde mal sagen, am Anfang ist es erst mal wichtig, dass du dir Gedanken darüber machst, wie gut du schon zeichnen kannst. Keine Angst: Egal wie viel (oder wenig) du dich bisher auskennst, ich habe dieses Buch so geschrieben, dass alle mitkommen!

Mein Ziel ist, dass du dich mit dem Wissen aus diesem Buch Schritt für Schritt verbesserst. Viele Bücher und Tutorials versprechen dir Fortschritte wie diese hier:

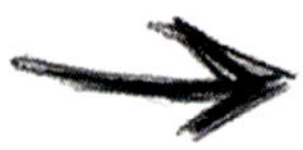

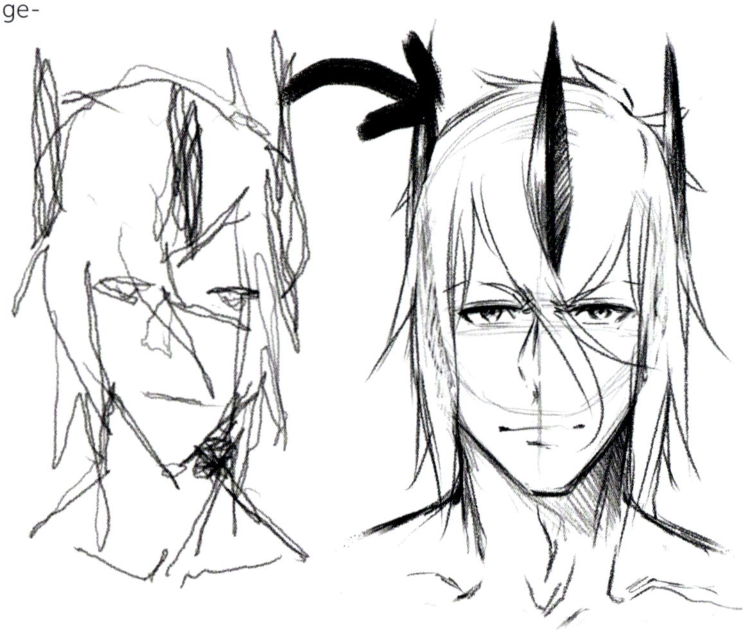

Das ist zu Beginn des Zeichnenlernens aber extrem **unrealistisch**. Deswegen verlieren Neueinsteigende schnell die Lust und werden frustriert. Du wirst dich Schritt für Schritt verbessern, wie bei diesen Zeichnungen hier demonstriert:

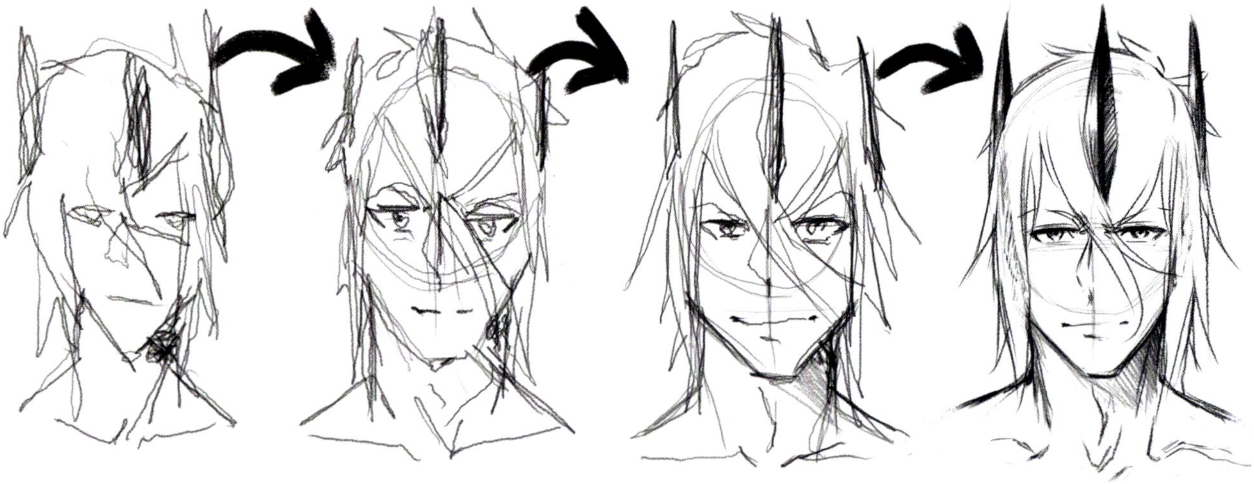

Hier siehst du einen realistischen Fortschritt, wie er über Wochen oder Monate stattfinden könnte. Denke gerne mal darüber nach, wo du dich momentan siehst!

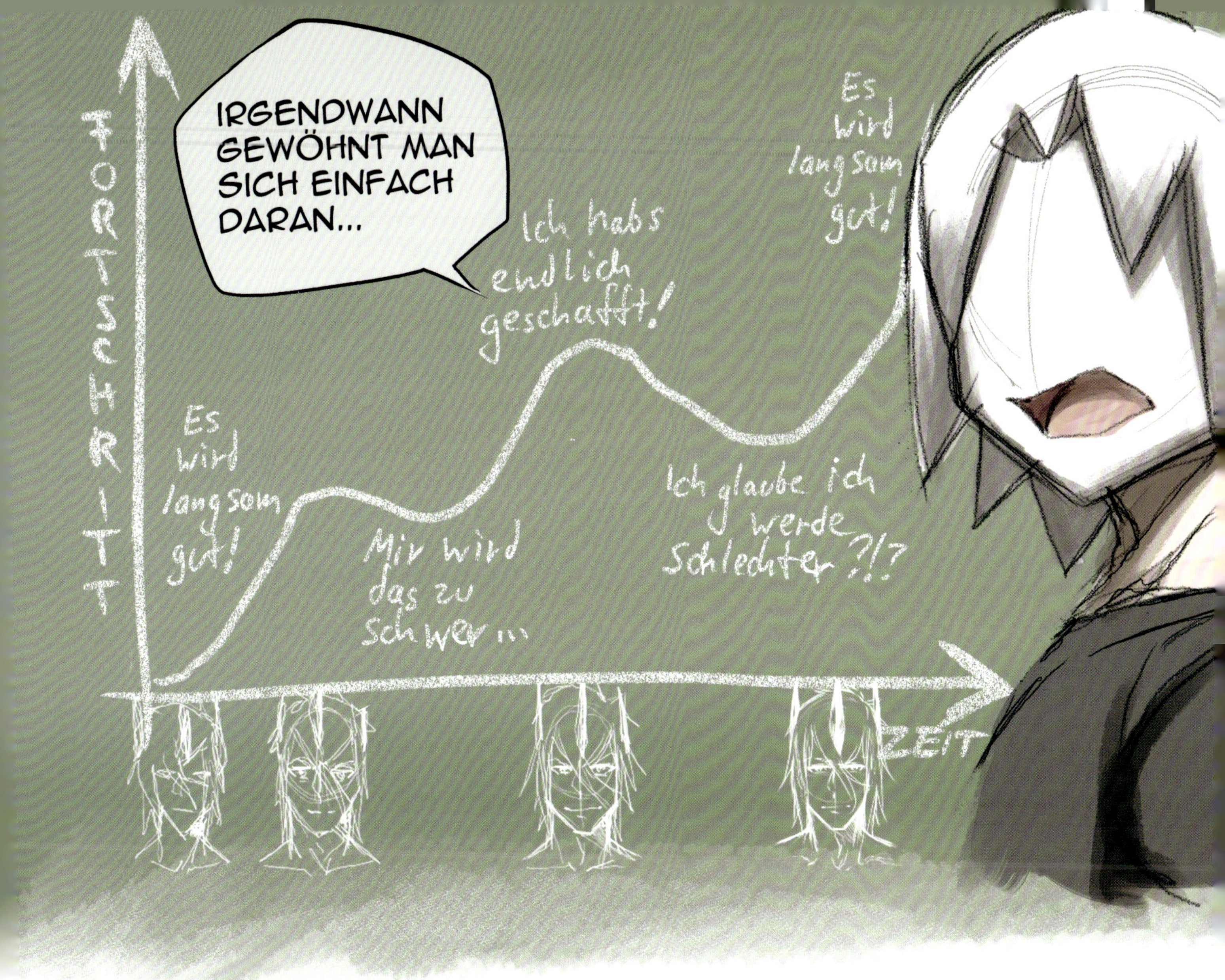

Wie „Zeichnen lernen" funktioniert, habe ich hier oben mit einer Lernkurve veranschaulicht. Frustriertwerden gehört mit dazu und ist auch bei Profis ganz normal. Wenn du unzufrieden bist, möchtest du natürlich besser werden! Die Frage ist, wie du damit umgehst: Lässt du dich frustrieren oder nutzt du es als Antrieb, um dich zu verbessern?

Wie gesagt: Du wirst wieder und wieder merken, dass du noch einiges zu lernen hast, egal wie gut du geworden bist. Was mich wirklich unglaublich inspiriert hat, war dieses simple Zitat des weltbekannten Malers Michelangelo: *Ancora imparo* („Ich lerne immer noch"). Das Zitat stammt von ihm, als er 87 Jahre alt war.

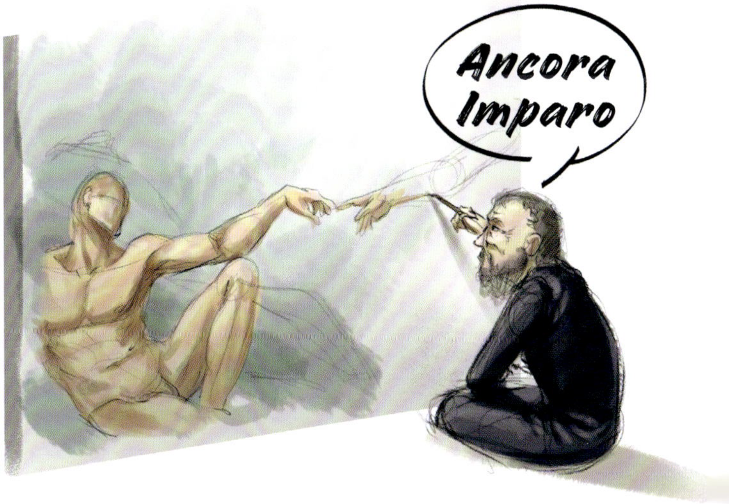

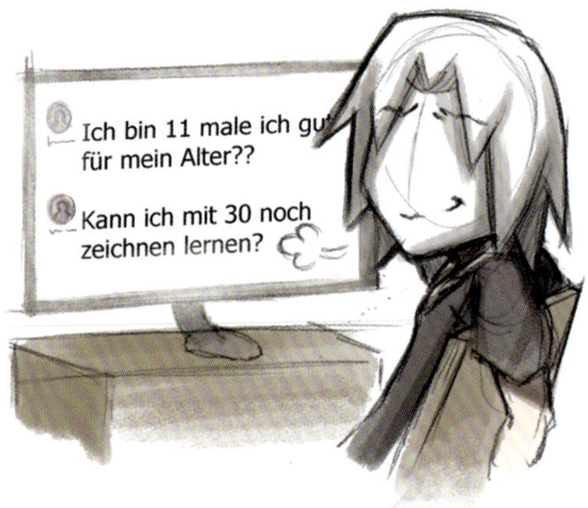

Davon abgesehen hat jeder Mensch sein eigenes Tempo. Frag dich also nicht „Zeichne ich gut für mein Alter?" und vergleiche dich nicht mit anderen Menschen aus deiner Altersgruppe oder Schulklasse. Manche Leute haben als kleines Kind schon viel gezeichnet und viel Übung darin. Andere haben als Erwachsene noch nie eine Skizze gezeichnet. Wenn es eine Sache gibt, um die du dir also echt keine Gedanken machen musst, dann ist es „Talent" oder „Begabung". Kein Mensch kann von Geburt an zeichnen. Manche lernen sehr schnell, manche langsamer – aber trotzdem muss es jede*r erst mal lernen.

Auch ich war definitiv nicht „talentiert", sondern habe mich ebenso erst nach und nach über die Jahre gesteigert. Hier siehst du exemplarisch meinen Werdegang:

2020
Band 6 von MYTH

2015
Band 1 von MYTH

2010
Ursprüngliche Version des MYTH Manga

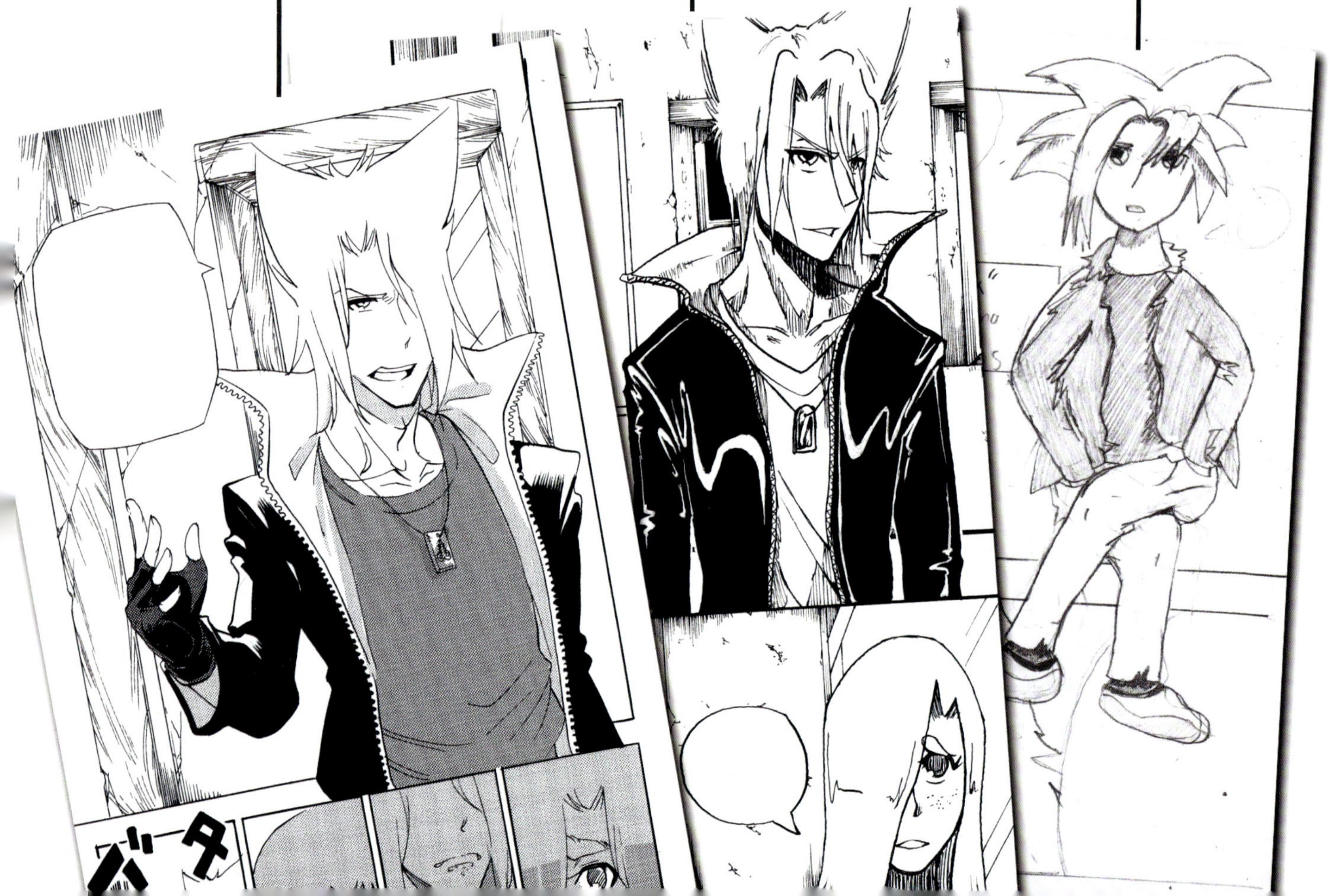

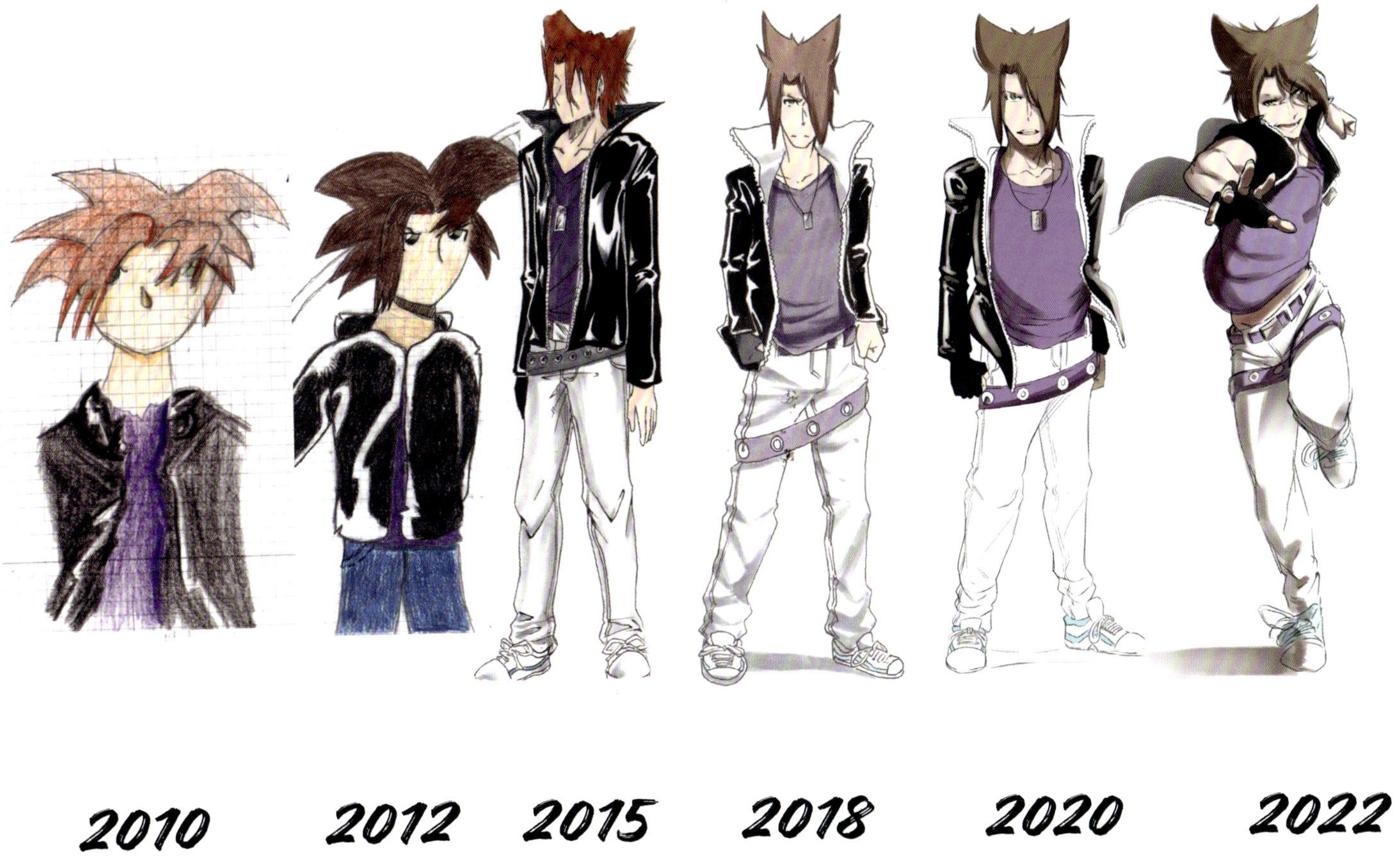

Egal ob Character Designs, Mangaseiten oder farbige Illustrationen: Auch ich habe jahrelang gebraucht, um an einen Punkt zu kommen, an dem mir meine Zeichnungen einigermaßen gefallen. Anhand des oberen Beispiels siehst du auch ganz gut, wie meine Zeichnungen den Bildern auf der Lernkurve ähneln, die ich dir auf Seite 9 gezeigt habe. Was die meiste Zeit braucht, ist zu wissen, wo man anfangen soll. Aber keine Bange: Dafür bin ich ja da!

Ich werde dir in diesem Buch so einiges mit auf den Weg geben, was ich selbst gerne schon sehr viel früher gewusst hätte. Ich weiß auch schon genau, wo wir loslegen – aber davor solltest du dir erst mal Gedanken über dein Material machen! Also, fangen wir damit an und entscheiden uns für das Medium, das am besten zu dir passt. Ich gebe dir eine kleine Beratung hierfür ...

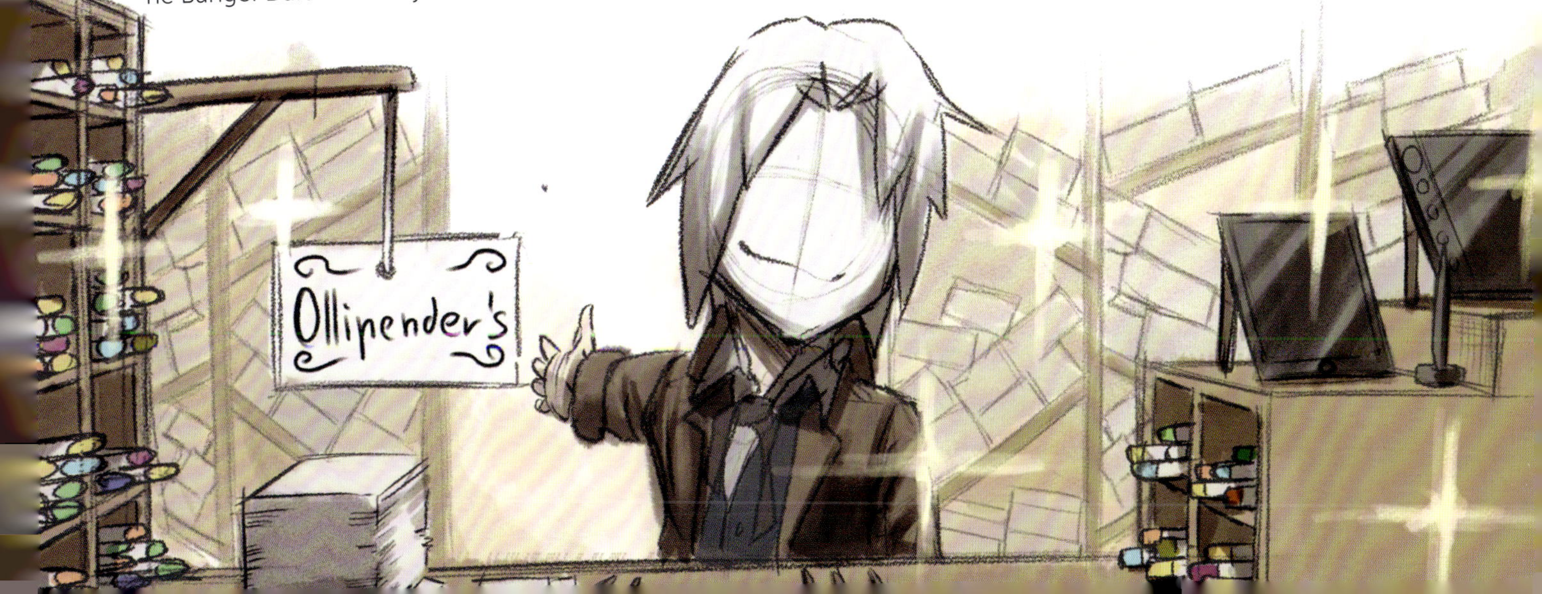

TRADITIONELLES ZEICHNEN

Mir persönlich gefällt traditionelles Zeichnen mit Stift und Papier am meisten. Ich koloriere meine Bilder auch am liebsten ganz herkömmlich mit Aquarellfarben anstatt am Computer. Das ist zeitaufwendiger und teurer, aber der einzigartige und natürliche Look von Aquarellfarben ist es mir meistens wert.

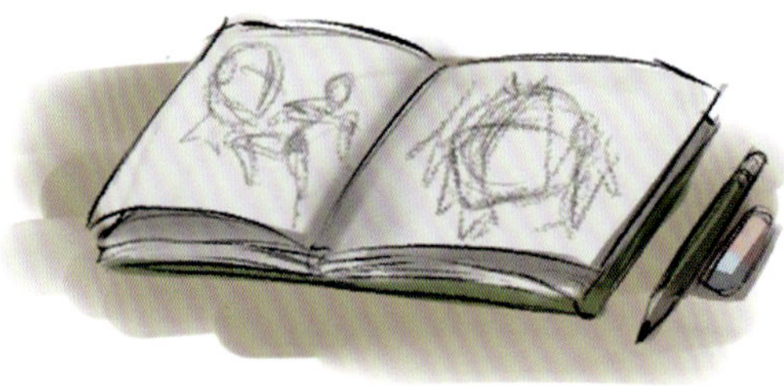

Zum Zeichnenlernen sind ein Stift und Papier definitiv nicht verkehrt, immerhin haben fast alle bekannten Zeichner*innen so angefangen. Vor allem ist das Material sehr günstig, in der Theorie reicht sogar ein Kugelschreiber und ein Schmierblatt, um anzufangen.

Um zeichnen zu üben, müssen deine Materialien nicht teuer oder hübsch sein, sondern einfach nur funktionieren – praktisch wie ein Werkzeug!

Du solltest dich vorerst für's traditionelle Zeichnen entscheiden, wenn du ...

- zu Beginn noch nicht viel Geld hast.
- gerne simpel und ohne viel Schnickschnack arbeitest.
- generell nicht gerne am Computer/ digital arbeitest.
- dir unsicher bist, ob du das Zeichnen ernsthaft weiterverfolgen willst.
- es wichtig findest, dass von deinem Bild nur „das eine“ Original existiert.

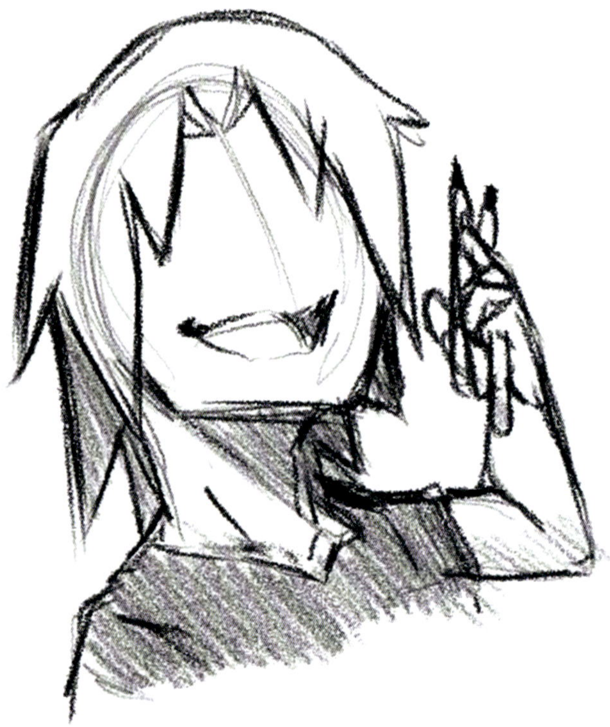

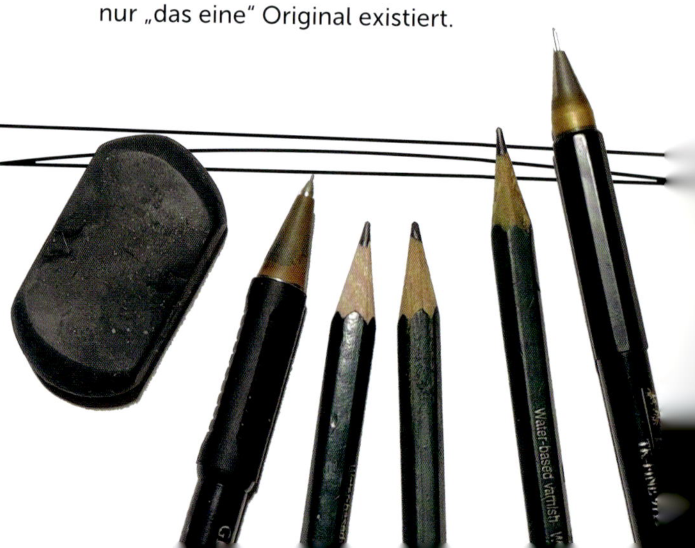

DIGITALES ZEICHNEN

Digitales Zeichnen kann echt extrem viel Spaß machen. Für viele Leute ist es anfangs ungewohnt, aber wenn man den Bogen nach ein paar Tagen raushat, ist digitales Zeichnen extrem kosten- und zeiteffizient.

Digitales Zeichnen wird immer beliebter und mir gefällt die Tatsache, dass mittlerweile die allermeisten Geräte und Softwares, die auf dem Markt erhältlich sind, auch einigermaßen gut funktionieren.

In diesem Medium gilt also umso mehr: Es kommt nicht auf das Material, sondern auf die Person an, die es nutzt! Ich habe bereits mit so gut wie jeder Art von Tablet gearbeitet und kann behaupten: Mit allen lassen sich die exakt gleichen Ergebnisse erzielen. Es kommt nur darauf an, wer das Tablet in der Hand hält.

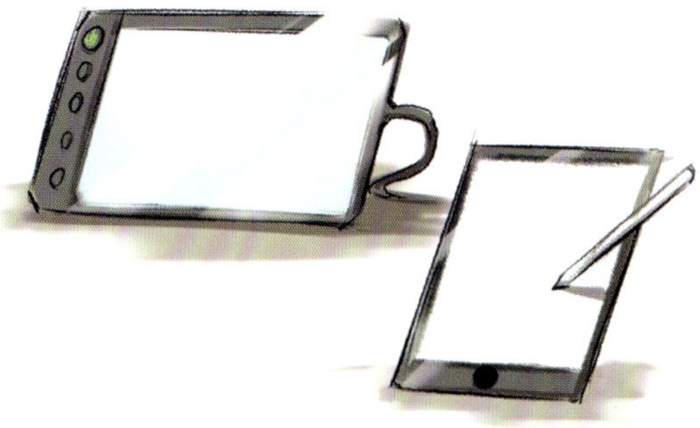

Du solltest dich vorerst für's digitale Zeichnen entscheiden, wenn du ...

- kein Problem damit hast, anfangs etwas mehr Geld auszugeben.
- dir sicher bist, dass du das Zeichnen weiterverfolgen willst.
- Effekte und Spielereien interessant und cool findest.
- dich generell für Computer und Software begeisterst.
- du wissbegierig bist und ständig Neues lernen willst.

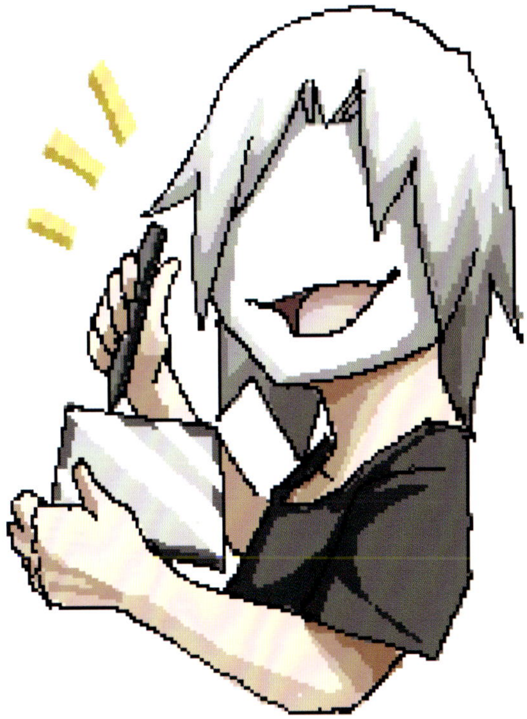

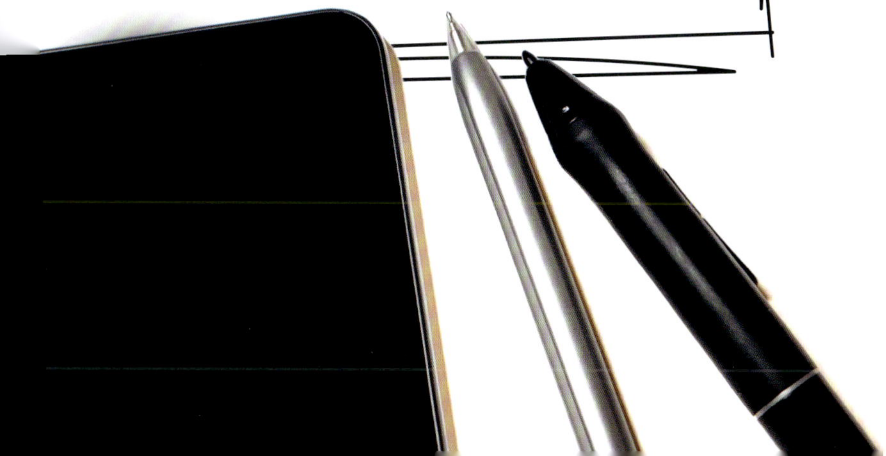

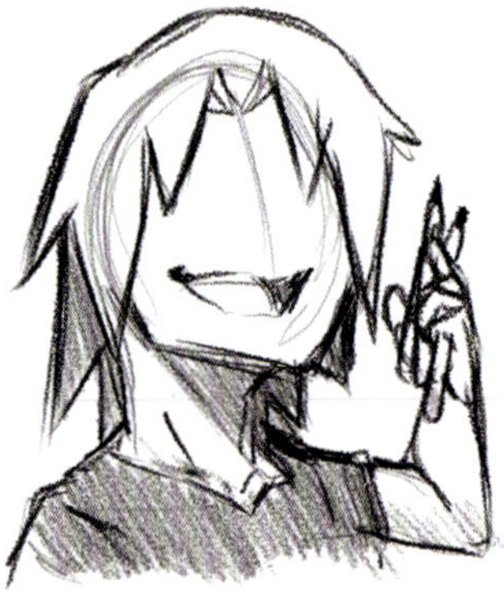

MATERIAL & TIPPS ZUM TRADITIONELLEN ZEICHNEN

Falls du am traditionellen Zeichnen interessiert bist, gebe ich dir hier meine Empfehlung, mit welchem Material du anfangen solltest, und eine Übersicht über alles, was ich nutze. Vieles davon, wie zum Beispiel Tusche oder Aquarellfarben, würde ich für den Anfang definitiv noch nicht empfehlen, schau dir dazu lieber vorher meine Tutorials auf YouTube an, bevor du wild draufloskaufst!

Falls du Genaueres über meine Materialien wie zum Beispiel die Marke oder die Preise wissen willst, findest du eine Liste mit meinem kompletten Equipment auf: **www.drawinglikeasir.de/Material**.

Code scannen

Meine Empfehlung:

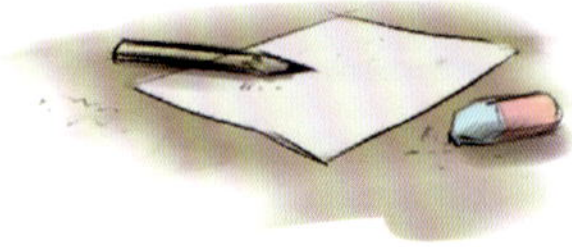

Fang einfach mit einem Bleistift und Papier zu üben an. Egal welche Härte, egal welche Marke. Mach dir erst mal keinen Stress, was das angeht. Bei teurerem Material bekommt man auch gerne mal Angst oder Hemmungen, etwas Wertvolles kaputt zu machen. Ach, und ein Radiergummi wäre natürlich auch nicht schlecht.

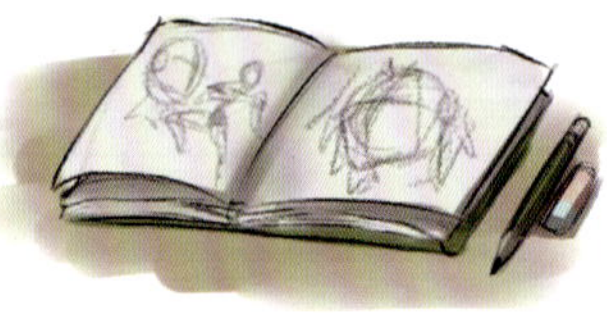

Wenn du möchtest, kannst du dir in einem nächsten Schritt gerne ein Skizzenbuch zulegen, um deinen Fortschritt mitverfolgen zu können. Wenn du dann noch einen Bleistift der Härte „HB" in die Finger bekommst, geht das auch schon mehr in die richtige Richtung.

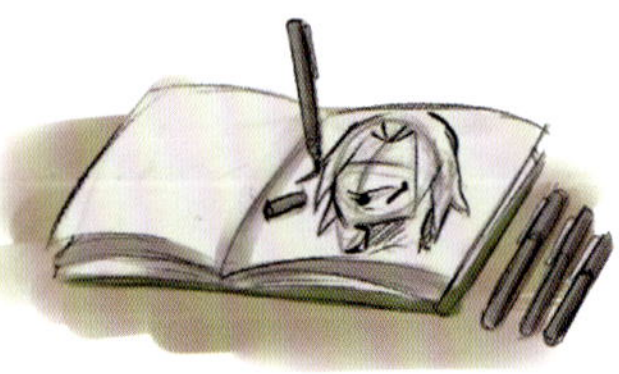

Sobald du dich bereit dafür fühlst, kannst du dir Fineliner kaufen, mit denen du deine Zeichnungen nachfährst. Das müssen auch keine teuren Fineliner sein, ich selbst nutze recht billige.

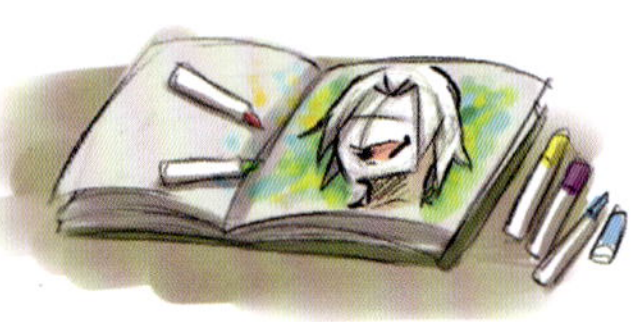

Auf das Thema Anmalen und Kolorieren gehe ich in diesem Buch nicht mehr ein, aber du kannst dir ja schon mal Gedanken machen, welches Medium du am schönsten findest. Viele Anfänger*innen entscheiden sich gerne für Marker, weil man damit gut und schnell eine Anime-Optik erzielen kann.

MEIN MATERIAL

Druckbleistift & Radiergummistift

Über die Jahre bin ich von traditionellem Bleistift und Radiergummi auf Druckbleistift und Radiergummistift umgestiegen. Das hat besonders geholfen, als ich in der Mangaserie Gebäude und kleine Details im Hintergrund gezeichnet habe, weil man hiermit extrem präzise arbeiten kann.

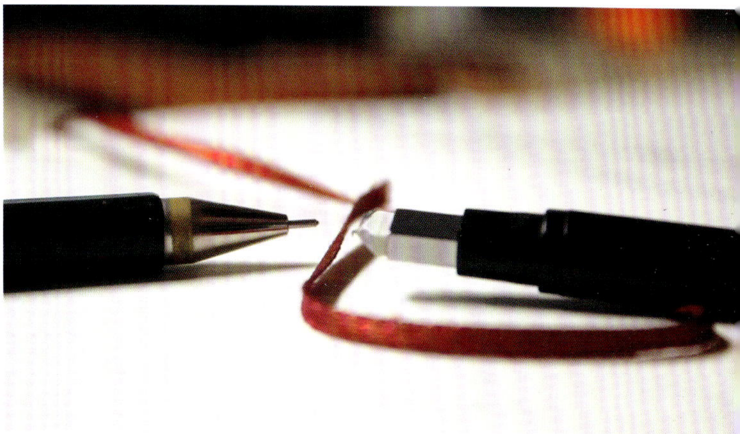

Liner, Tusche und Feder

Manga wird in Japan ganz traditionell mit Tusche und Feder nachgezogen, das habe ich auch ab dem zweiten Band meiner Mangaserie gemacht. Jedoch sind besonders die Federn extrem teuer, weshalb ich für normale Illustrationen lieber Fineliner nutze. Wann ich was verwende, mache ich von der Zeichnung abhängig.

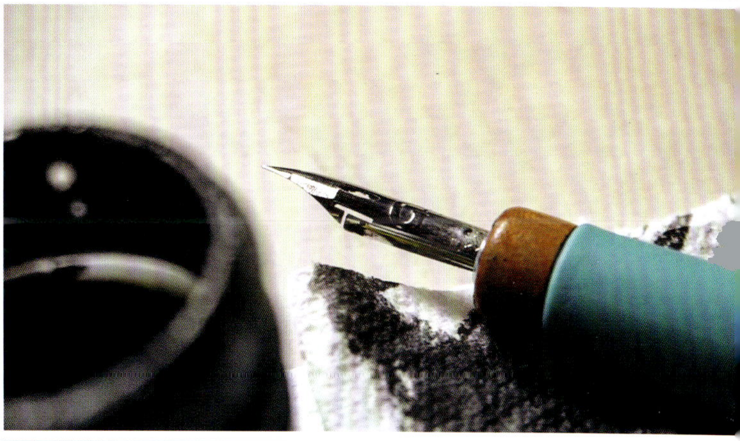

Aquarellfarben und Pinsel

Mit Aquarellfarben male ich mittlerweile am liebsten an. Viele Leute sind geschockt, dass damit nicht nur Landschaften oder Porträts, sondern auch Zeichnungen im klassischen Anime- und Mangastil möglich sind. Dieses Medium ist für Manga extrem underrated.

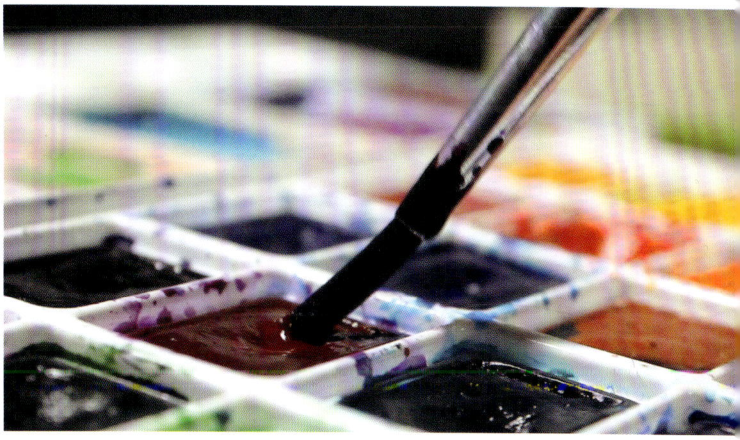

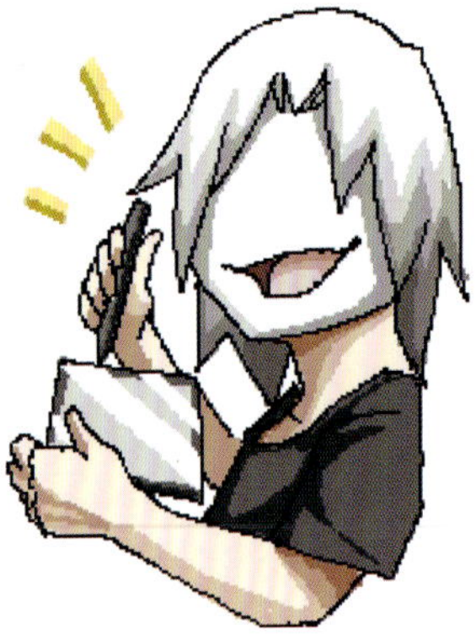

MATERIAL & TIPPS ZUM DIGITALEN ZEICHNEN

Beim digitalen Zeichnen gibt es tatsächlich nicht viel Material – trotzdem gebe ich dir gerne eine Übersicht, auf welchen Tablets man malen kann und was ich selbst momentan zum Malen bzw. Zeichnen nutze. Das **Wichtigste** ist (wie vorhin schon erwähnt): Fast alle Tablets und Softwares können die Basics wie zeichnen, linen und kolorieren. Also mach' dich bloß nicht verrückt, was das angeht.

Auch dazu findest du, falls es dich genauer interessiert, zum Beispiel die Marke oder die Preise meiner selbst genutzten Materialien in der Liste mit meinem kompletten Equipment auf:

www.drawinglikeasir.de/Material

Code scannen →

Meine Empfehlungen:

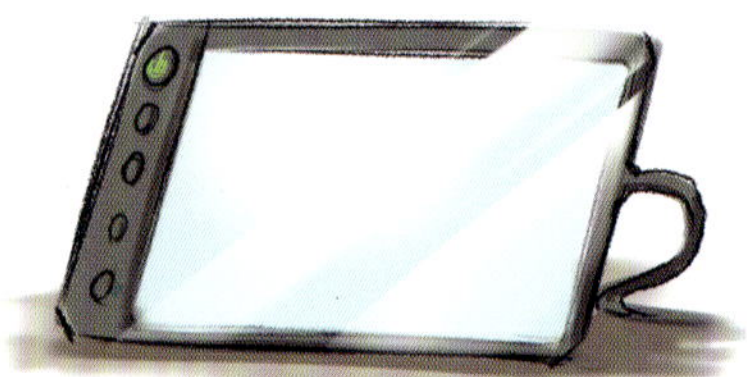

Monitor-Tablet

Ein Grafiktablet mit Bildschirm schließt man an den PC an und nutzt es quasi als zweiten Monitor. Dieses Tablet nutze ich mit Abstand am meisten. Man bekommt es in allen Größen, aber ich würde eines mit maximal 16 Zoll empfehlen. Zu große Tablets sind auch schwerer zu handhaben. Außerdem kommt es ja nie auf die Größe an.

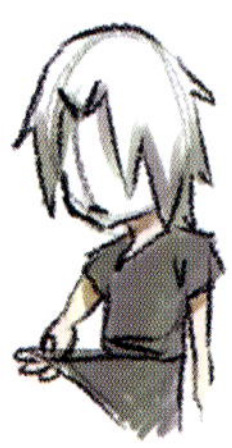

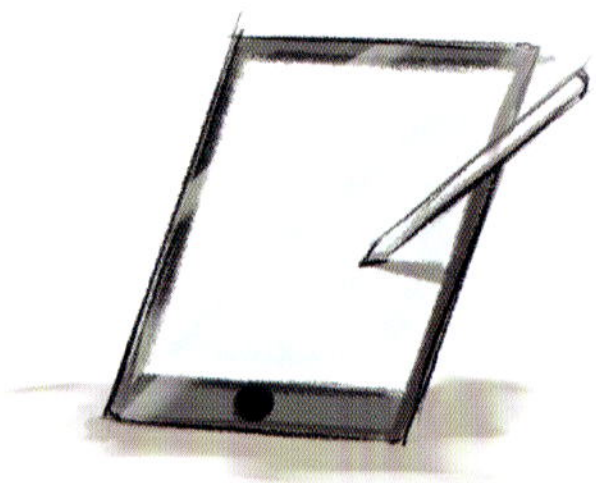

Mobiles Tablet

Ein mobiles Tablet ist zum Beispiel ein iPad, für das man sich einen Stift zum Zeichnen dazukaufen kann. Es eignet sich super für Einsteiger! Ich persönlich nutze dieses Tablet selten, weil ich mehr Platz für verschiedene Funktionen brauche. Für Einsteiger, die noch keinen guten PC haben, ist das aber eine echt super Wahl!

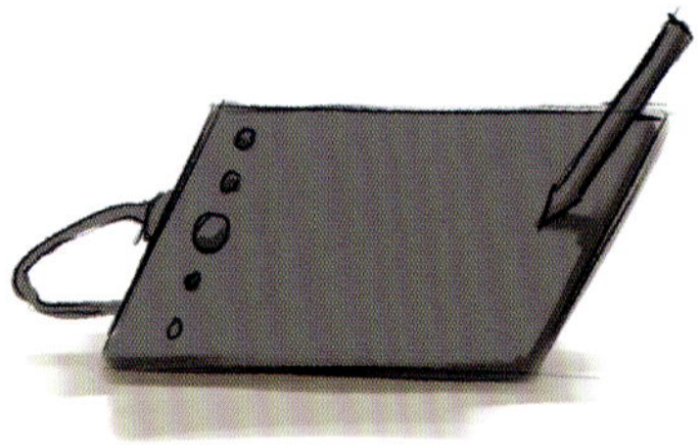

Tablet ohne Bildschirm

Die wahrscheinlich unbeliebteste Variante. Diese Tablets kosten im Vergleich sehr wenig, sind aber anfangs sehr knifflig zu bedienen. Man schließt das Gerät an den Computer an und zeichnet darauf, während man auf den Computer-Bildschirm schaut. Sehr viele Profis zeichnen mit diesen Tablets. Auch ich habe sehr lange mit einem solchen gearbeitet. Das Beste daran ist, dass man beim Zeichnen aufrecht sitzt und keine Rückenschmerzen bekommt.

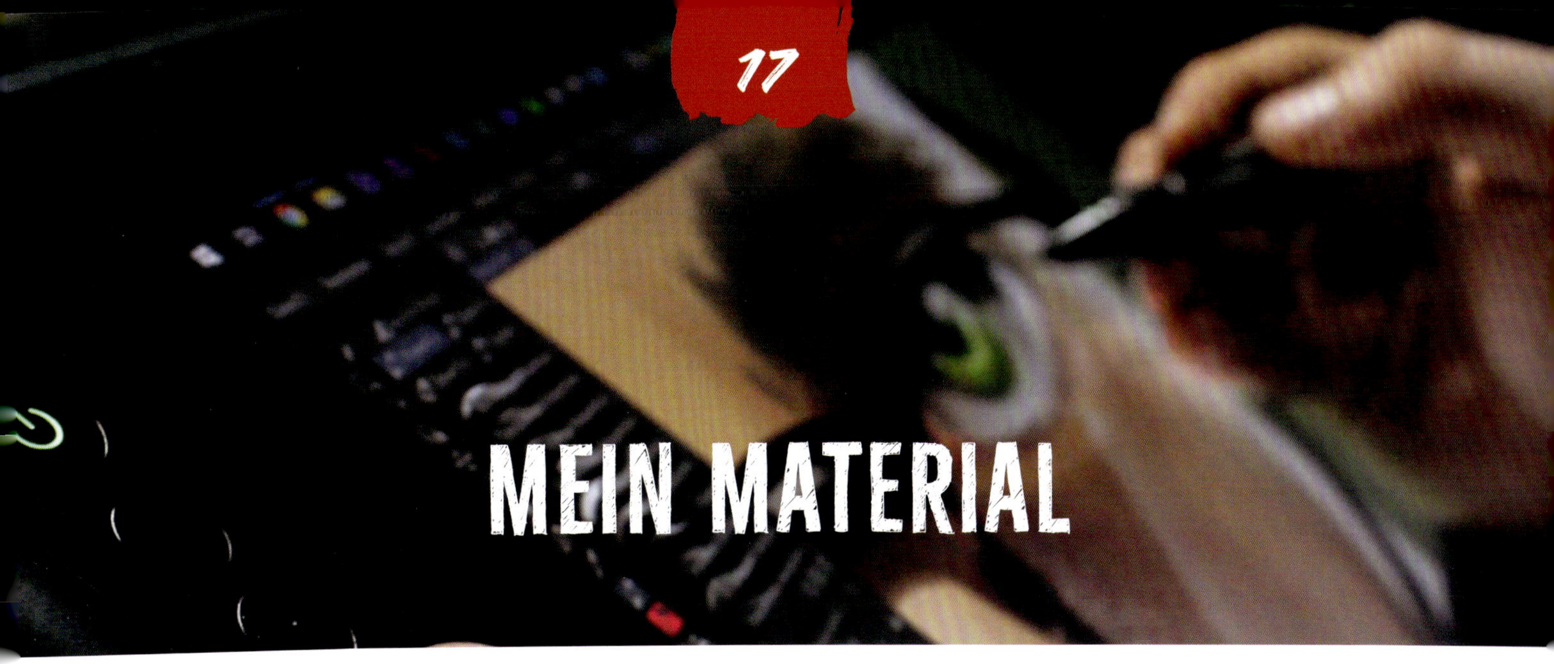

MEIN MATERIAL

Mein Tablet

Was mir bei meinem Tablet wichtig war: Ich kann es an meinen PC anschließen (weil auf meinem PC alle wichtigen Programme und Dateien sind), es hat Knöpfe, bei denen ich selbst die Funktion bestimmen kann, und es muss handlich sein. Außerdem wollte ich ein Tablet, bei dem der Stift nicht dauernd aufgeladen werden muss (bei so ziemlich allen Monitor-Tablets ist der Stift mit dabei).

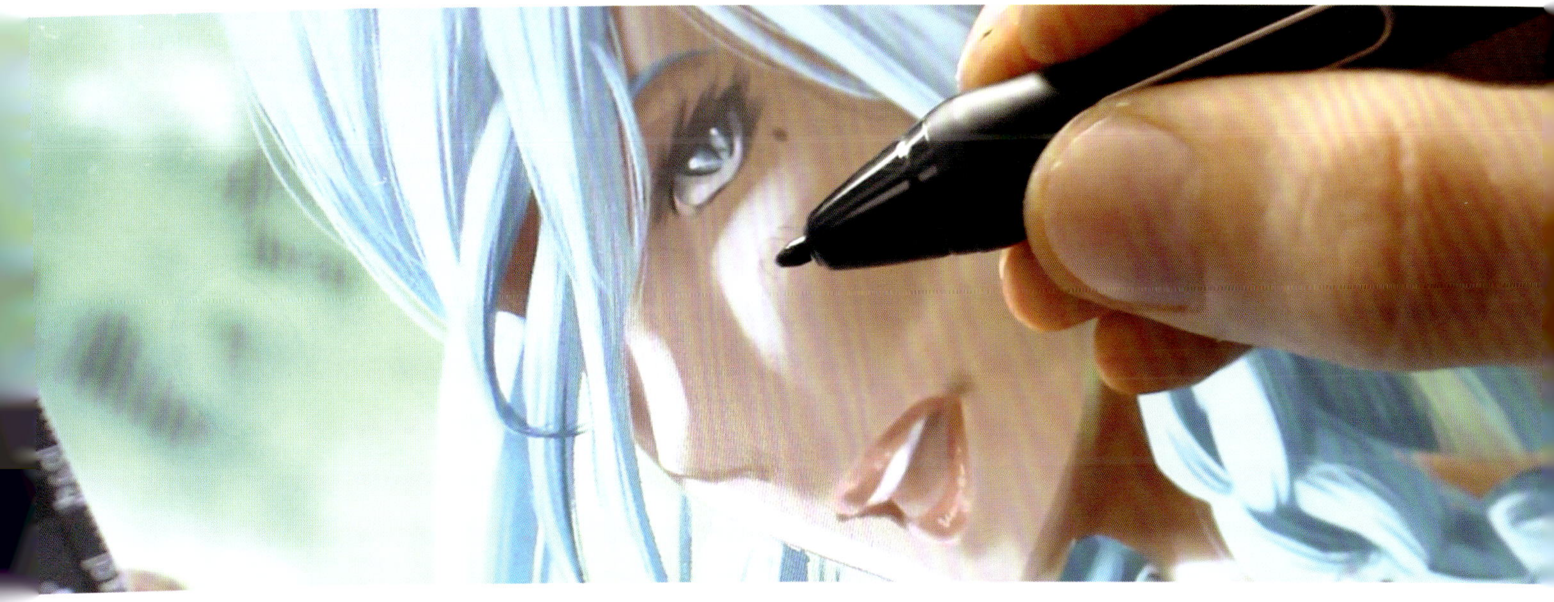

Meine Software

Für den Anfang würde ich eine kostenlose Software zum Zeichnen empfehlen. Davon gibt es Dutzende und mit allen kann man super warm werden, ich selbst habe eine Zeit lang mit Krita gearbeitet. Inzwischen bin ich ein Verfechter der kostenpflichtigen Software Clip-StudioPaint, damit male ich 95% meiner Illustrationen. Beliebt ist natürlich auch Photoshop, allerdings ist dieses Programm vergleichsweise viel teurer.

ÜBUNGEN FÜR DEN ANFANG

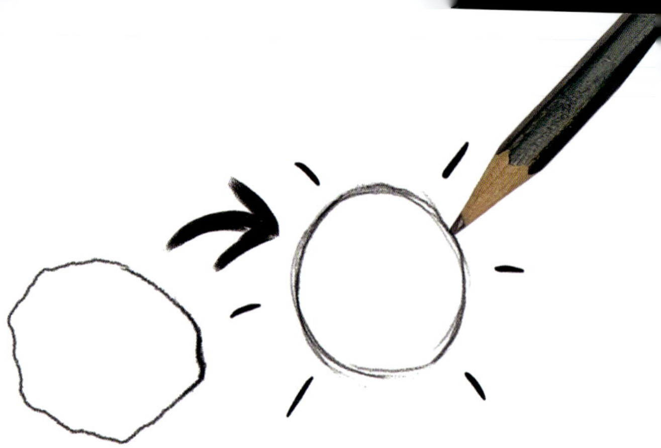

Wenn du jetzt schon einen Stift und dein Papier oder Tablet vor dir hast, können wir mit den Basics anfangen. Auf den ersten Blick wirken diese Übungen extrem simpel, aber mach einfach mal mit!

Was du früher oder später unbedingt können musst, ist Formen zeichnen. Das klingt absolut unnötig und viel zu leicht, aber trotzdem ist das auch sehr wichtig!

Egal ob Gesichter, Menschen, Tiere oder andere Motive: Alles besteht grundlegend aus ganz simplen Formen. Wenn du nicht mal diese zeichnen kannst, werden dir kompliziertere Posen später schwer fallen. Das gilt beim traditionellen sowie beim digitalen Zeichnen.

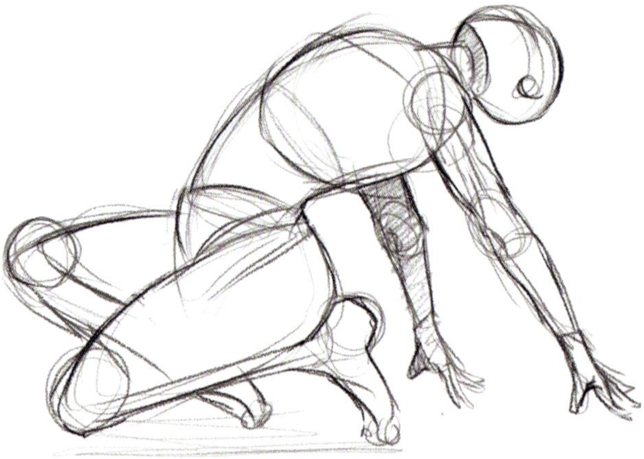

Für den Fall, dass du es vorher noch nicht wusstest: Auch Profis zeichnen Kreise nicht perfekt in einem Strich. Viel eher zeichnet man den Kreis öfter nach, bis er einigermaßen rund aussieht. Das Wichtigste dabei ist, dass es aus einem Rutsch kommt. Ungefähr so:

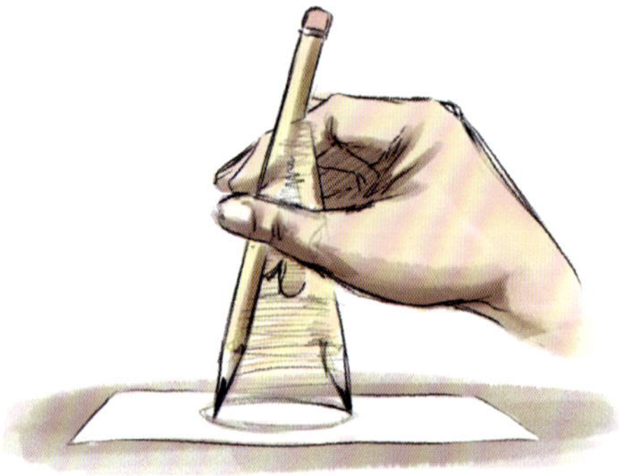

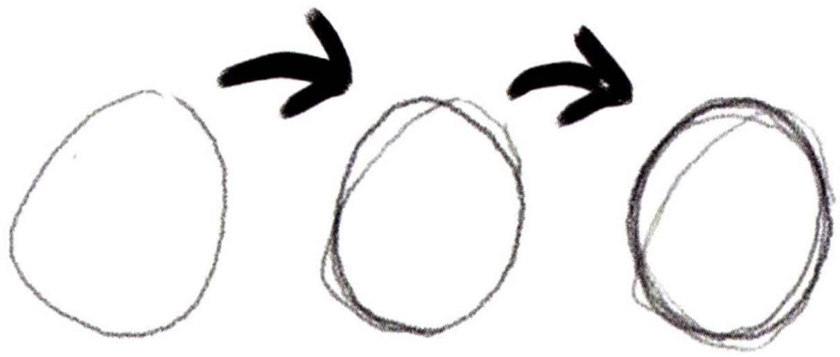

Beim Zeichnen von Strichen läuft das übrigens exakt genauso ab:

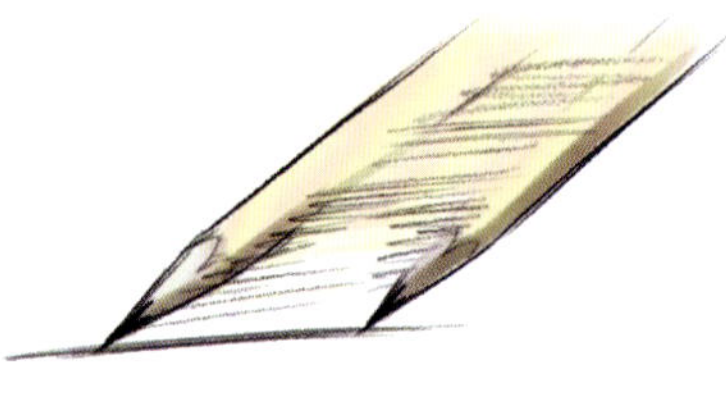

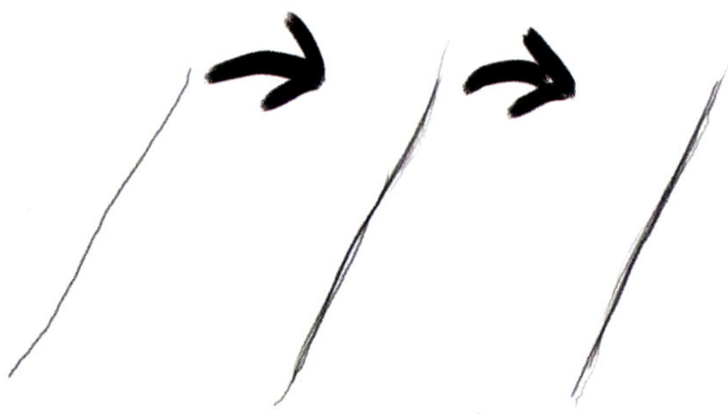

Also, das ist deine erste Aufgabe! Probier mal ein wenig, mit diesen Übungen simple Formen wie Kreise, Vierecke oder Ähnliches zu zeichnen. Wenn du das schon kannst, ist das eine super Voraussetzung, um weiterzumachen. Wenn nicht – keine Angst, diese Übung ist 90% Quantität. Heißt also: Dein hundertster Kreis **wird** besser aussehen als dein erster Kreis.

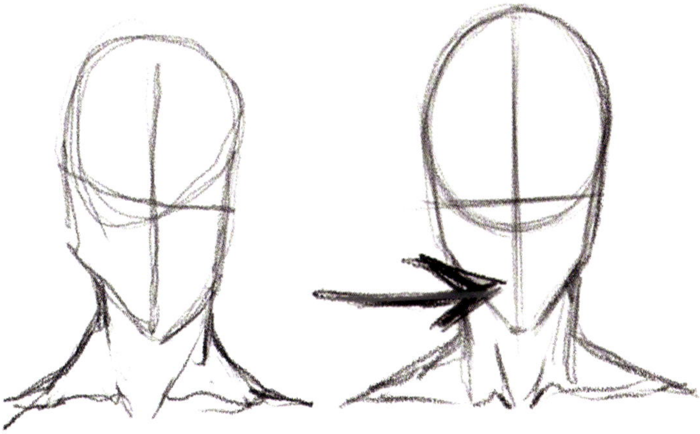

Diese Formen sind die Basis all deiner Zeichnungen. Wenn deine Striche schon wackelig werden, werden später auch deine fertigen Charaktere schief und wackelig. Diese Übungen sind also auf keinen Fall unnötig oder Zeitverschwendung.

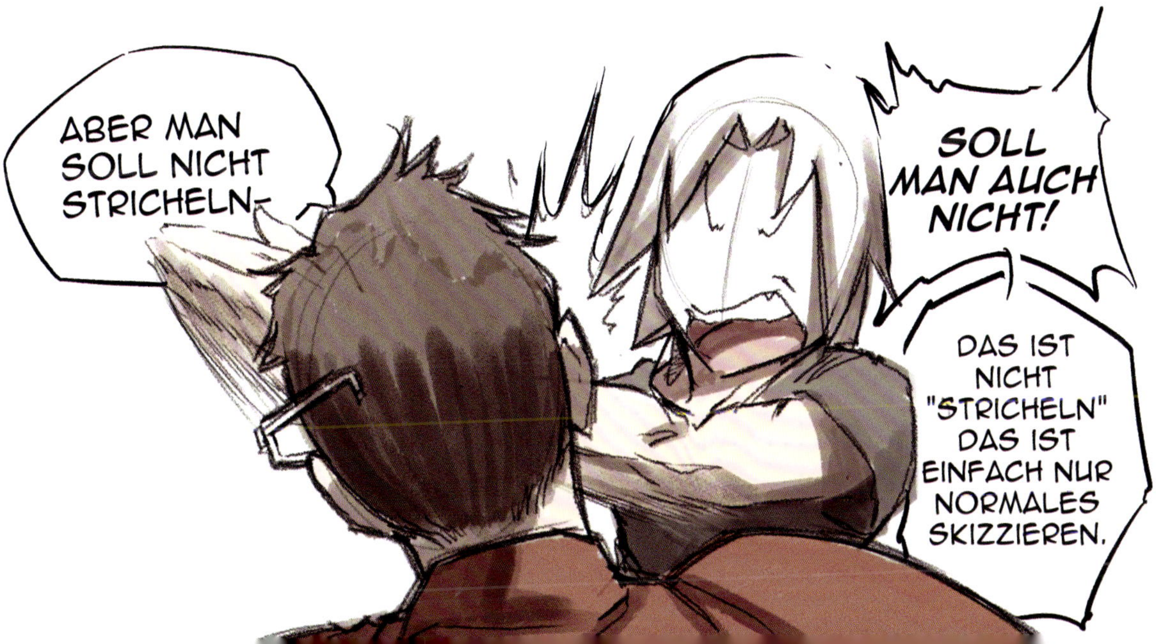

VON 2D ZU 3D

Jetzt wird's etwas schwieriger! Wenn deine Kreise schön rund und deine Striche schön gerade sind, solltest du versuchen, diese simplen Formen in die nächste Dimension zu bringen!

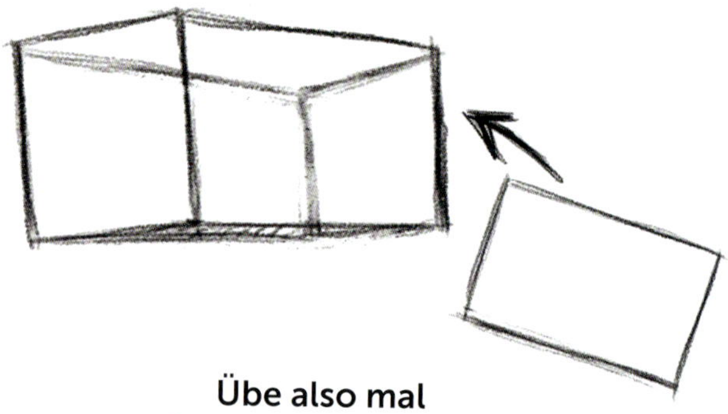

Übe also mal **Quader** anstatt **Vierecke**

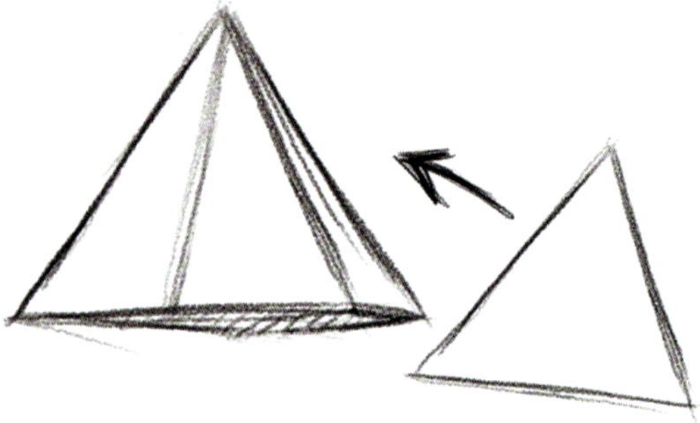

Pyramiden anstatt **Dreiecke**

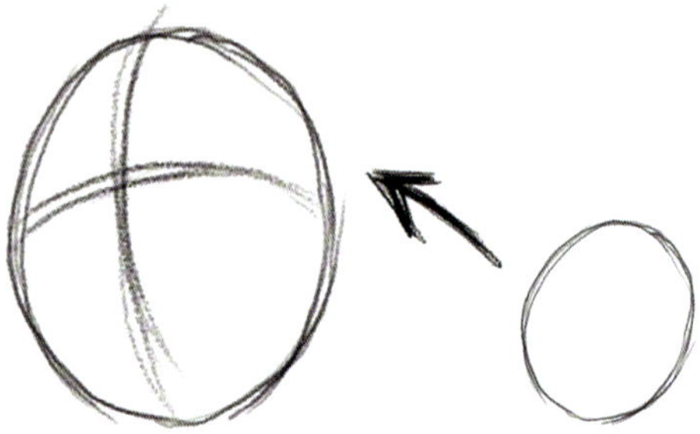

Kugeln anstatt **Kreise**
und so weiter …

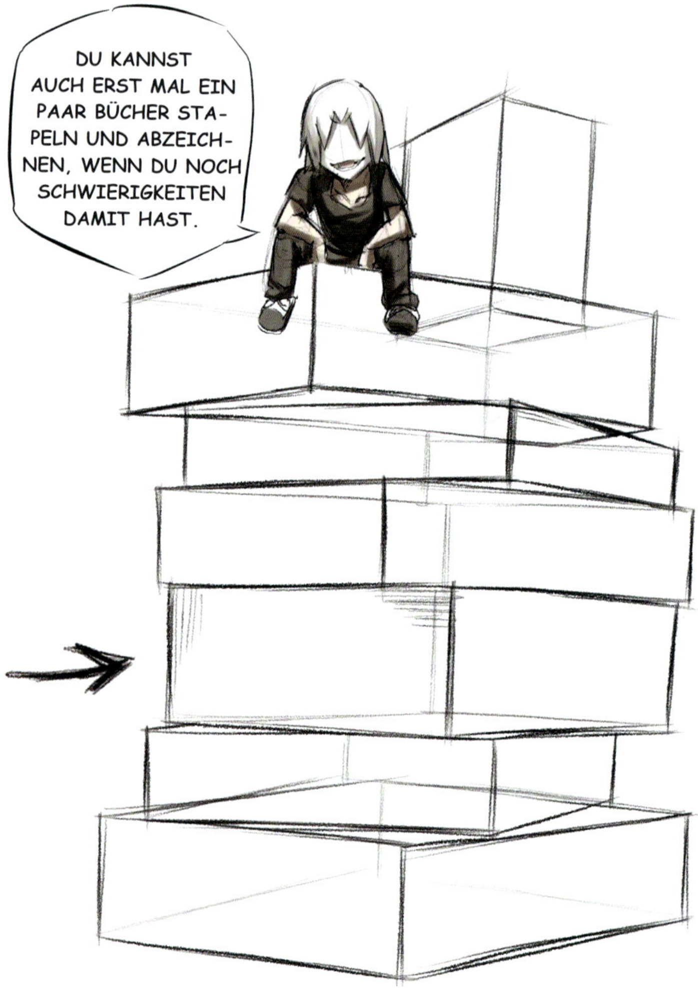

Räumliches Verständnis brauchst du unbedingt, wenn du später zum Beispiel mehrere Charaktere in einem Bild oder in Perspektive zeichnest. Egal ob Manga, Cartoon oder Realismus, dieses Wissen braucht jede*r. Du kannst dein Können auch gerne auf die Probe stellen: Versuche mal, mehrere Formen in 3D miteinander interagieren zu lassen. Die einfachste Version davon ist, zum Beispiel einen Turm aus Bauklötzen zu zeichnen, so wie hier rechts. Auch diese Übungen kannst du gerne immer und immer wieder wiederholen!

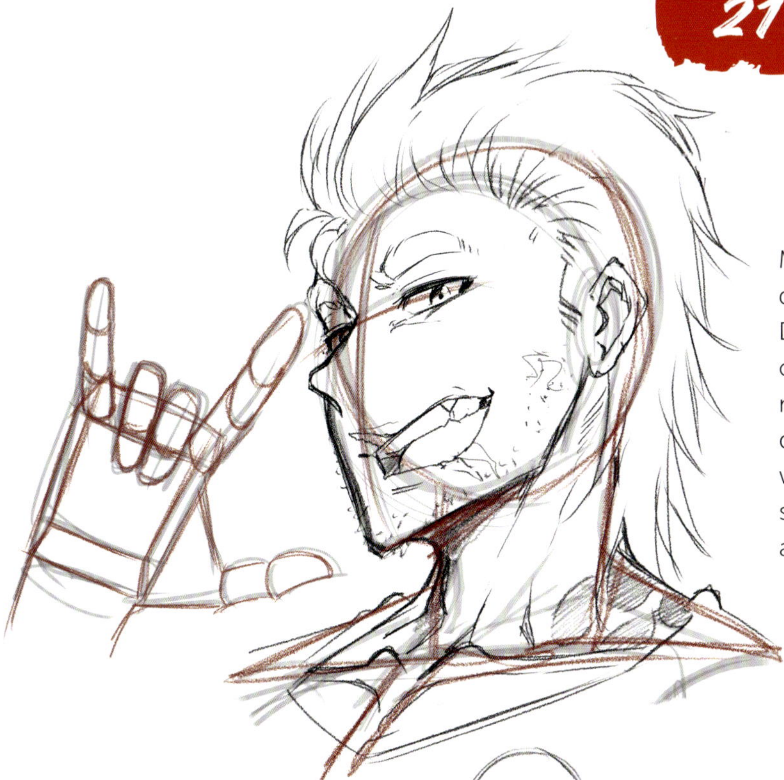

Mit diesem Verständnis für räumliches Denken kannst du schon weitaus mehr zeichnen. Wie auf der letzten Doppelseite erklärt gilt: Wenn du nicht mal ein Viereck oder Dreieck in Perspektive zeichnen kannst, wird das mit einem Menschen so gut wie unmöglich. Wenn du deine Figuren eher in 3D zeichnest, wirken diese auch weitaus dynamischer! Hier mal ein Beispiel, wie diese simplen Formen in 2D und in 3D wirken, wenn man sie auf Menschen anwendet:

Eine Pose mit zweidimensionalen Formen:

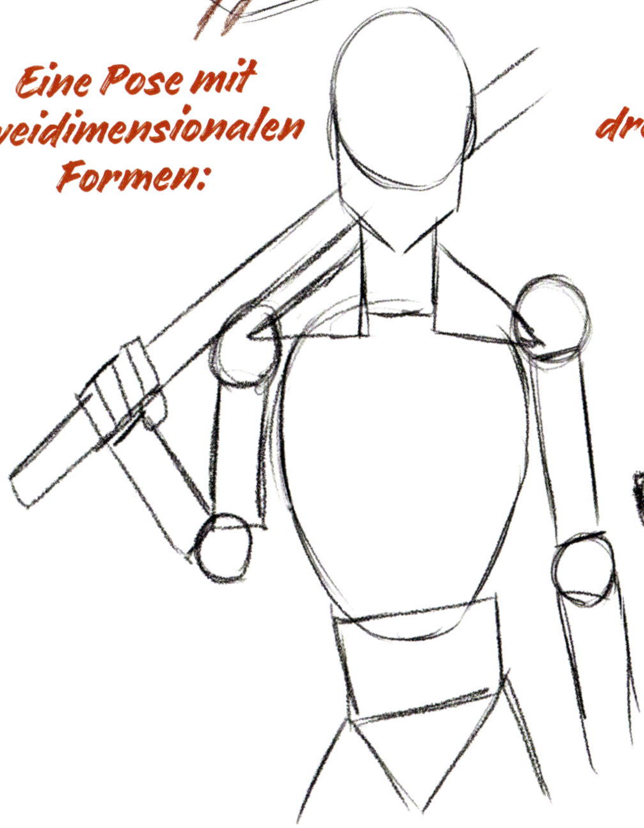

Eine Pose mit dreidimensionalen Formen:

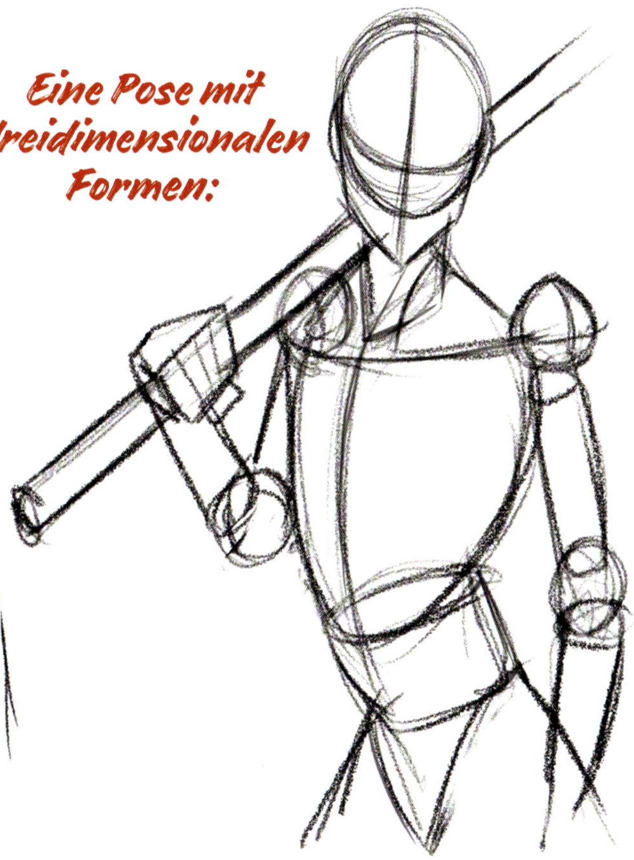

Das waren so weit die Basics, die ich für den Anfang als Voraussetzung wichtig finde. Wenn du bisher alles kannst, spricht nichts dagegen, endlich loszulegen! Also, fangen wir am besten mit Gesichtern an!

Du siehst, wie viel mehr Dynamik ein Körper in sich trägt, wenn man ihn dreidimensional zeichnet.

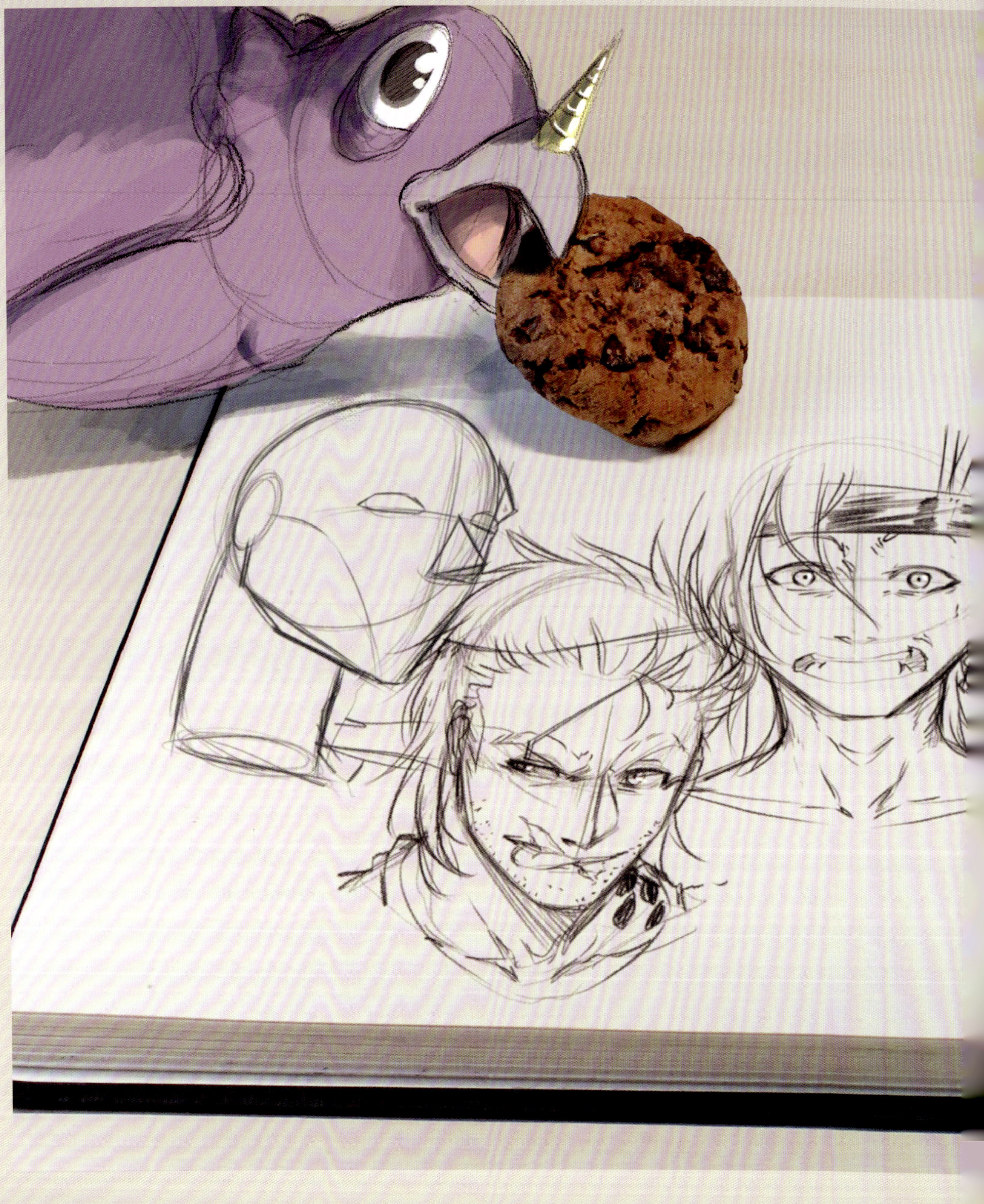

GESICHTER ZEICHNEN

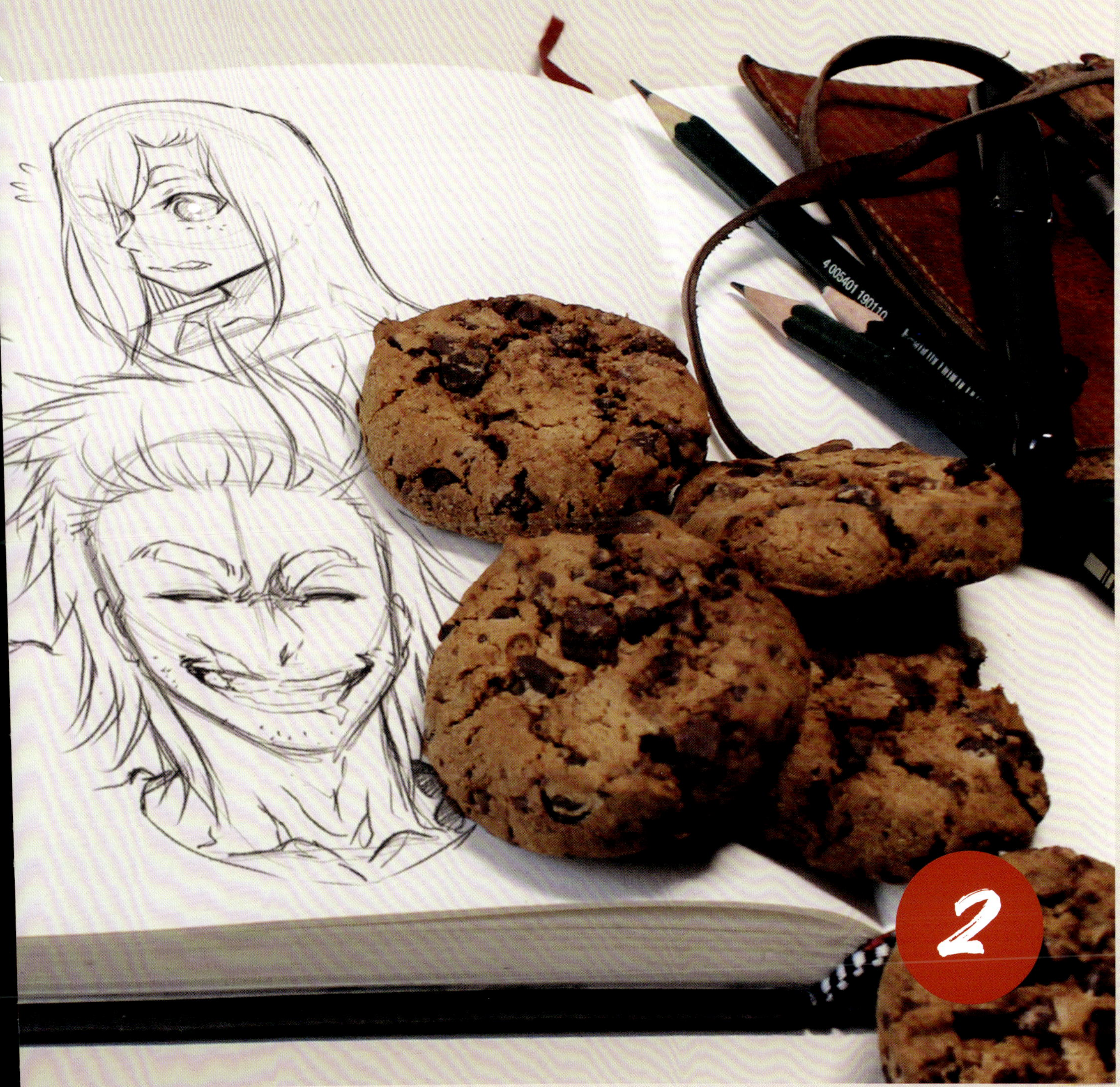

2

GESICHTSFORM UND AUFBAU

Das Allerwichtigste beim Zeichnen von Gesichtern ist, erst mal die Gesichtsform und -proportionen richtig zu verstehen. Hier geht es also zunächst nur um den Aufbau eines Gesichts – keine Angst: Wie man Augen, Nasen und Münder im Detail zeichnet, gehen wir danach an.

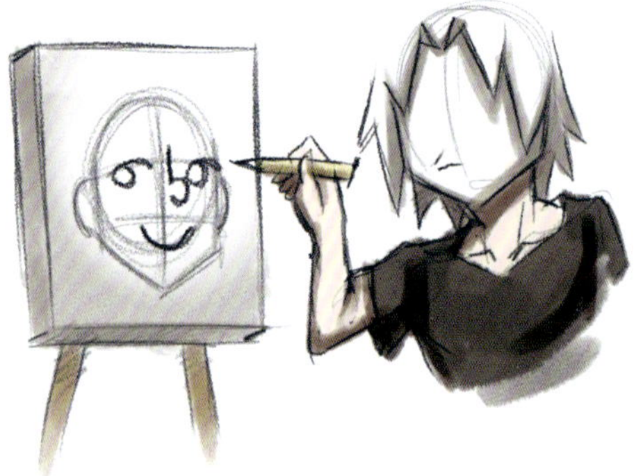

Ich zeige dir hier für den Anfang, wie ich auf meine Weise ein Gesicht von vorne ganz simpel aufbaue und einteile. Ein kleiner Tipp noch: Zeichne das Gesicht gerne noch etwas größer als ich hier, damit du mehr Platz zum Arbeiten hast.

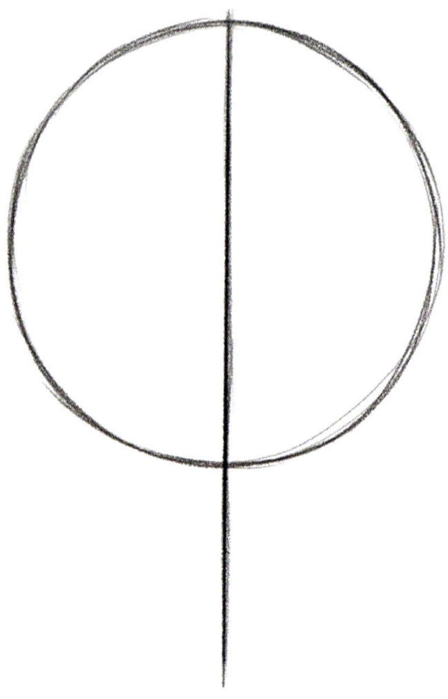

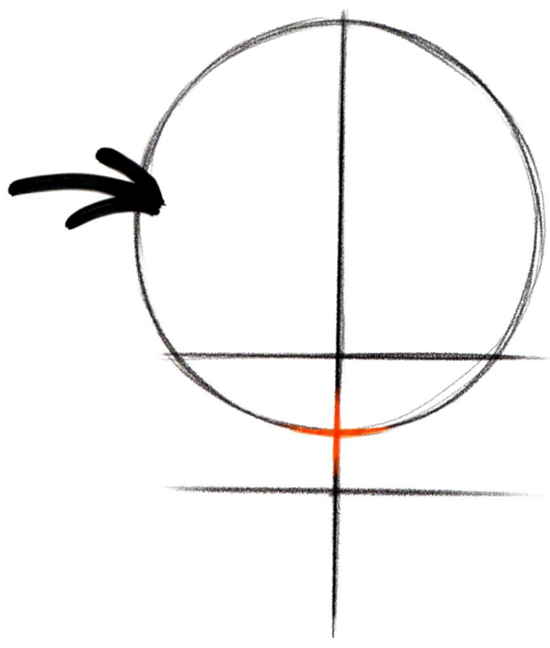

Wir fangen ganz simpel an: Ein Kreis und ein vertikaler Strich, um den Kreis in zwei Hälften einzuteilen.

Für die nächste Einteilung zeichne ich zwei horizontale Striche mit dazu, die die Höhe der Augen und der Nasenspitze markieren. Wichtig ist: Zeichne die Striche so, dass das **Ende vom Kreis** circa in deren Mitte liegt.

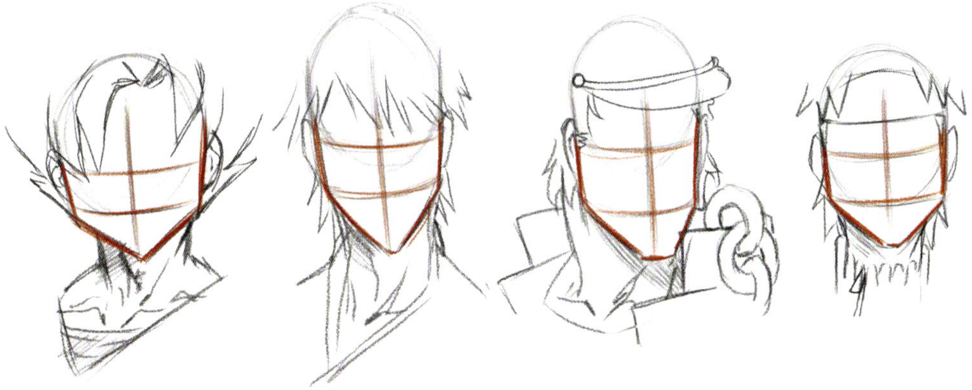

Natürlich gibt es die verschiedensten Stile und Formen, wenn es um Gesichter geht. Was ich dir hier zeige, ist die Basis, auf der ein durchschnittliches Gesicht funktioniert.

Manche Menschen mögen längere Gesichter, andere mögen kürzere Proportionen. Sobald du gut genug bist, kannst du diese Gesichter verändern und umbauen, wie du möchtest. Aber dafür musst du erst mal die Basics draufhaben.

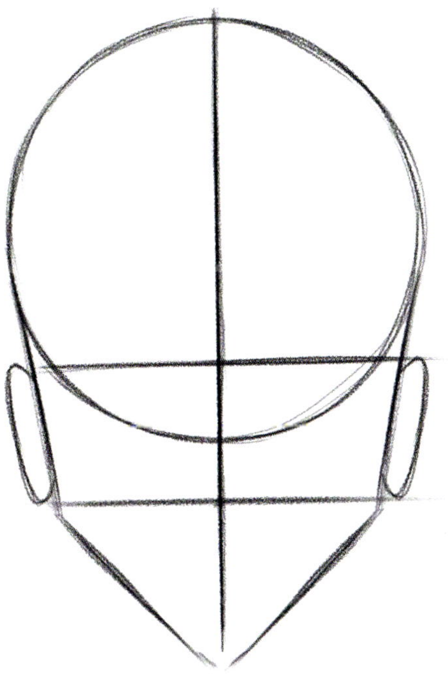

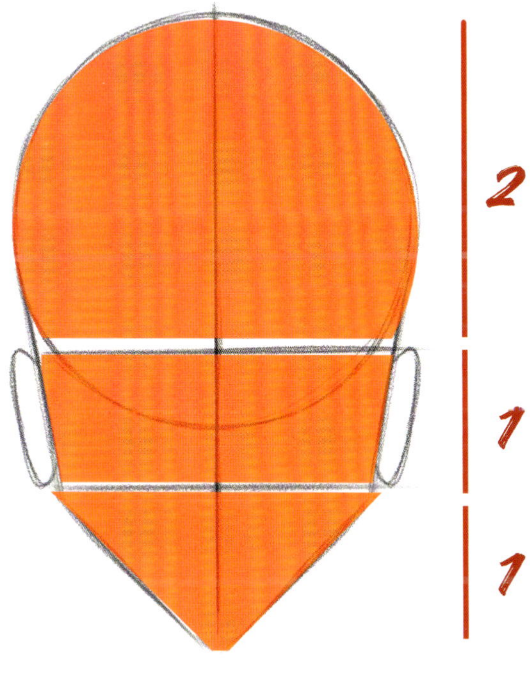

Als Nächstes verbinde ich die einzelnen Formen zu einer fertigen Gesichtsform. Das Gesicht besteht aus einer Art **Halbkugel**, einem **Rechteck** und einem **Dreieck**. Die Proportionen hier sind **2 : 1 : 1**.

Wenn du dir nicht sicher bist, wie groß welcher Teil sein sollte, kannst du daher einfach die Größenverhältnisse deiner Zeichnung überprüfen. Außerdem kannst du hier schon mal super die Ohren als Ovale auf Höhe des Rechtecks einzeichnen. Und das war's schon mit der groben Gesichtsform!

Wir haben die Gesichtsform fertig, als Nächstes geht es um den Inhalt des Gesichts. Hier ist erst mal ein grober Plan, wo genau was platziert wird. Dieses Gesicht soll also noch nicht „hübsch“ sein, du sollst dir nur mal ganz leicht markieren, wo später was eingezeichnet wird.

Haaransatz

(Vorausgesetzt, dein Charakter hat noch keinen Haarausfall.)

Augen

sollten genau auf dieser Linie eingezeichnet werden.

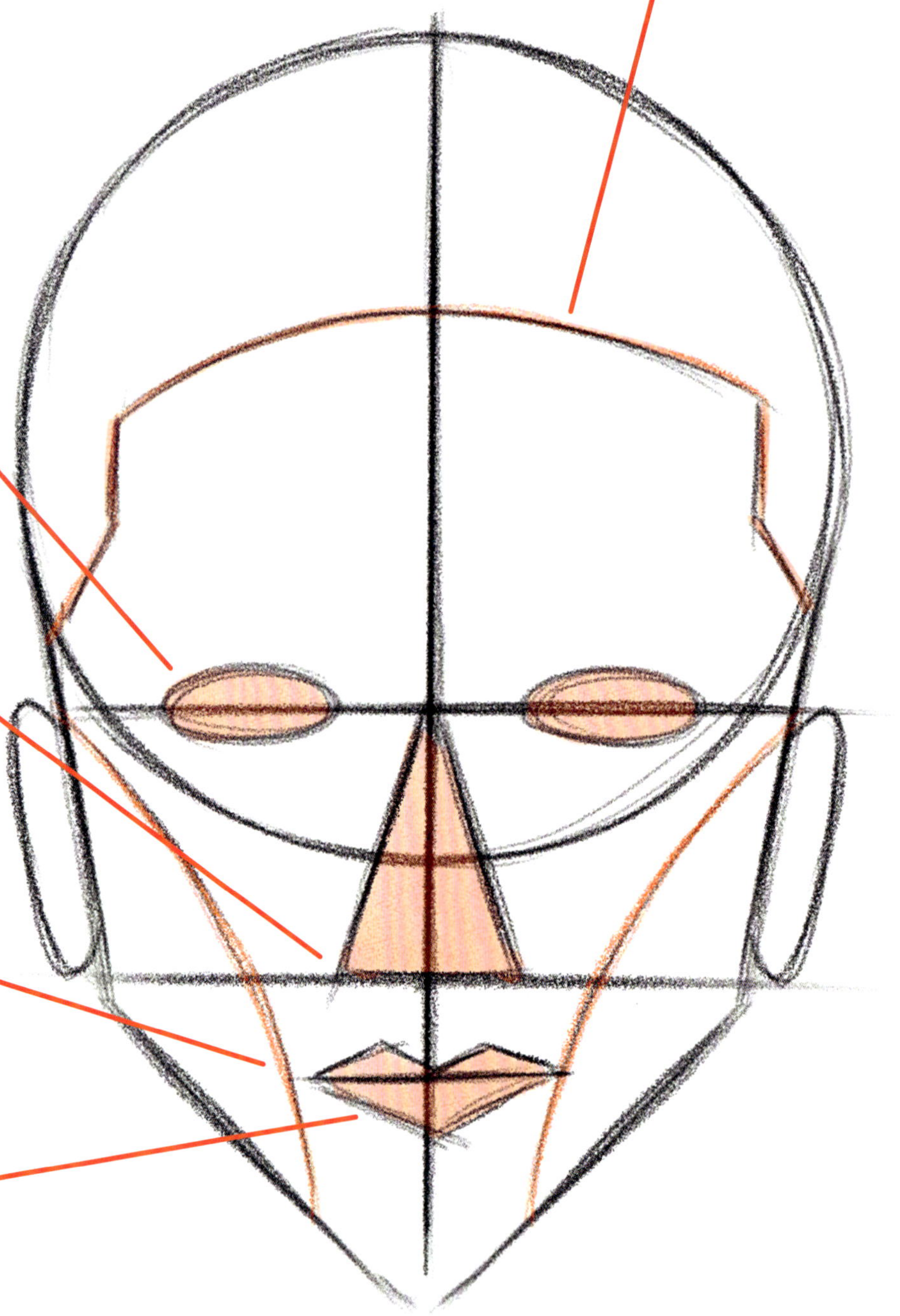

Nase

sitzt auf derselben Linie wie die Ohren.

Wangenknochen

Diese Guideline sieht am Anfang noch sehr nutzlos aus, wird später aber sehr wichtig! Sie fängt beim Ohr an und hört kurz vorm Kinn auf.

Lippen

bestehen aus zwei kleinen und einem großen Dreieck. Natürlich kannst du sie auch schon gerne etwas runder zeichnen.

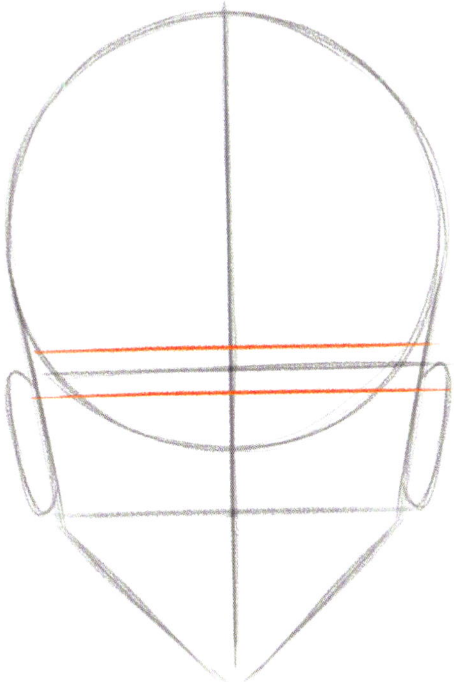

Der Albtraum am Anfang des Zeichnenlernens ist: Augen zeichnen. Wenn deine beiden Kreise für die Augen immer unterschiedlich groß werden, würde ich dir empfehlen, einfach noch mal **zwei seperate Guidelines** als Hilfestellung einzuzeichnen. Das könnte dir helfen, beide Kreise in derselben Größe und Höhe zu zeichnen, ist aber kein Muss – einfach nur ein kleiner Tipp für Leute, die noch Probleme damit haben. Später kannst du diese Guidelines dann so weit auseinander oder nah beieinander einfügen, wie du deine Augen gerne groß oder klein zeichnest. Immerhin gibt es verschiedene Stile und Möglichkeiten, wie hier im Beispiel:

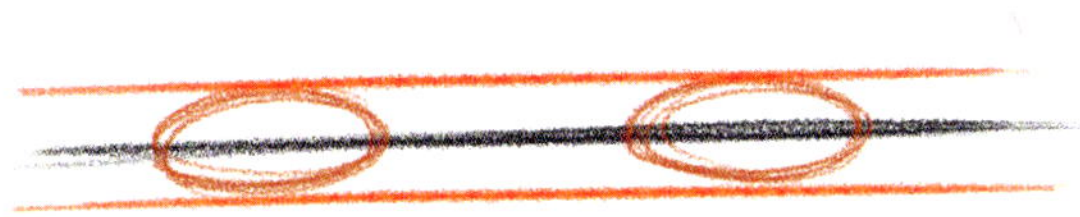

schmale Version

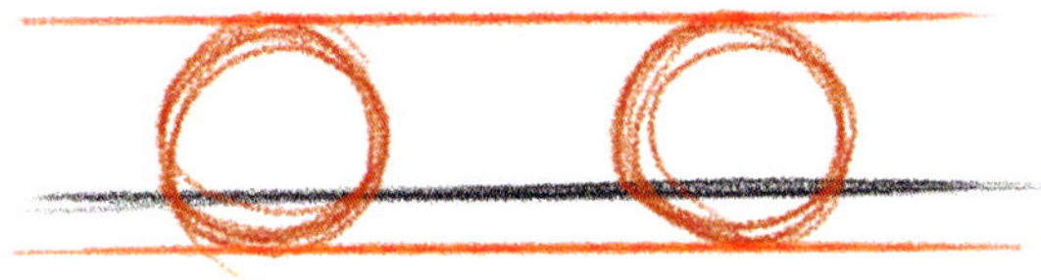

große Version

Jetzt kannst du die Formen durch Augen, Nase und Mund ersetzen. Lass dich dabei auch gerne durch deine Lieblingsserien inspirieren und zeichne zum Beispiel die Augen deiner Lieblingscharaktere ein – oder du zeichnest mir einfach nach. Das Gesicht wird vorerst sehr standardmäßig aussehen, aber das wird sich später noch ändern.

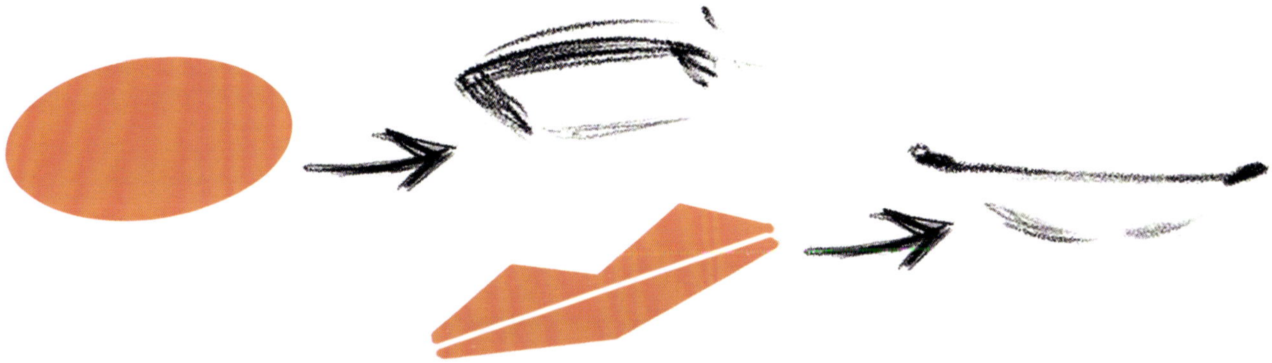

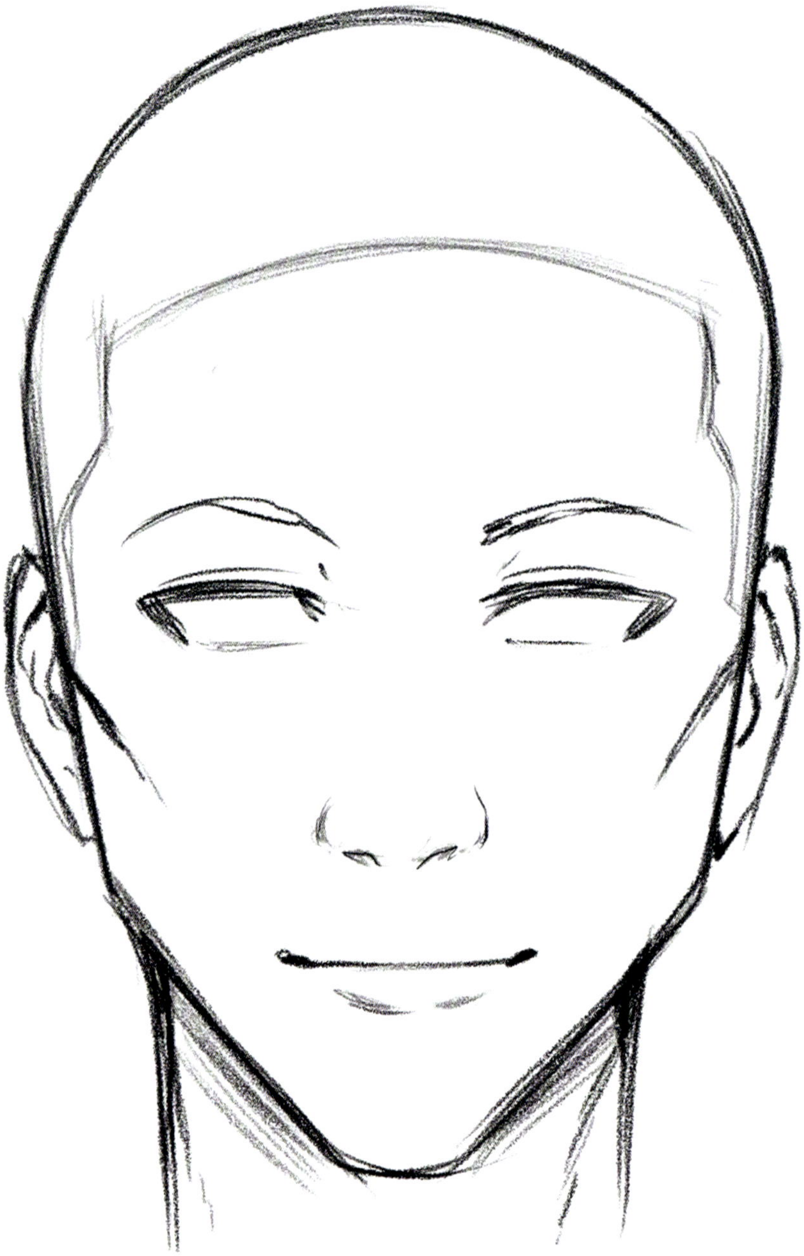

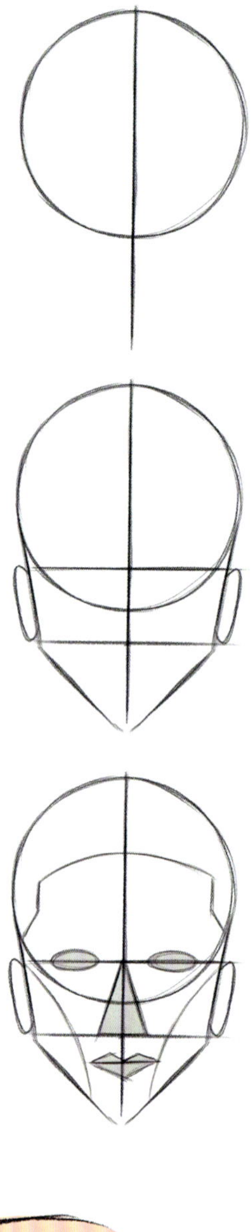

Wie du hier rechts sehen kannst, habe ich alle Gesichtsmerkmale an den geometrischen Formen ausgerichtet, die wir vorhin eingezeichnet haben. Sie helfen ungemein, wenn du zum Beispiel Lippen, Wangenknochen oder Nasenflügel einzeichnen möchtest. Außerdem werden diese Formen gleich noch sehr nützlich, wenn wir das Gesicht aus anderen Winkeln zeichnen. Später zeige ich dir noch verschiedene Vorgehensweisen, um Augen, Nasen und Münder im Detail zu zeichnen.

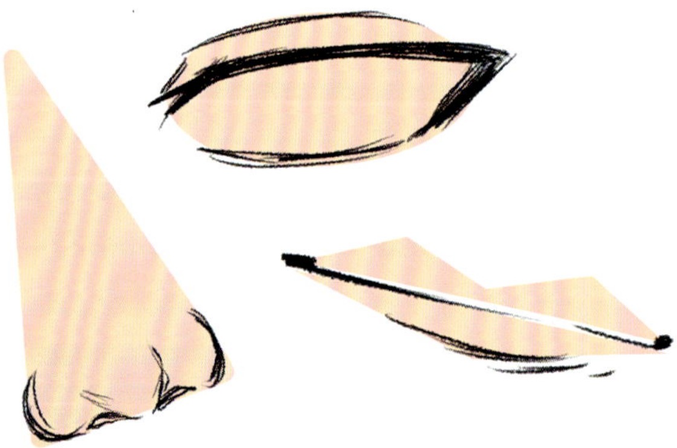

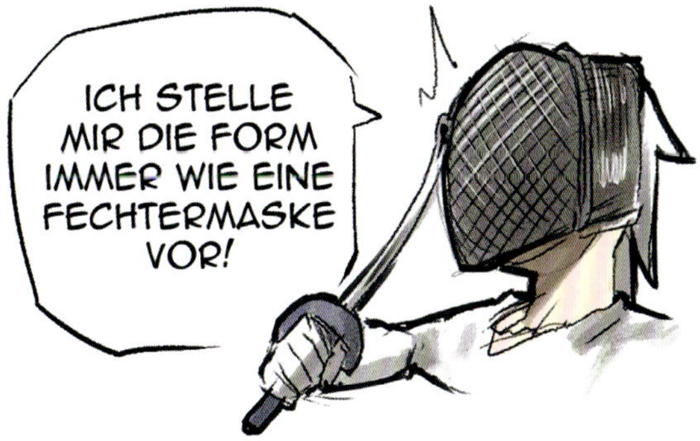

Seitenprofil

Wenn du ein Gesicht von vorne zeichnen kannst, wird es von der Seite nicht mehr ganz so schwer! Du nutzt dieselben Bauteile von vorhin, nur eben aus einer anderen Perspektive.

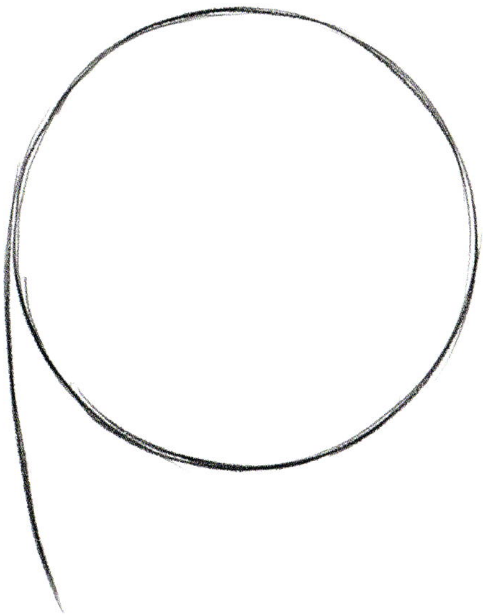

Dieses Mal verläuft die vertikale Mittellinie links vom Kreis.

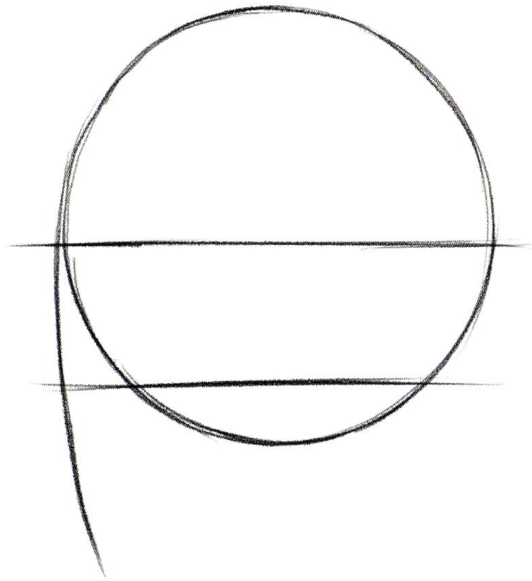

Auf den Kreis zeichnest du wieder die zwei horizontalen Hilfslinien, nur etwas weiter oben.

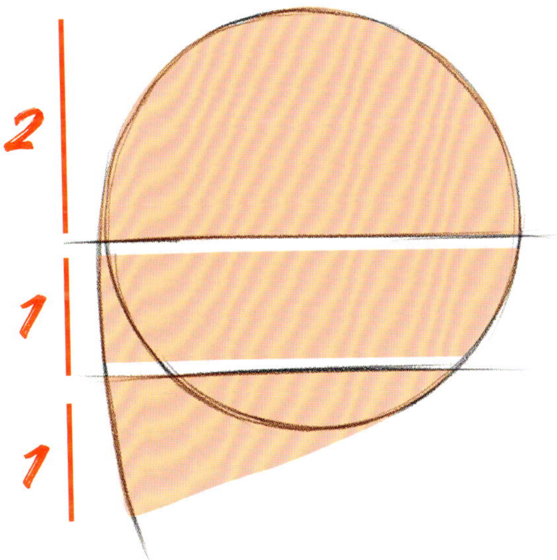

Auch hier gilt: Das Größenverhältnis der Teile sollte ungefähr 2 : 1 : 1 sein.

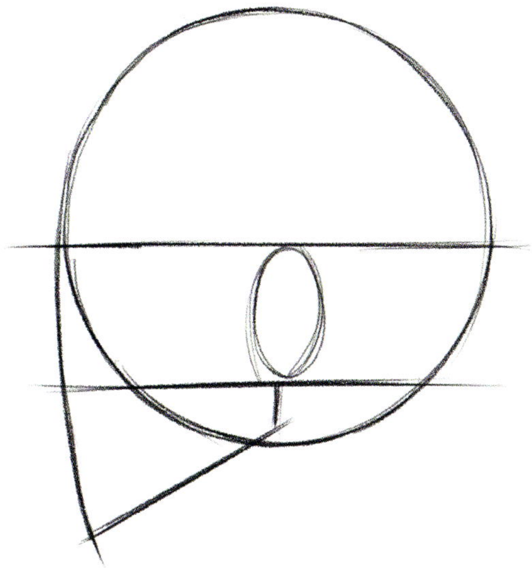

Dazu kommt noch das Oval für das Ohr (ungefähr in die Mitte). Verbinde danach wieder Ohr und Kiefer.

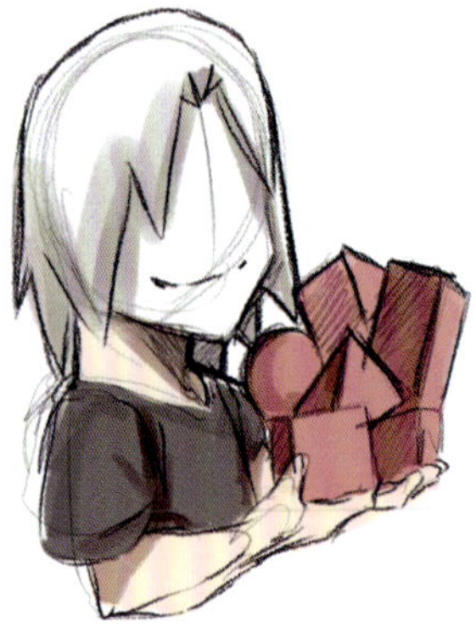

Die seitliche Gesichtsform ist fertig. Wie vorhin auch, müssen nun noch die restlichen Einzelteile eingezeichnet werden. Das läuft fast genauso ab, es gibt nur ein paar kleine Änderungen in dieser Perspektive:

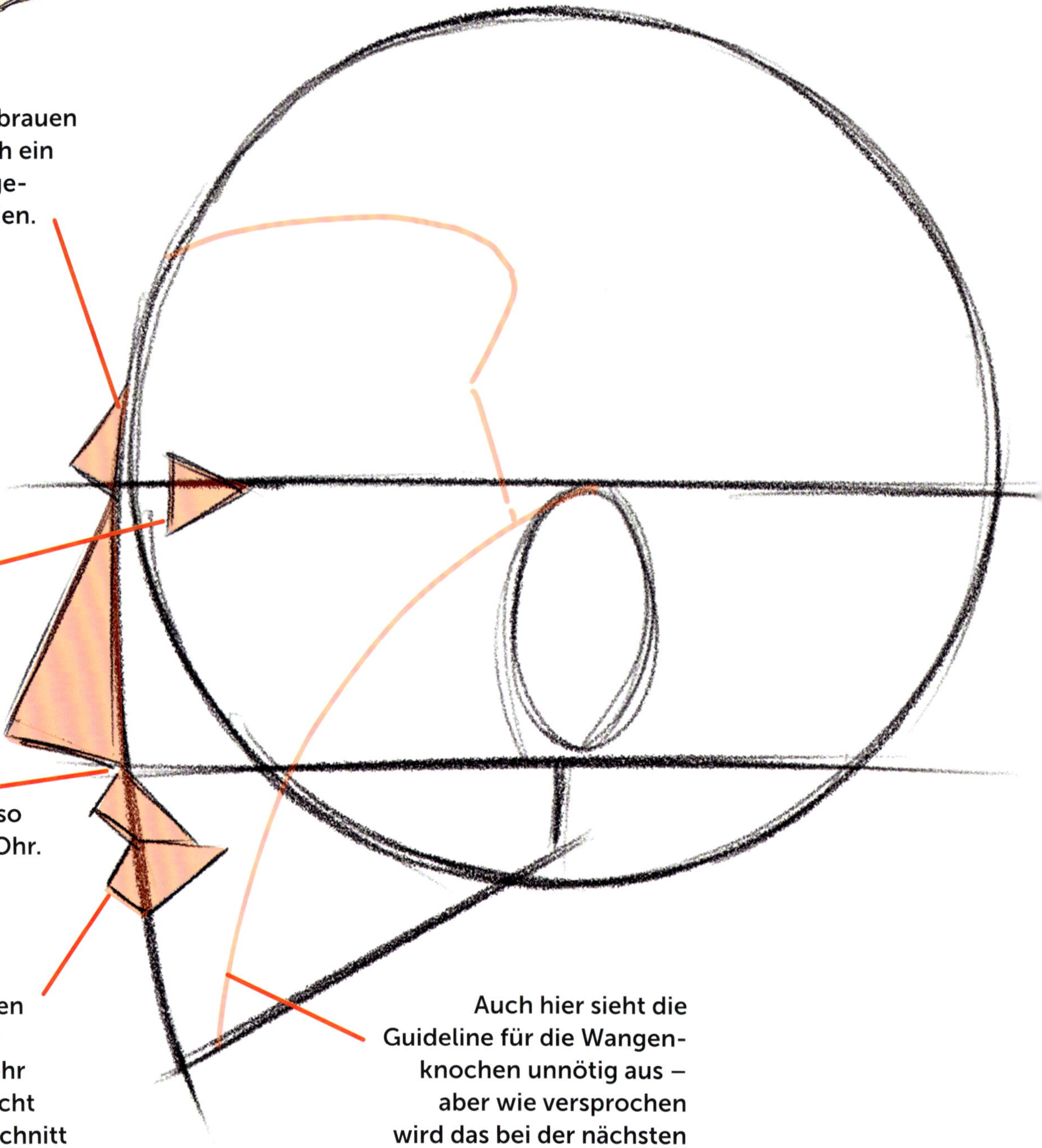

Für die Augenbrauen muss hier noch ein Extradreieck gezeichnet werden.

Die Augen sieht man nur zur Hälfte, also reicht ein Dreieck aus.

Die Nase ist wieder genauso groß wie das Ohr.

Auch die Lippen sieht man nur zur Hälfte. Mehr zu dieser Ansicht gibt es im Abschnitt zu Mündern (S. 36).

Auch hier sieht die Guideline für die Wangenknochen unnötig aus – aber wie versprochen wird das bei der nächsten Ansicht wichtig!

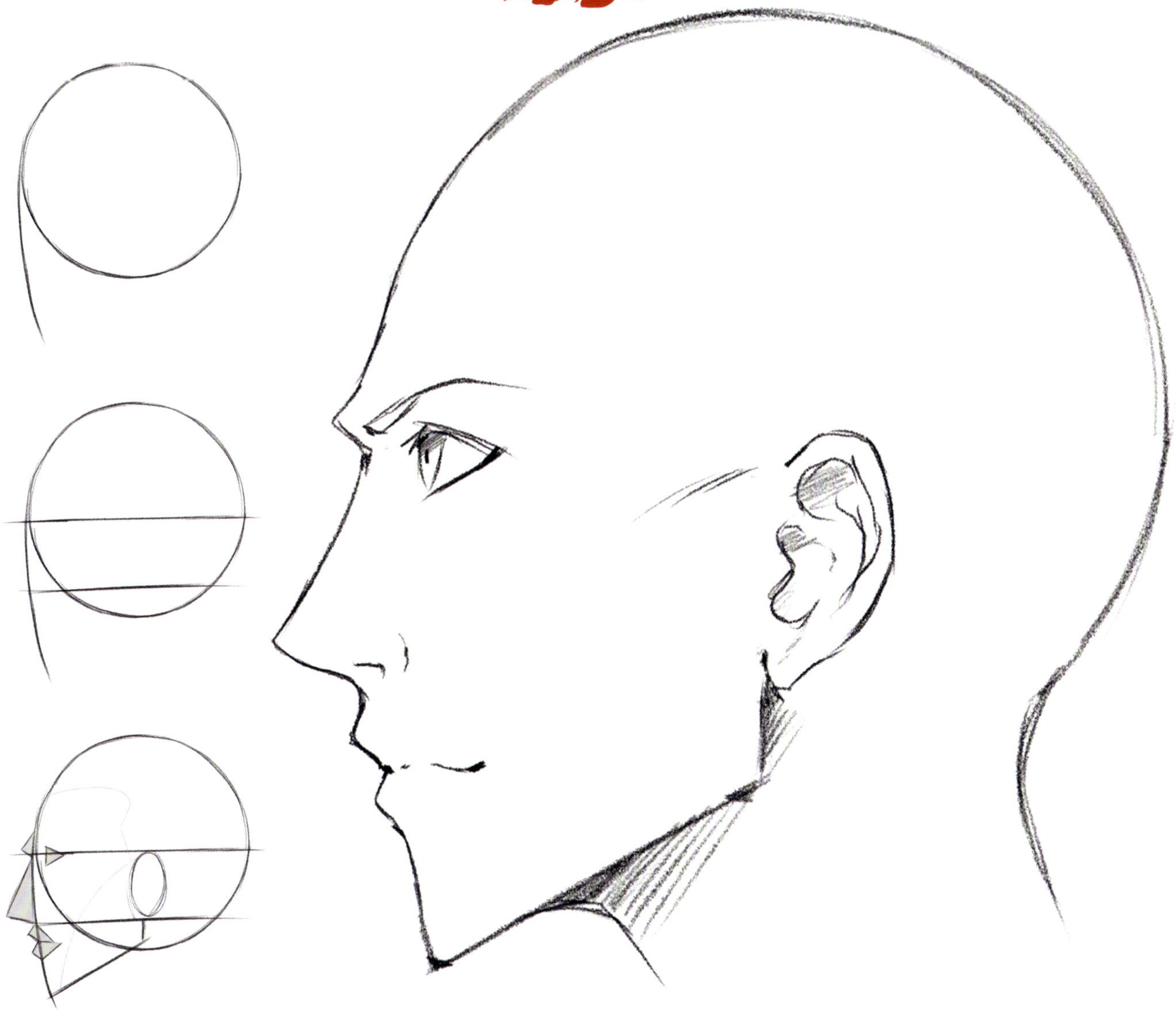

Nun müssen die einzelnen Formen wieder etwas ausgearbeitet werden. Offensichtlich muss man also nur je nach Perspektive leicht umdenken, dann funktioniert der Aufbau von Gesichtern in der Regel immer relativ ähnlich. Wenn du Gesichter in diesen beiden Perspektiven draufhast, können wir uns den schwierigeren Ansichten widmen und ein Gesicht richtig dreidimensional zeichnen.

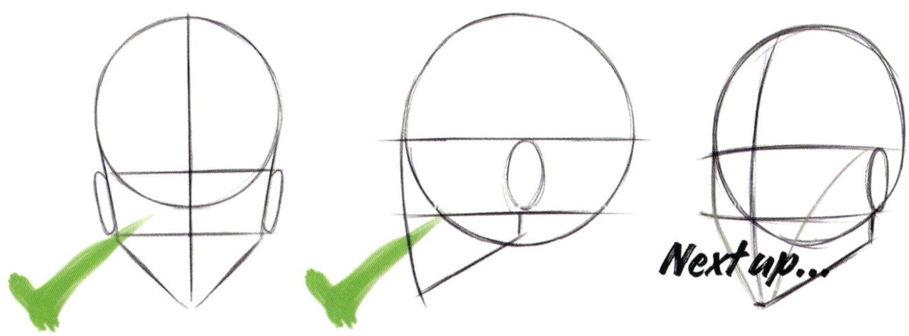

Gesichter in Perspektive

Du hast auf den vorherigen Seiten gelernt, aus welchen Einzelteilen Gesichter bestehen. Jetzt kannst du diese Einzelteile aus jeder beliebigen Perspektive zusammensetzen und umstellen.

Für dreidimensionale Gesichter müssen die Formen allerdings auch dreidimensional werden:

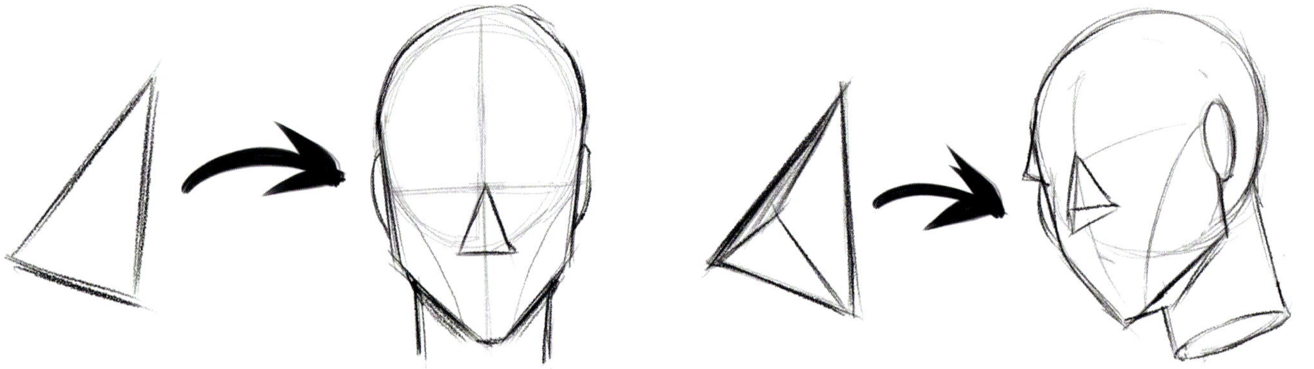

2D FORM 2D GESICHT 3D FORM 3D GESICHT

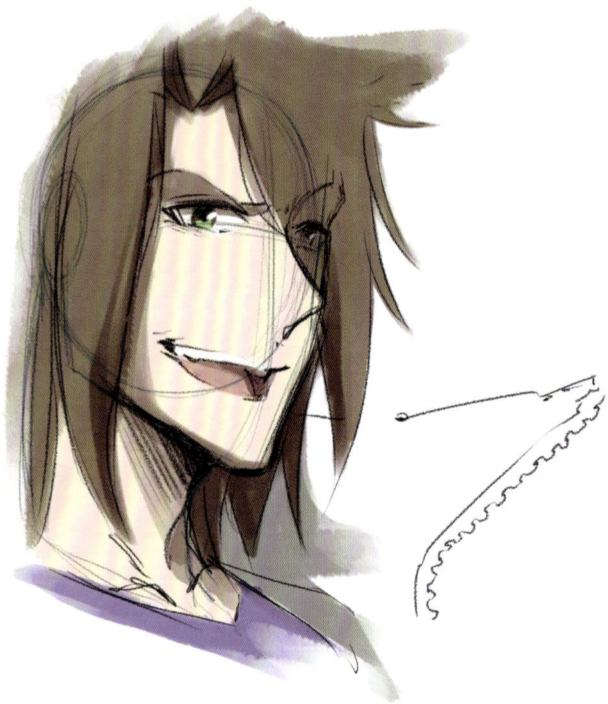

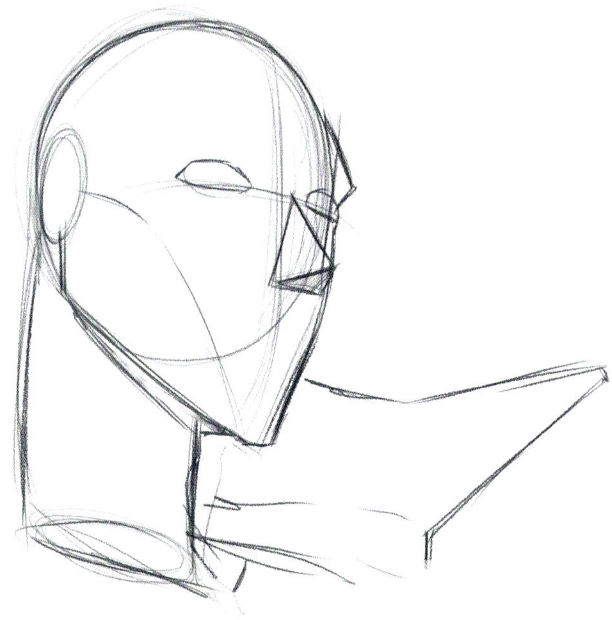

Das größte Problem ist hier oft, dass Leute einfach draufloszeichnen, ohne vorher den Aufbau eines Gesichts zu verstehen …

… aber du weißt ja mittlerweile, welche Einzelteile man benötigt!

Die Dreiviertelansicht ist eine Art Mittelweg aus den beiden vorangegangenen Perspektiven. Deswegen zeichnen wir dabei auch die Mittellinie so wie hier:

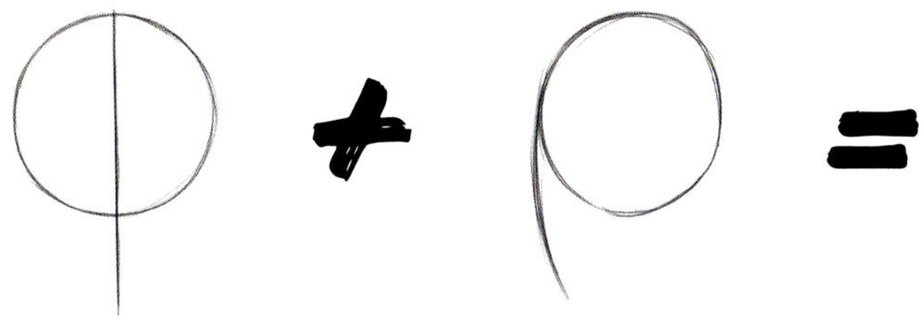

von vorne **von der Seite**

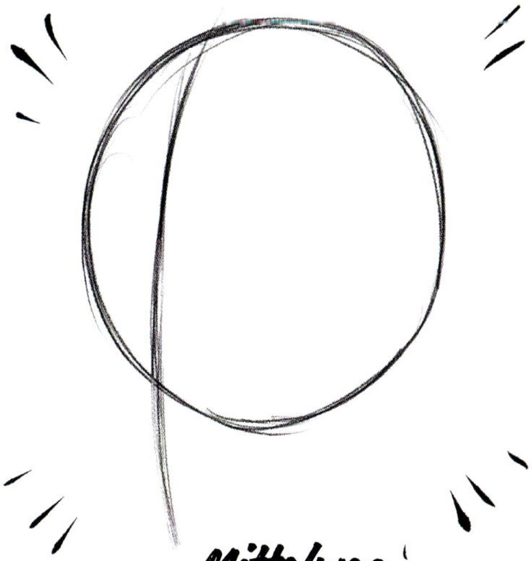

Mittelweg

Alle anderen Regeln von vorhin (z.B. die Platzierung und Größe des Ohrs) bleiben genau gleich.

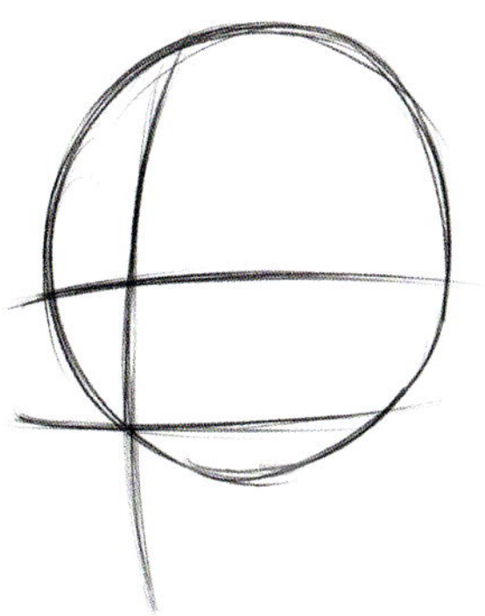

Hier muss das Gesicht auch in die drei Teile eingeteilt werden, ...

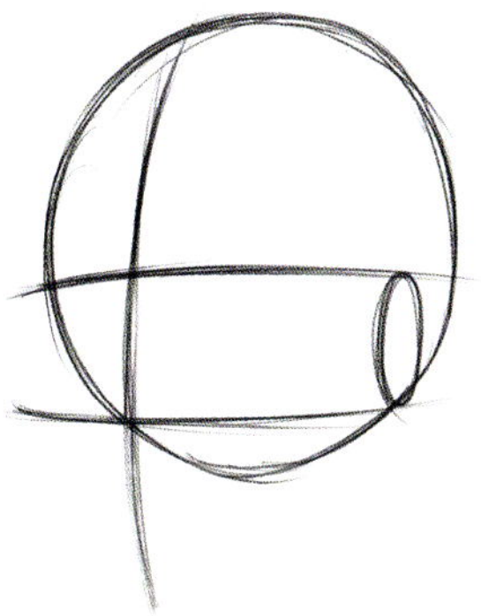

... das Ohr kommt wieder an dieselbe Stelle ...

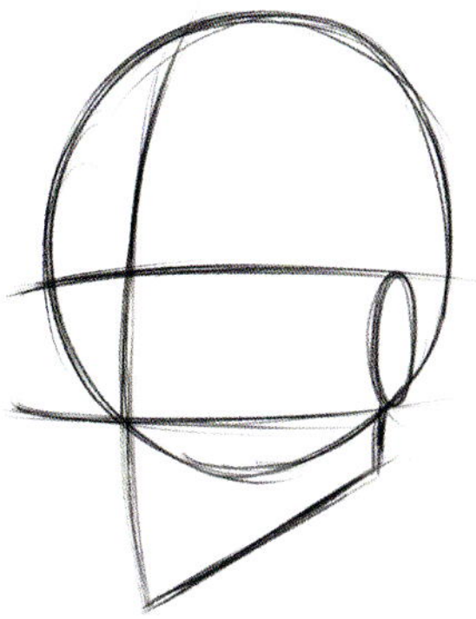

... und muss zum Schluss mit dem Kiefer verbunden werden.

Den Rest der Gesichtsform kannst du dir anhand der Wangenknochen ableiten:

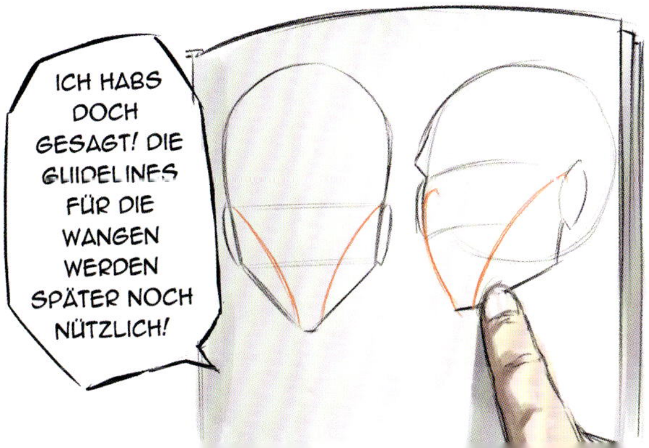

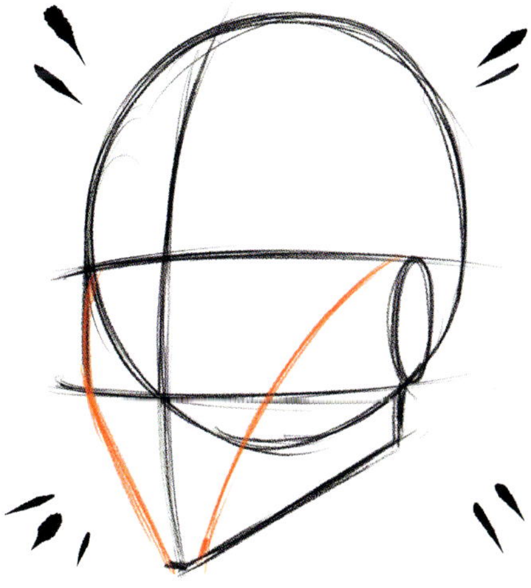

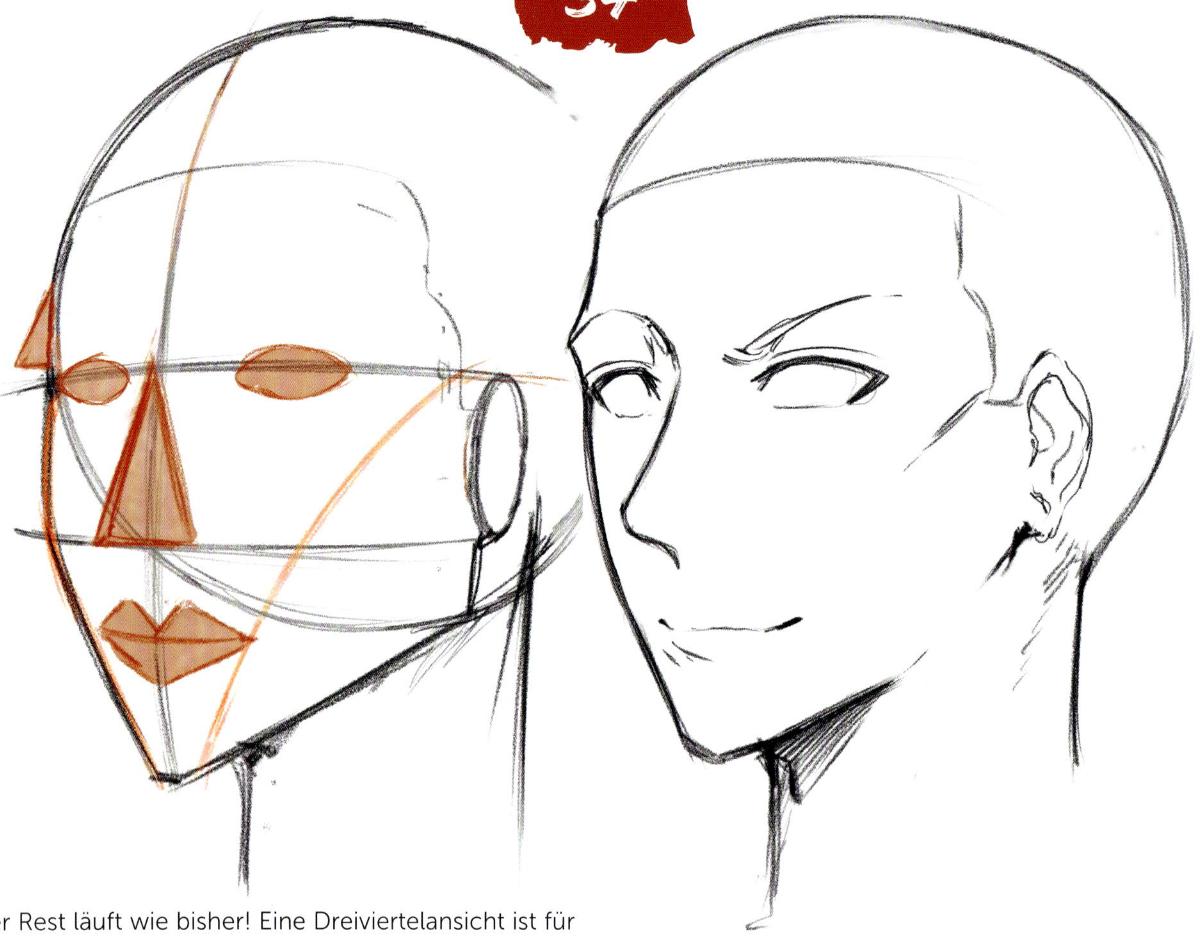

Der Rest läuft wie bisher! Eine Dreiviertelansicht ist für den Anfang natürlich nicht sehr einfach, hier sind mit die häufigsten Fehler, die du vermeiden kannst:

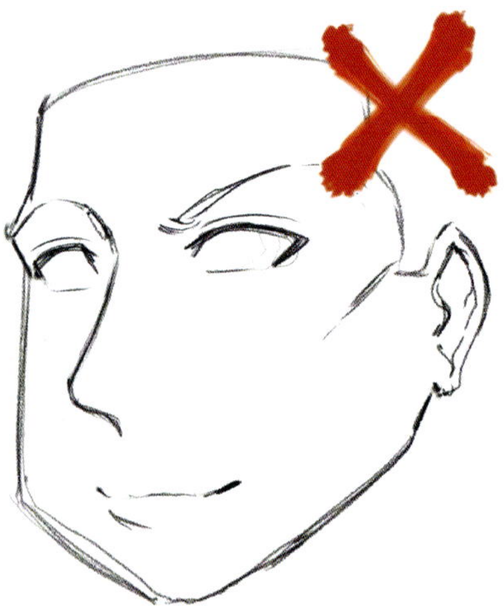

Dein Grundgerüst **muss** stimmen, bevor du weiterzeichnest! Wenn Guidelines und Gesichtsform falsch sind, wird der Rest auch schief.

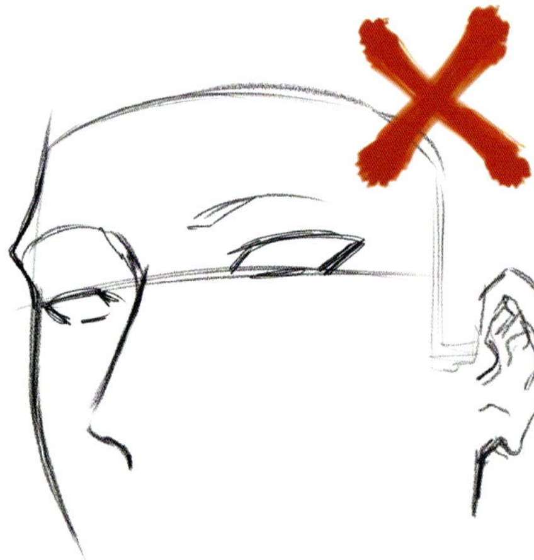

Versuche dich, so gut es geht, an deine Guidelines zu halten. Anfangs wird das Gesicht immer etwas schief aussehen, aber mit genug Übung kriegst du das hin!

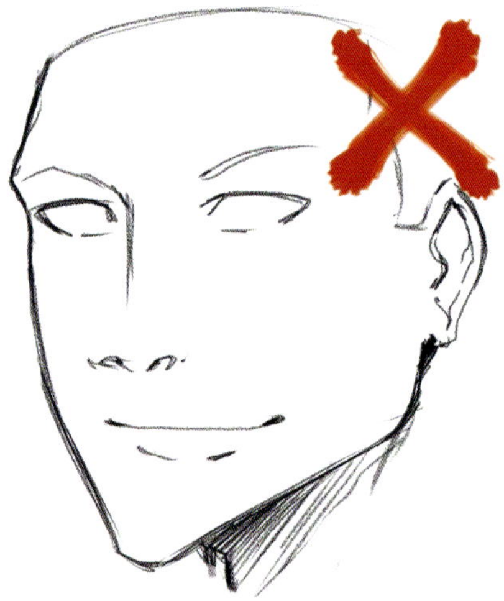

In einem dreidimensionalen Gesicht wirken zweidimensionale Nasen, Augen und Münder fehl am Platz. Denke an die dreidimensionalen Formen!

Hier siehst du, wie ich diese Guidelines und Bausteine auf die verschiedensten Perspektiven anwende. Probiere gerne mal selbst, Köpfe aus unterschiedlichen Perspektiven zu zeichnen. Auch wenn es anfangs nicht direkt auf Anhieb funktioniert, ist es eine super Übung!

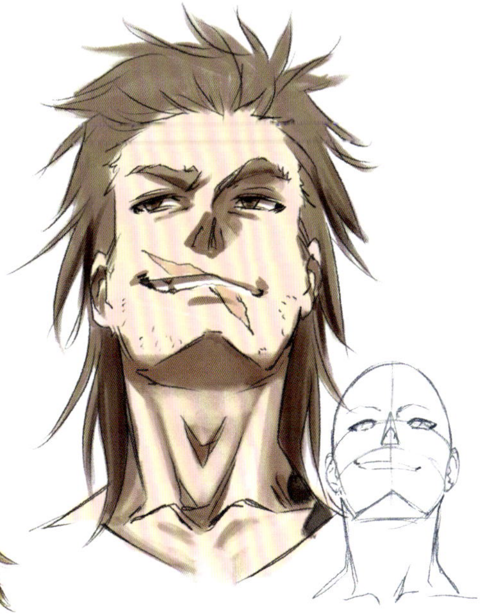

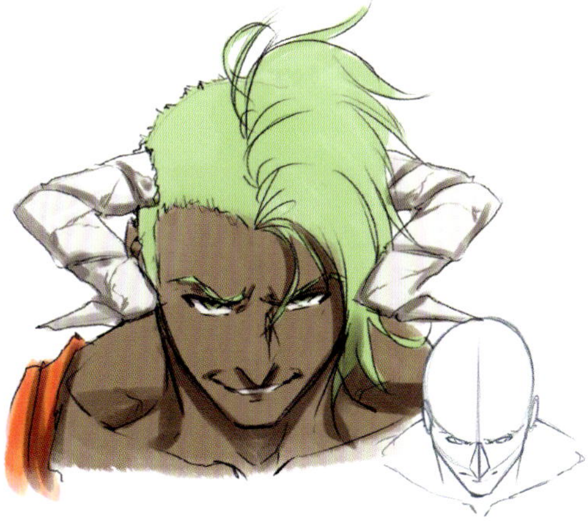

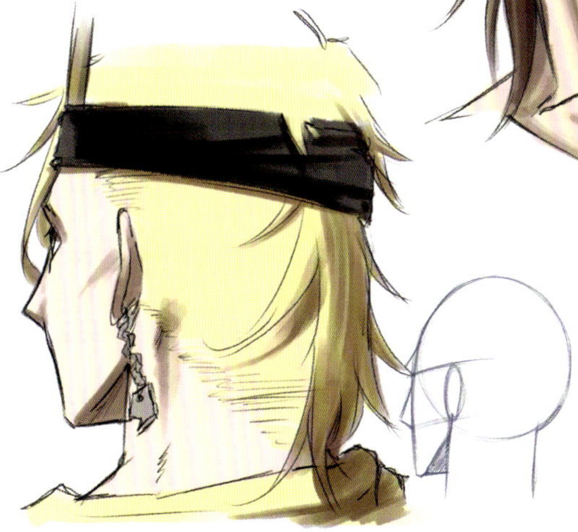

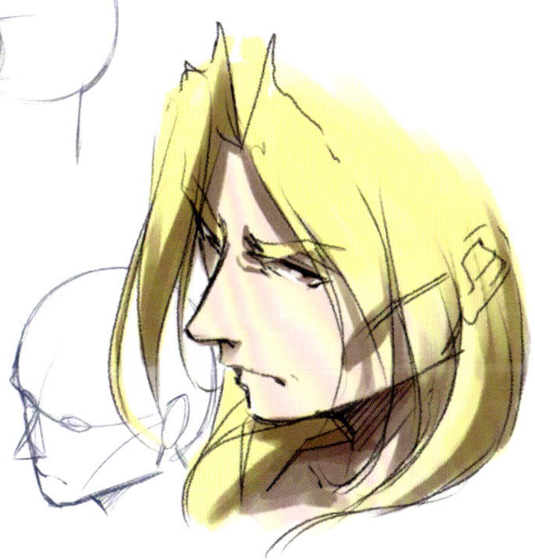

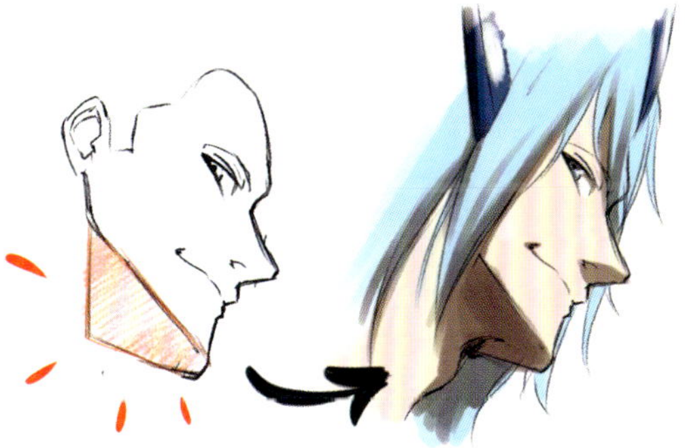

Ein letztes Bauteil, das dir helfen kann, ist diese dreieckige **„Platte"** unter dem Kinn. Das ist auch ein Detail, das man gerne mal vergisst – allerdings ist es extrem wichtig, wenn du Gesichter von unten zeichnest!

Das Ganze ist ein superspannendes Thema, allerdings gibt es noch sehr viele andere Übungen, die ich dir zum Thema „Gesichter zeichnen" zeigen will. Also – weiter zum nächsten Thema!

Falls du aber noch Probleme in diesem Bereich hast, kannst du gerne mal einen Blick in meine YouTube-Tutorials werfen, da habe ich anhand von 3-D-Modellen noch ein paar andere Winkel veranschaulicht:

Hier geht's zum Video

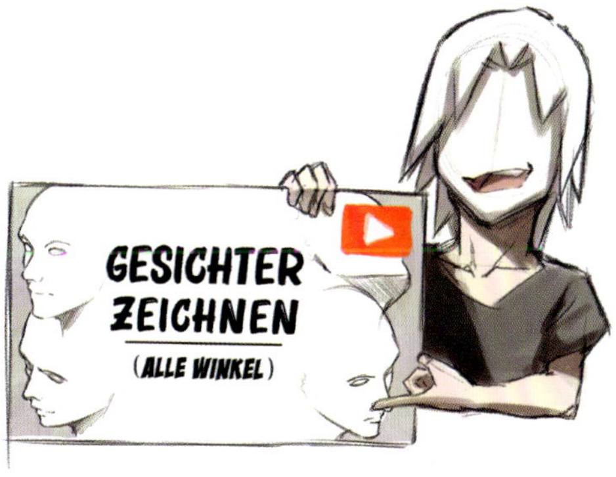

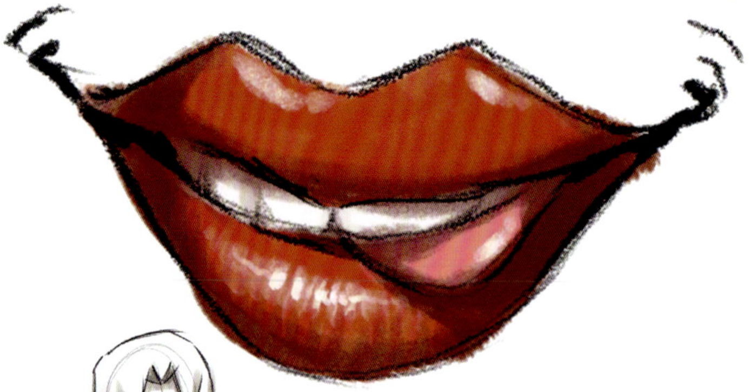

MÜNDER

Gehen wir mal mehr ins Detail! Du hast nun schon etwas Übung, was Gesichter zeichnen angeht, jetzt können wir dieses Wissen für die einzelnen Bestandteile wie Münder, Augen und Nasen vertiefen. Fangen wir mit einem kleinen Crashkurs zu Mündern an:

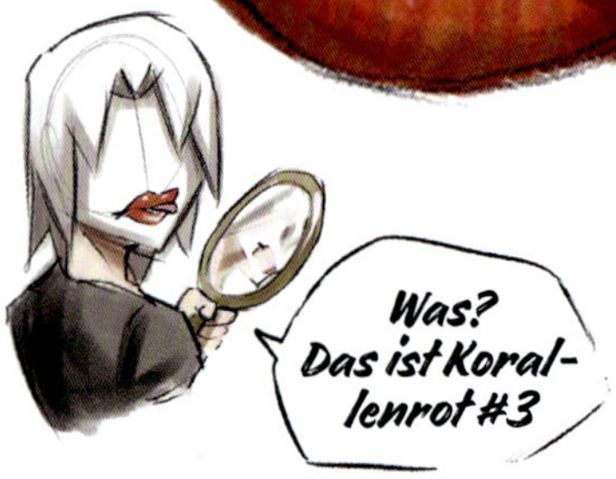

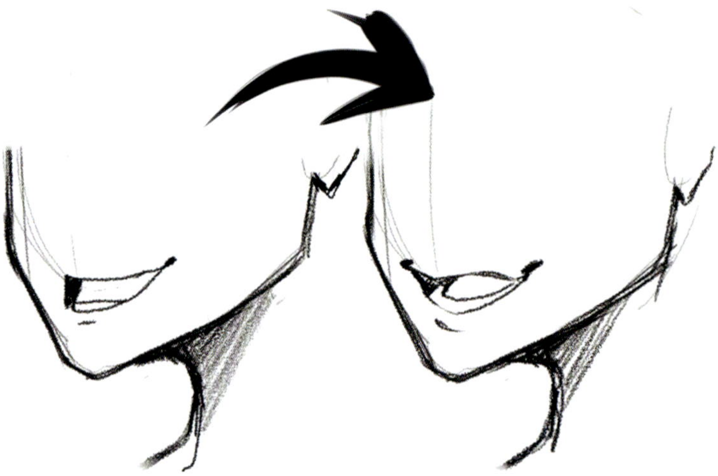

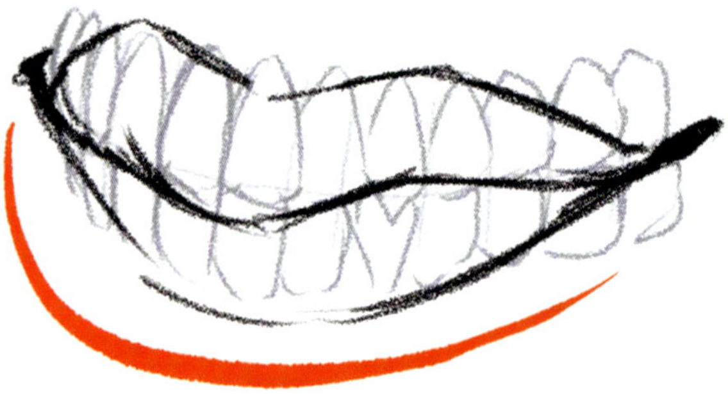

Lippen

Was du bei Lippen immer im Kopf behalten musst: Genau wie dein Gebiss sind auch deine Lippen gebogen. Dein Mund wölbt sich also quasi um dein Gesicht. Beachtest du das in deiner Zeichnung nicht, sieht dein Mund abgehackt und flach aus. Da kommt wieder das räumliche Denken ins Spiel.

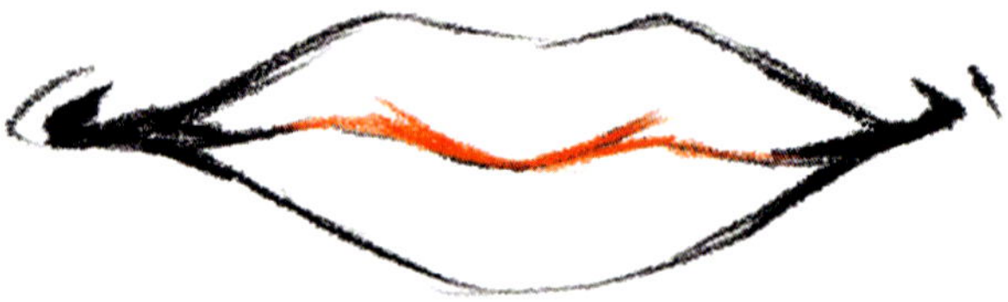

Ganz besonders die Form der Oberlippe ist wichtig. Wenn du genauer hinschaust, siehst du, dass sie sich etwas **wölbt**. Wenn du diese kleinen Feinheiten in deine Zeichnungen mit einbindest, werden deine Münder weitaus detaillierter aussehen.

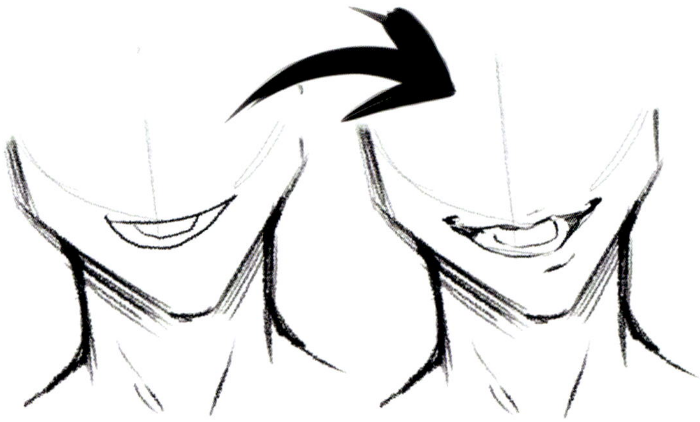

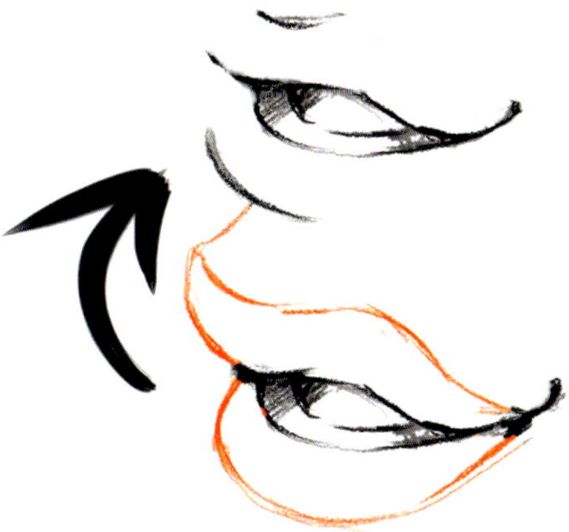

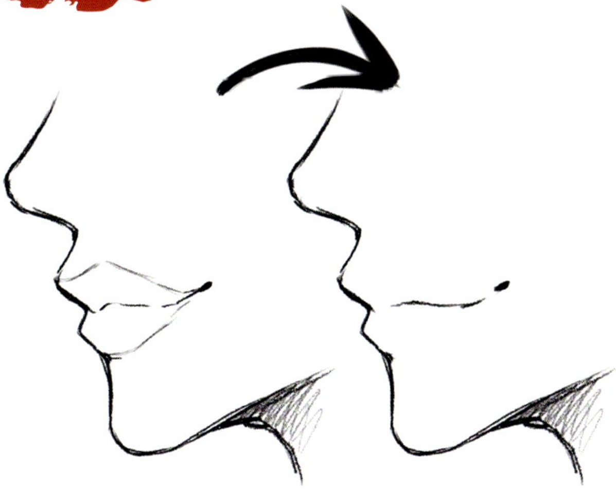

Selbst wenn du die Lippen nicht mit einzeichnest – behalte im Kopf, dass sie trotzdem da sind! Nur so kannst du wie bei den Beispielen oben die Andeutung für die Lippen richtig einzeichnen. Das ist sehr wichtig, wenn du Münder aus verschiedenen Winkeln zeichnest. Am bekanntesten ist wohl das Beispiel des Profils, wie hier in der oberen rechten Abbildung zu sehen.

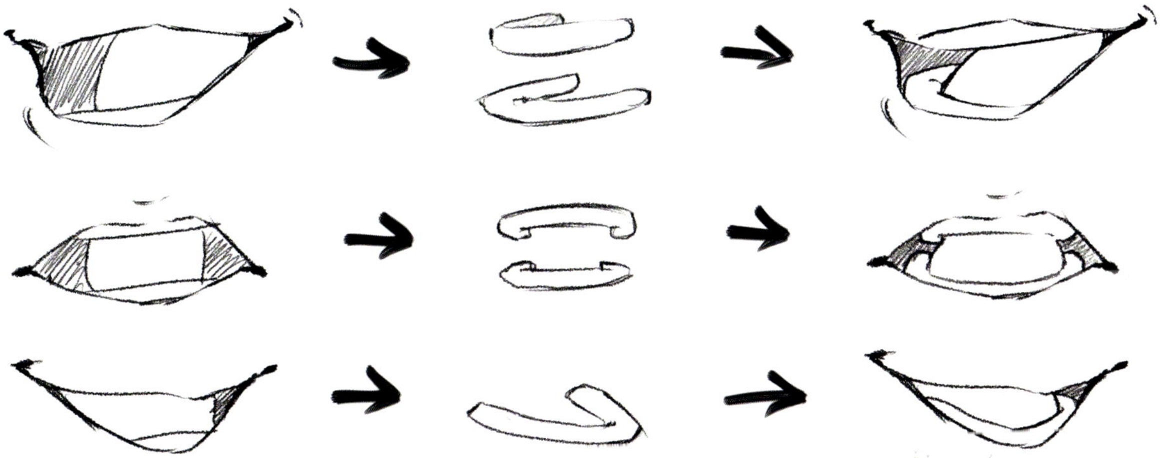

Zähne

Auch beim Zeichnen der Zähne ist räumliches Denken sehr wichtig. Am besten zeichnest du einfach die komplette Zahnreihe ein. Stell sie dir vor wie eine Zahnspange oder Schiene, die in den Mund hineingelegt wird. Das lässt den Mund und den Gesichtsausdruck noch mal weitaus echter und detaillierter wirken. Außerdem kannst du mit den Details auch gerne noch weitergehen und einzelne Zähne oder das Zahnfleisch andeuten, so wie ich es hier gemacht habe.

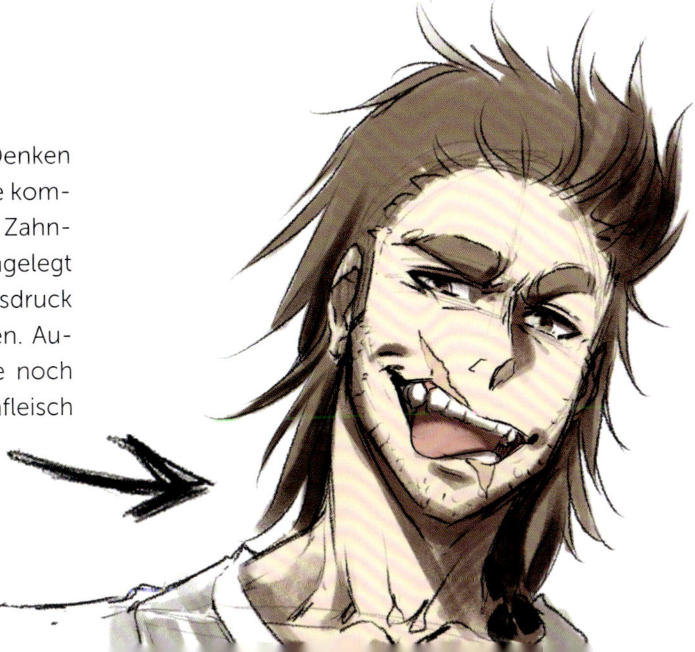

AUGEN

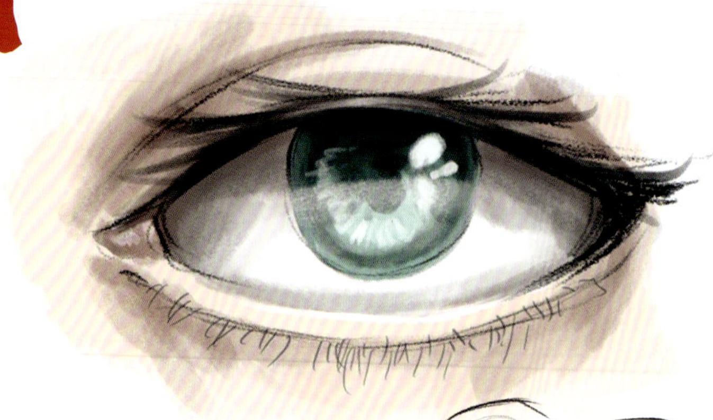

Bei den Augen ist es sogar **noch wichtiger, dreidimensional** zu denken! Immerhin ist das Auge keine sehr einfache Form, es besteht aus mehreren Teilen: Augapfel, Augenlidern, Wimpern usw.

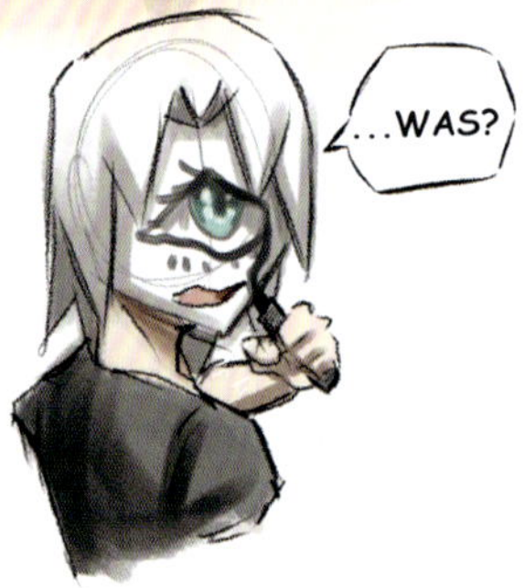

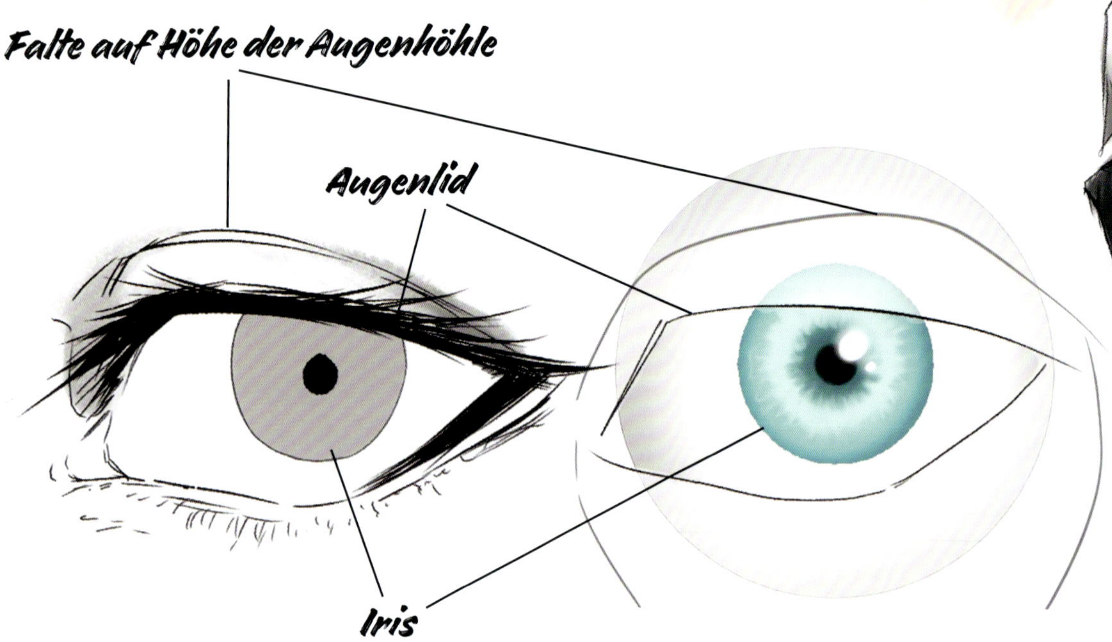

Die Iris ist das A und O! Sie ist der ausdrucksstärkste Teil des Auges, und wenn sie falsch gezeichnet wird, kann das den kompletten Gesichtsausdruck ändern. Im Normalfall ist die Iris zu einem Viertel verdeckt – so wirkt das Auge entspannt.

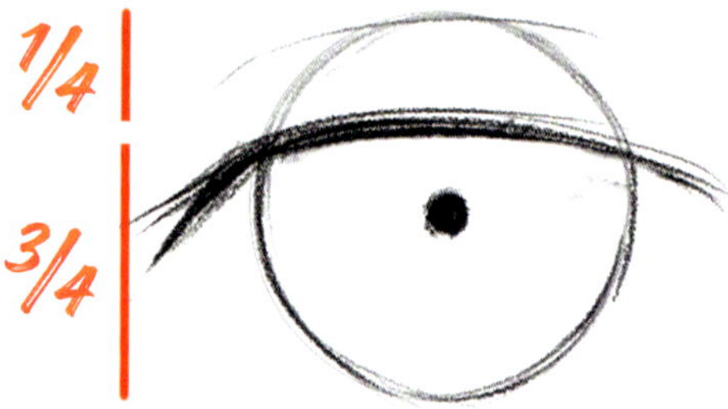

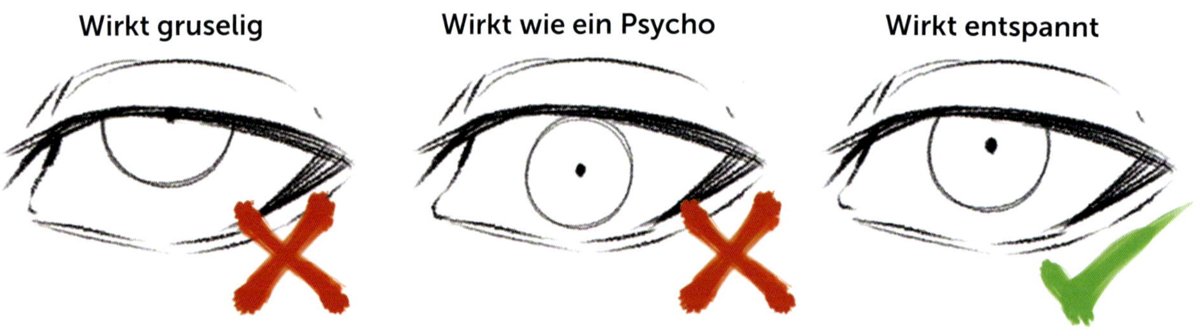

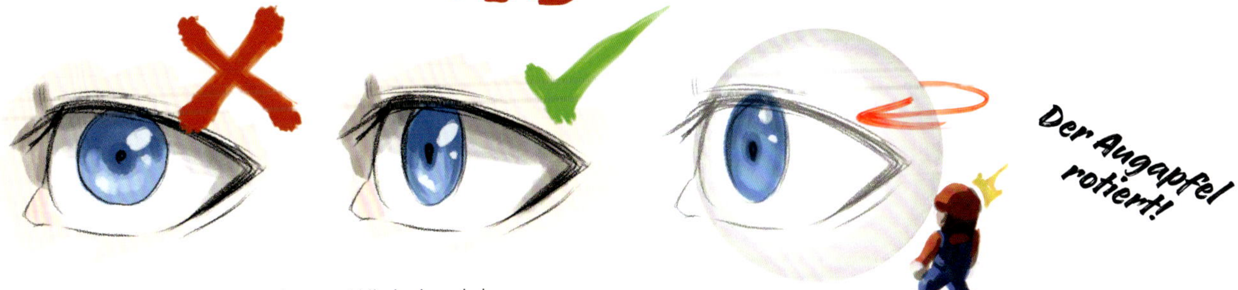

Besonders, wenn du Augen aus einem Winkel zeichnest, sollte dir bewusst sein, dass die Iris nicht einfach nur rund ist – der Augapfel (und somit auch die Iris) rotiert mit. Wenn das Auge zur Seite schaut, sollte die Iris daher flacher werden.

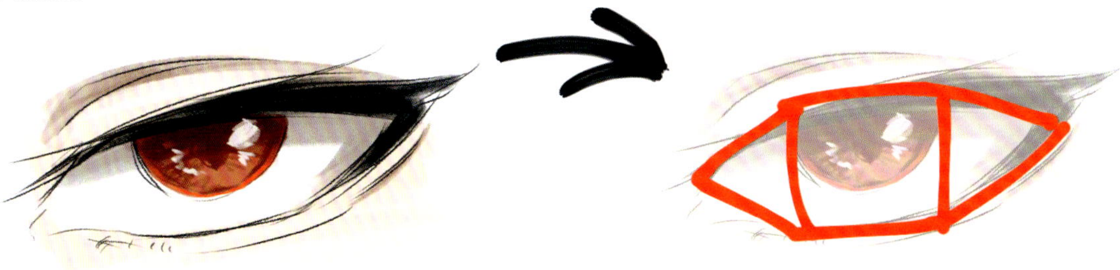

Falls du Probleme mit der Augenform hast, kannst du das Auge einfach in diese **drei Teile** aufteilen und dich daran orientieren. Das Tolle dabei: Du kannst diese Formen so strecken und dehnen, dass du das Auge damit quasi in jeder Perspektive zeichnen kannst:

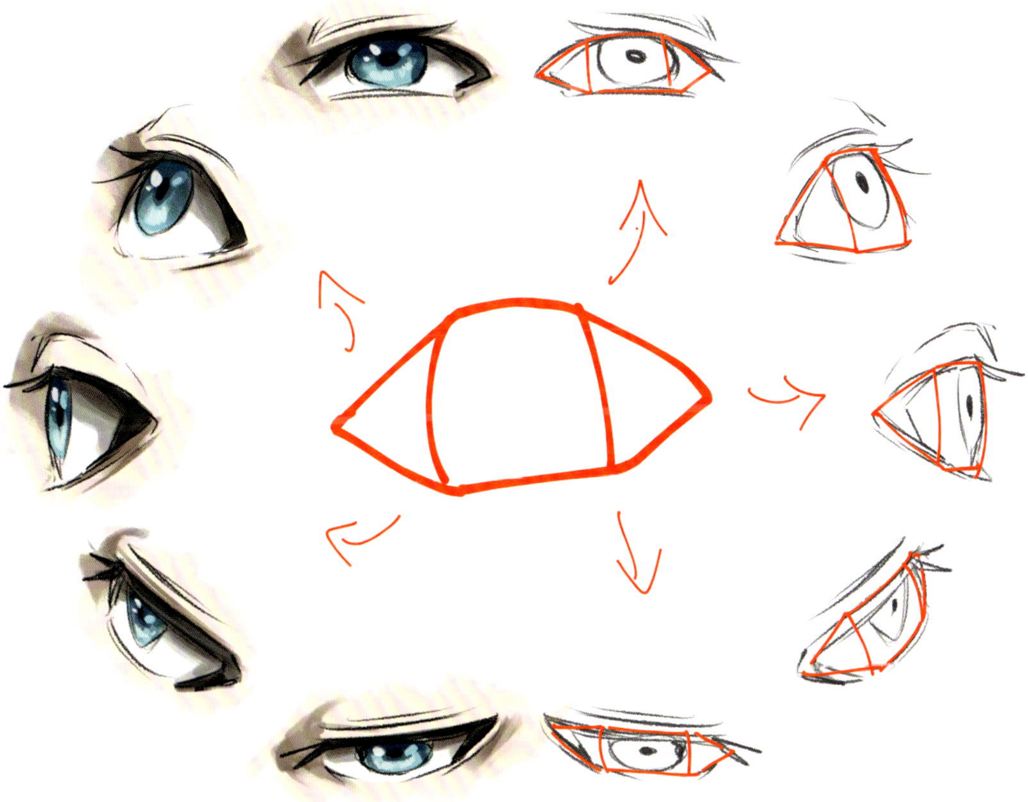

Das Schwierigste ist natürlich immer, beide Augen einheitlich aussehen zu lassen. Das erfordert sehr viel Übung, du kannst dir aber mit **Guidelines** helfen.

Vergiss nie: Zeichne die Augen zuerst grob mit Guidelines ein. Wenn du direkt detaillierte Augen zeichnest, kommst du durcheinander und verkünstelst dich.

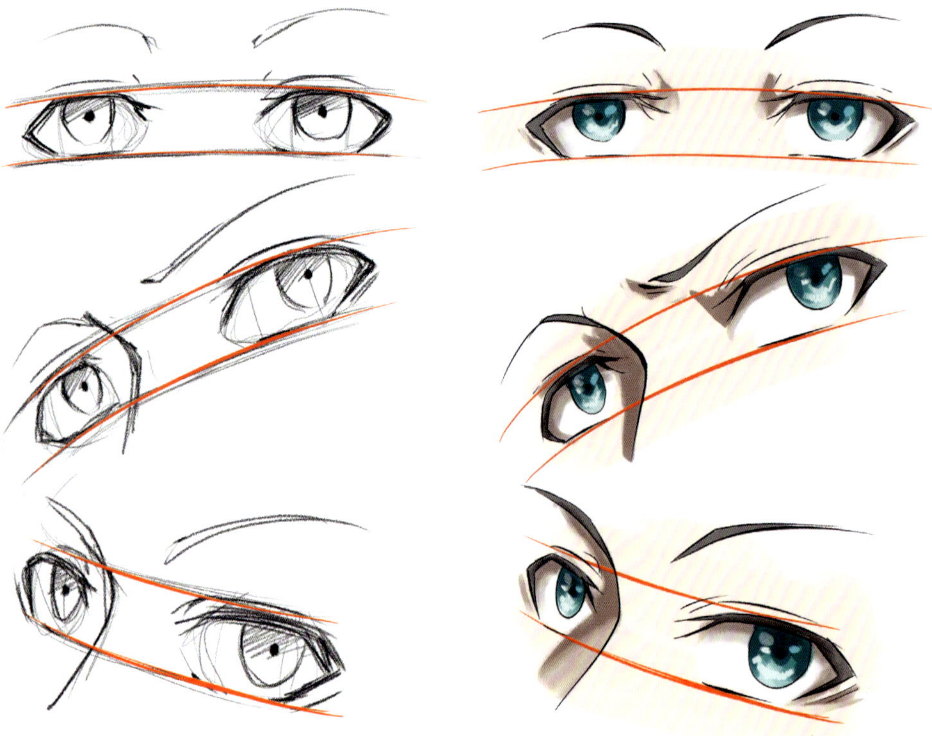

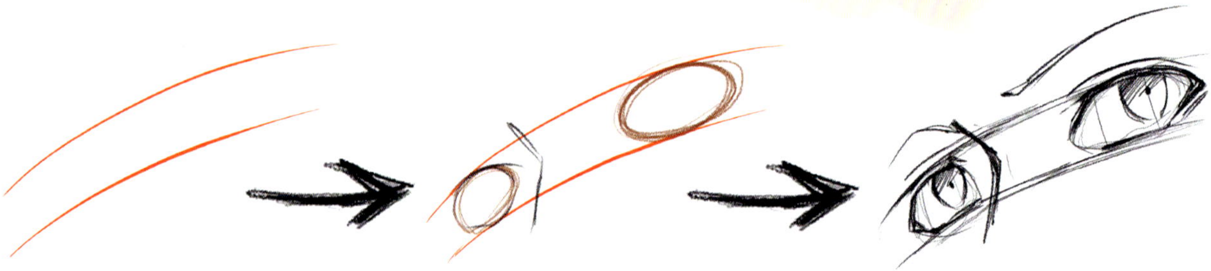

Auch hier können dir vielleicht die 3-D-Modelle aus meinem Gesichter-Video aushelfen. Referenzen und Vorlagen zu haben ist zum Lernen überhaupt nicht verkehrt – immerhin machst du es mit den Zeichnungen aus diesem Buch auch nicht anders.

Hier geht's zum Video

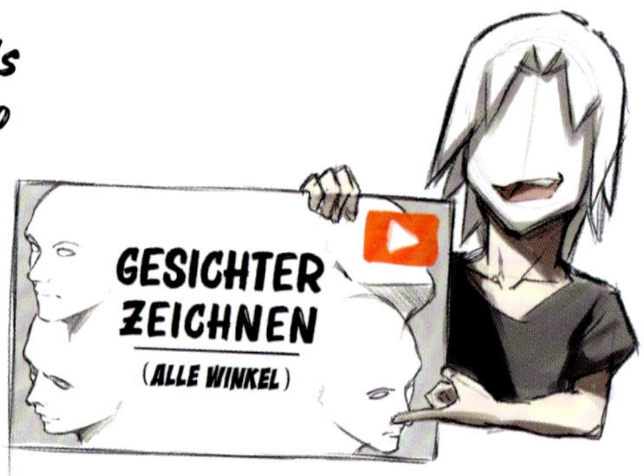

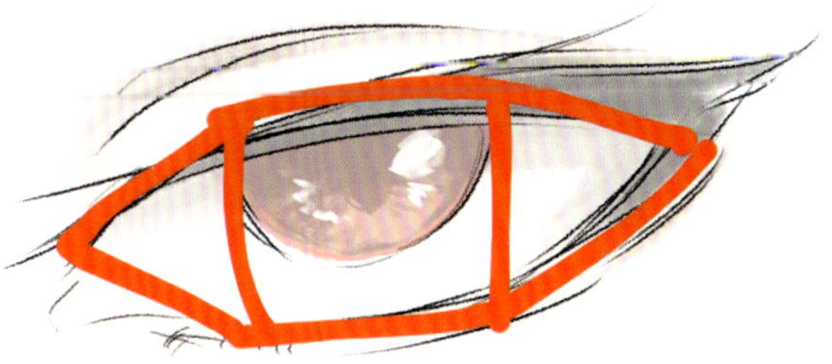

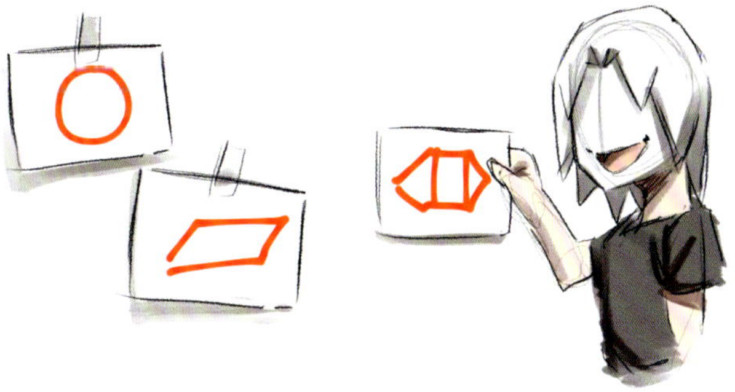

Augen stilisieren

Die meisten stilisierten Augen basieren auf einfachen Formen. Hier sind also noch ein paar Beispiele von Augen, die auf anderen Formen, wie zum Beispiel Kreisen oder Dreiecken, basieren:

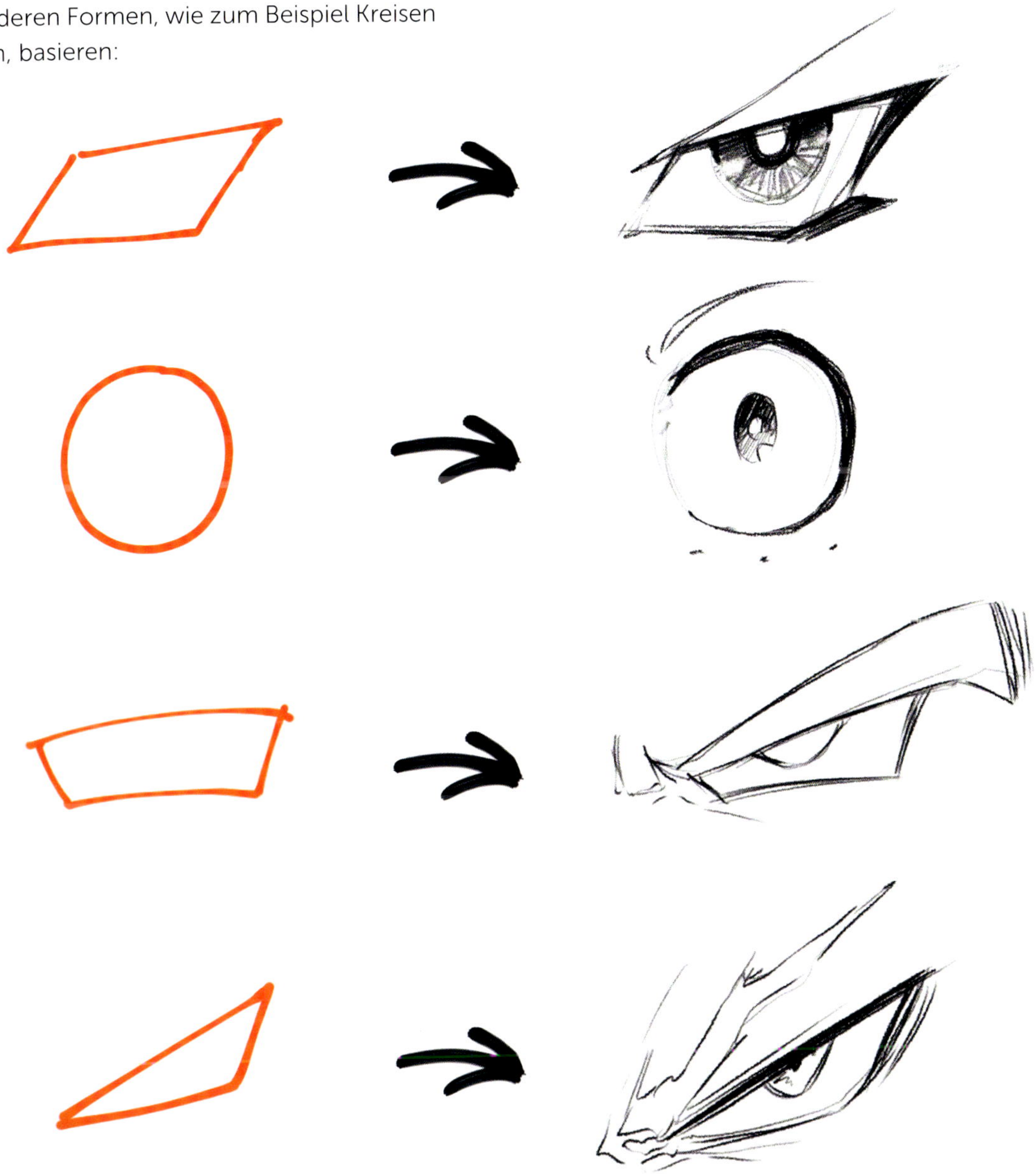

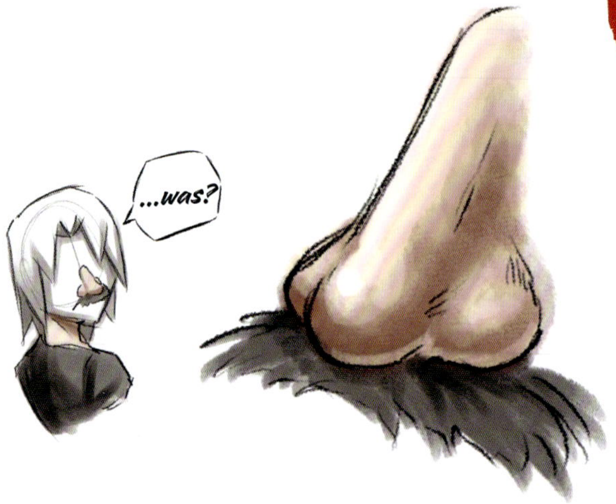

NASEN

Die Nase finde ich von allen Gesichtsmerkmalen mit am einfachsten zu zeichnen, weil sie nicht aus mehreren Einzelteilen besteht wie das Auge oder stark verzerrt wird wie der Mund. Natürlich musst du anfangs erst mal die Form üben, aber wenn du sie kannst, ist der Rest echt easy.

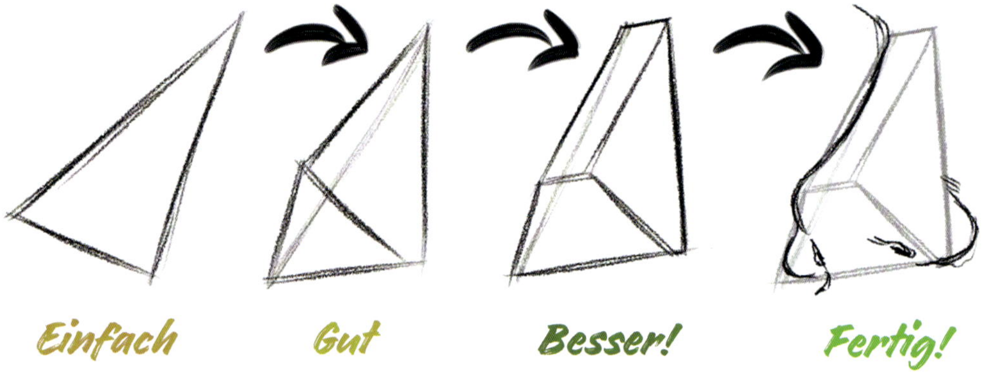

Die Nase als dreidimensionales Objekt zu verstehen hilft ungemein dabei, sie aus anderen Perspektiven zu zeichnen. So zum Beispiel:

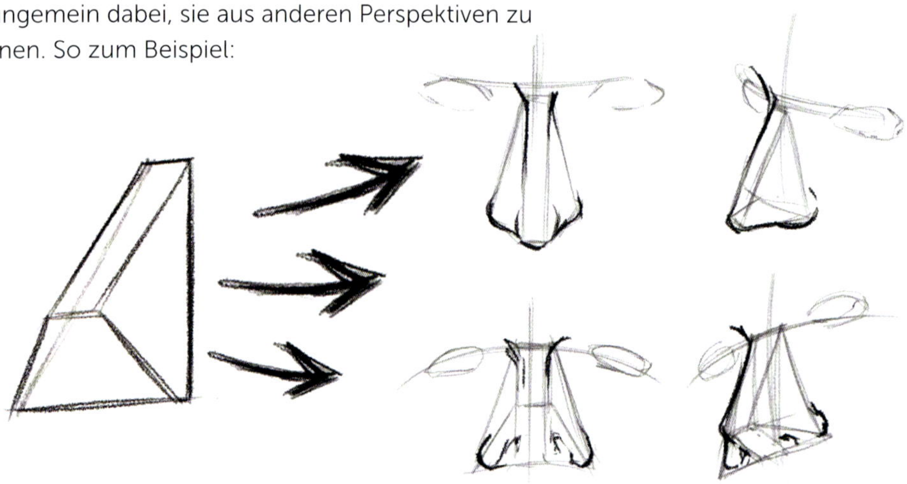

Und wie davor gilt auch hier: Jetzt, da du verstanden hast, wie Nasen funktionieren, kannst du versuchen, die Form so zu verändern, wie sie dir gefällt!

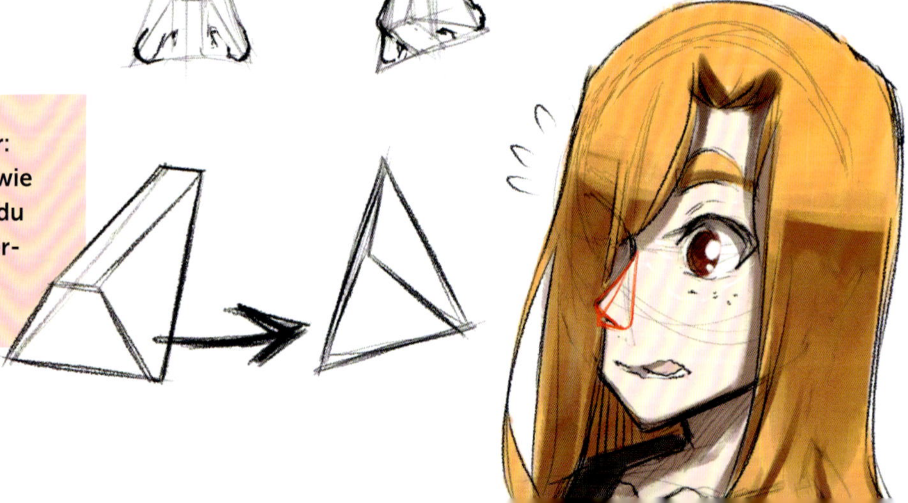

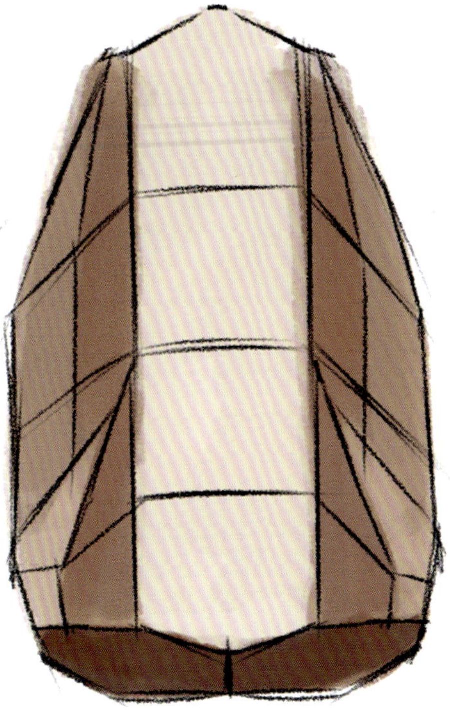

Nasen stilisieren

Bestimmt ist dir schon aufgefallen, dass besonders in Anime und Manga Nasen eher abstrakt und stilisiert gezeichnet werden – also definitiv nicht so wie echte Nasen. Viele Zeichner*innen zeichnen nur einen Teil der Nase ein. Eine beliebte Praktik ist dabei, einfach nur den Schatten einer Nase einzufügen.

Auf der linken Seite siehst du die komplette Nase in einer sehr **vereinfachten Polygonform**. Je nachdem, aus welcher Richtung du die Nase belichtest, kannst du den Schatten auf eine andere Weise einzeichnen. Hier sind ein paar beliebte Beispiele:

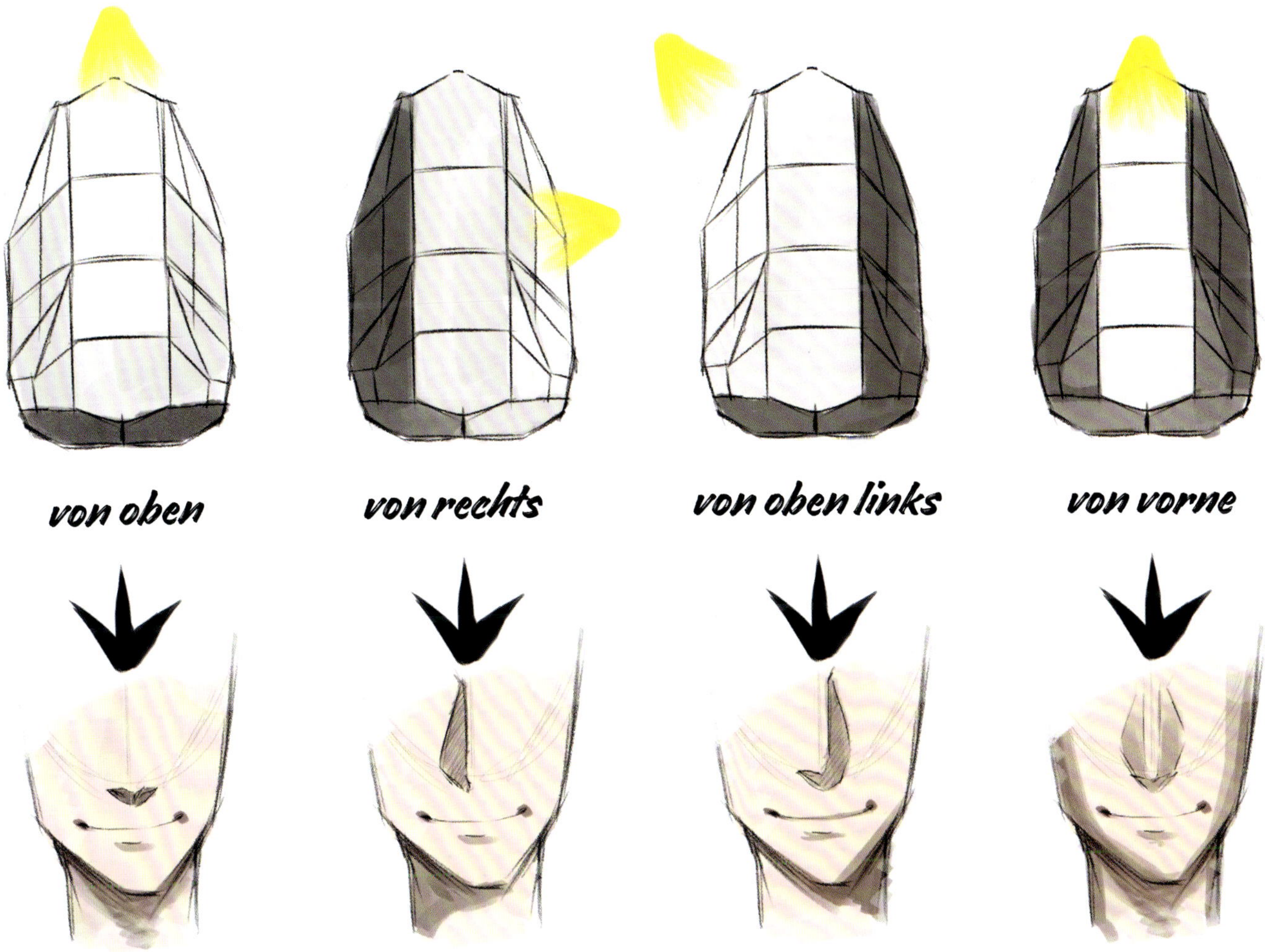

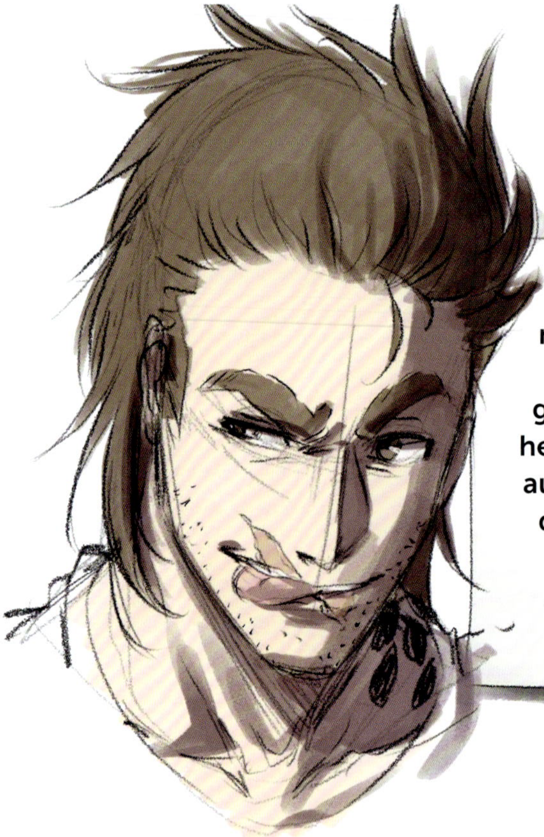

Das funktioniert aber nicht nur mit Schatten, sondern kann auch genutzt werden, um die hellen Stellen (Highlights) ausfindig zu machen und darzustellen. Du musst dich hier also nicht nur auf die Schatten festlegen.

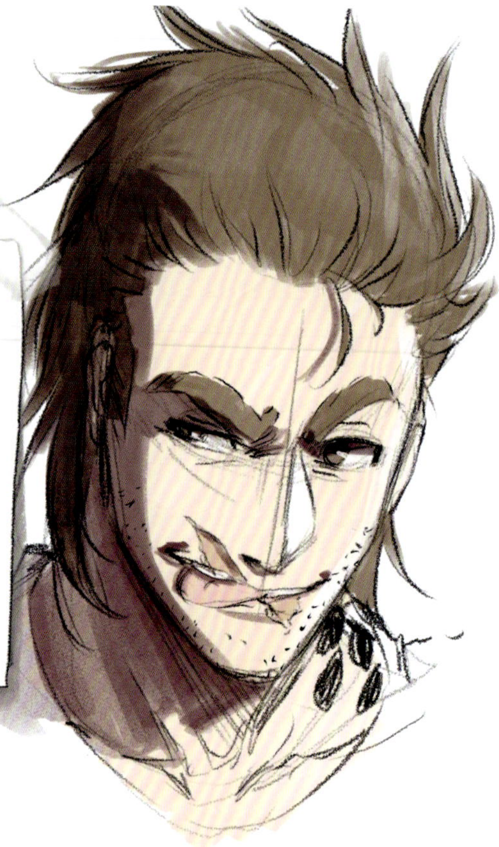

Nase mit Schatten

Nase mit Highlights

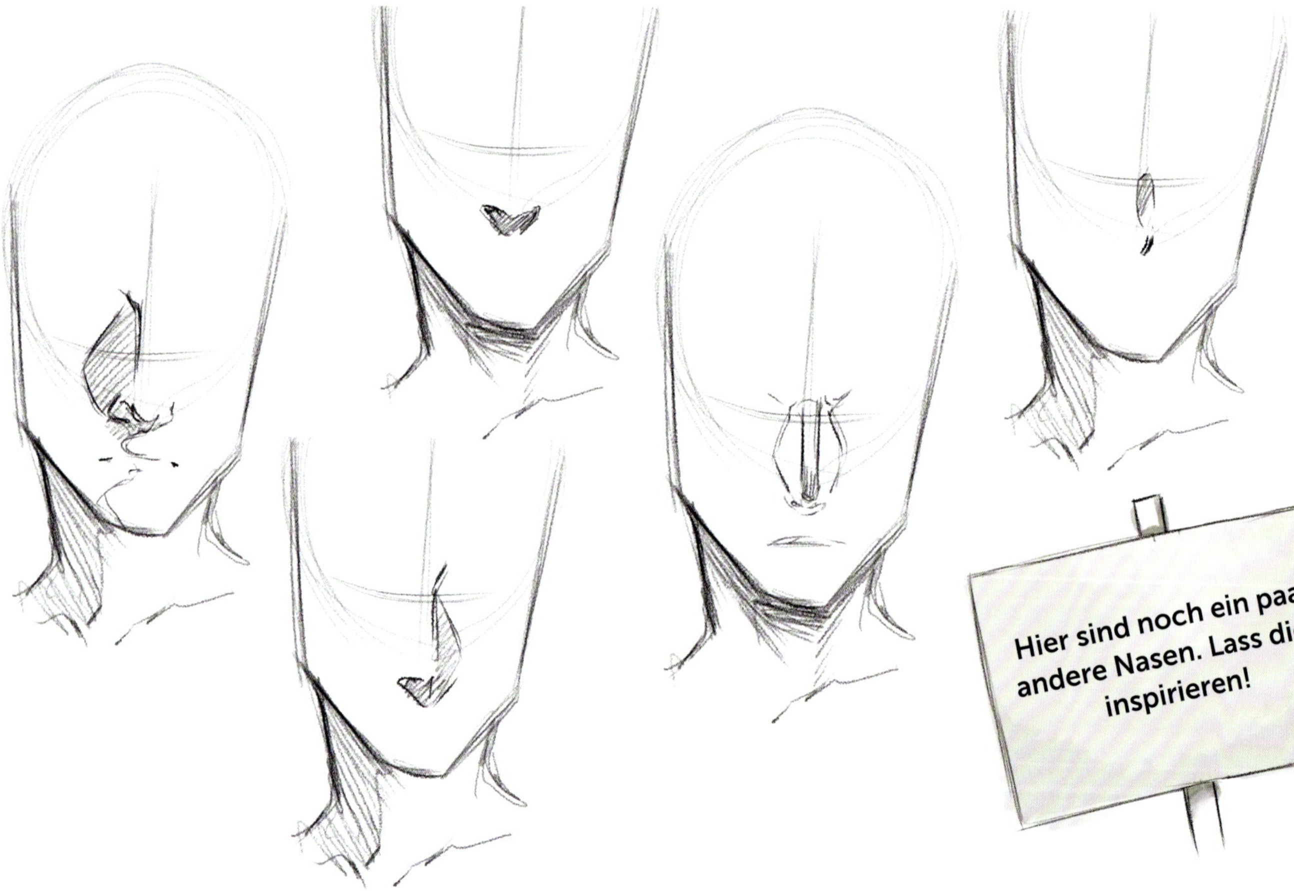

Hier sind noch ein paar andere Nasen. Lass dich inspirieren!

OHREN

Ohren zeichnet jeder gerne ein bisschen anders – deshalb sehen diese oft so unterschiedlich aus. Hier ist ein grober Plan dazu, wie ich Ohren aufbaue und platziere:

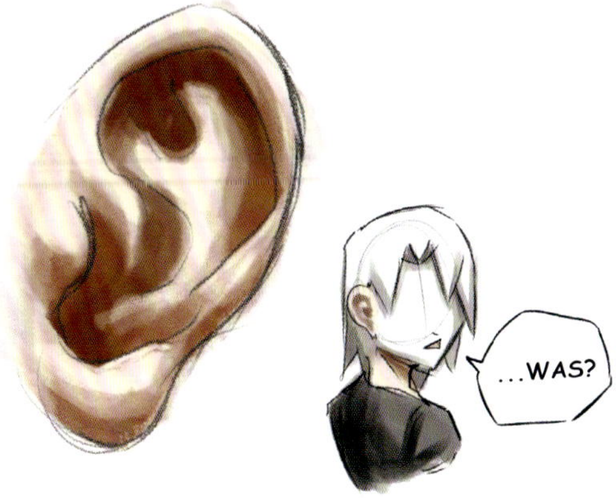

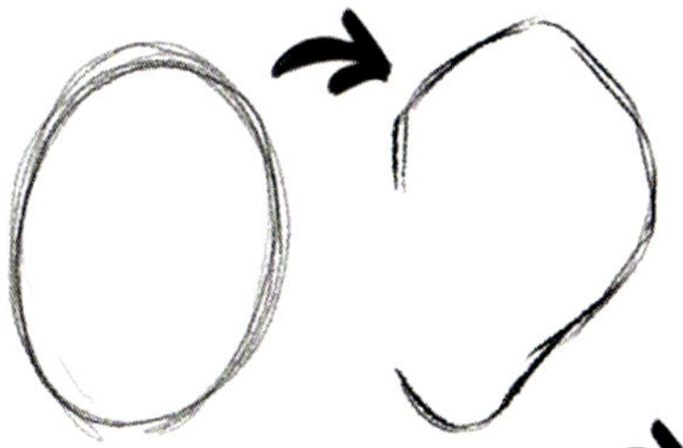

Die grobe Form eines Ohrs ist keineswegs nur ein Kreis, sondern gleicht mehr einem digitalen Fragezeichen (?). Behalte im Kopf, dass das Ohr leicht zur Seite geneigt ist.

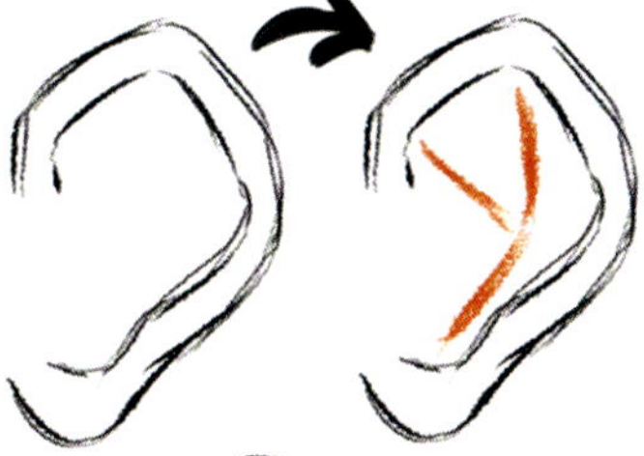

Das Innenleben eines Ohrs gleicht einem kleinen Ypsilon (y). Du musst das Ohr nicht unbedingt so kompliziert zeichnen, aber es ist auf jeden Fall wichtig, diese Formen mal gesehen zu haben.

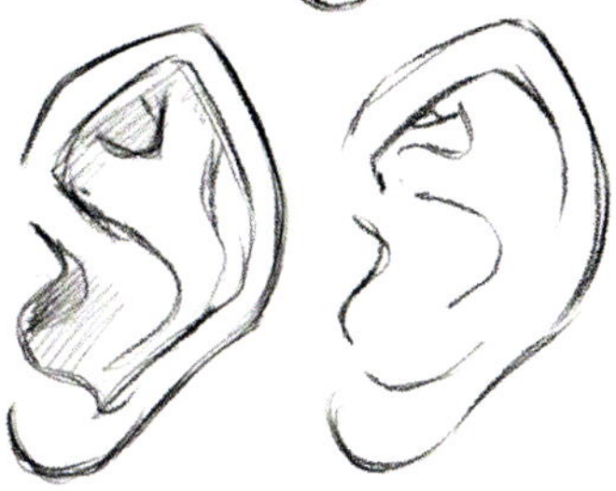

detailliert simpel

Du kannst diese ganzen Details mit einzeichnen oder auch schlichtweg nur mit simplen Bögen andeuten. Ob du nun ein simples oder eine detailliertes Ohr zeichnest, liegt bei dir.

Bei der Platzierung der Ohren musst du jedoch immer im Kopf behalten, dass sie nach hinten abstehen. Außerdem sitzen sie immer ein bisschen schräg. Hier siehst du Beispiele aus mehreren Perspektiven:

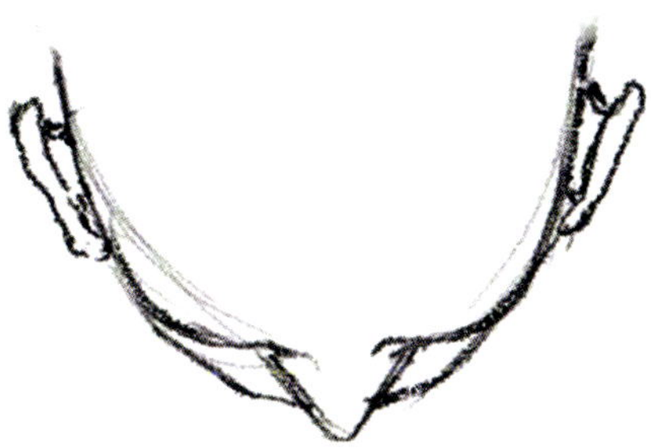

von oben

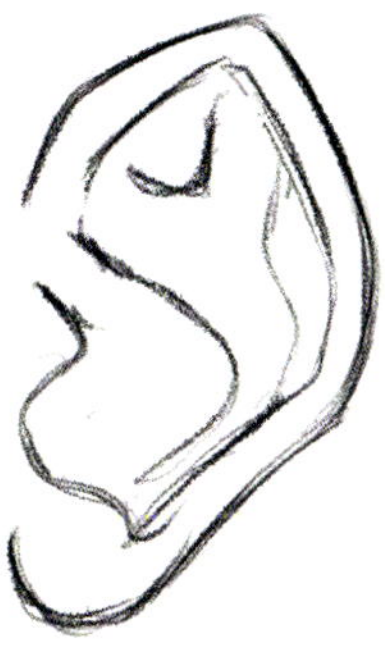

von der Seite

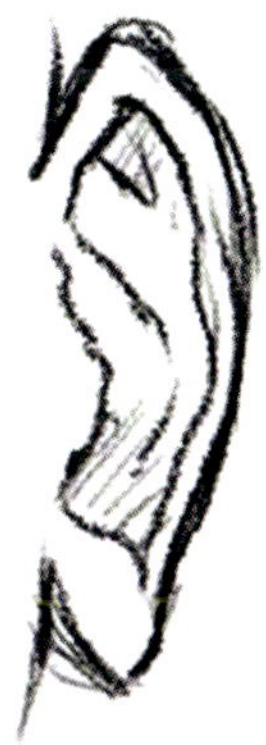

von vorne

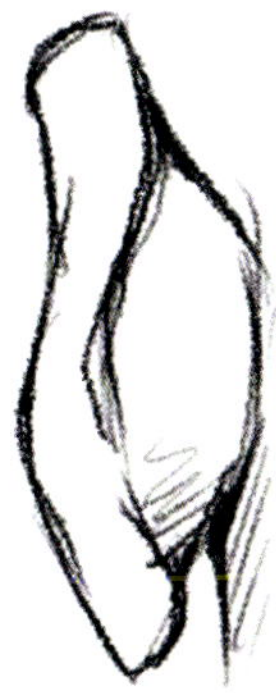

von hinten

MIMIK & AUSDRUCK

Du hast nun alle verschiedenen Teile eines Gesichts kennengelernt. Aber sie einfach nur einzuzeichnen reicht nicht! Du musst die verschiedenen Teile des Gesichts miteinander interagieren lassen, damit dein Charakter ausdrucksstark und lebhaft wirkt.

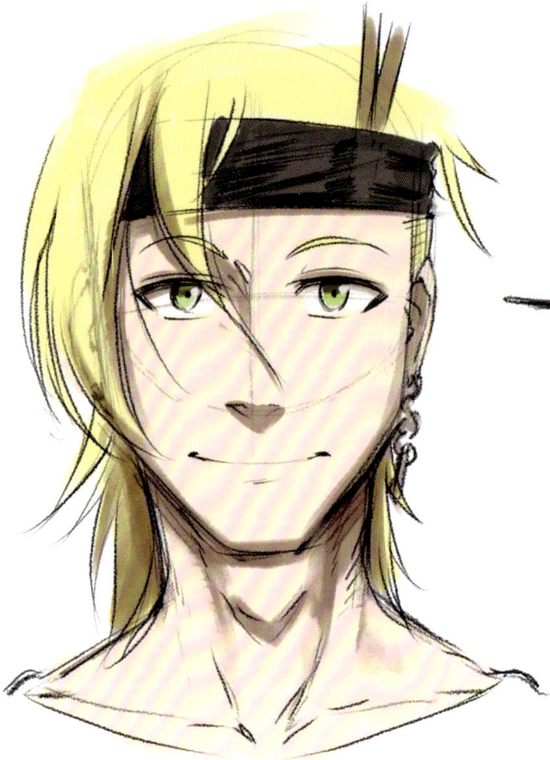

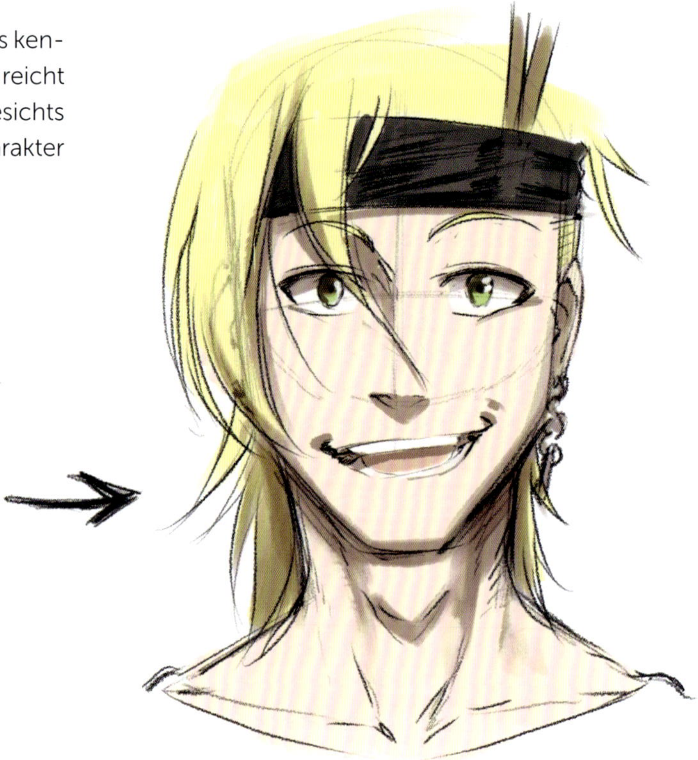

Man kann Emotionen nicht nur durch das Hin- und Herschieben der Mundwinkel erzielen. Alleine die Augen können sehr ausdrucksstark sein. Achte bei deinen Zeichnungen darauf, ob die Augen auch die gewünschte Emotion übermitteln.

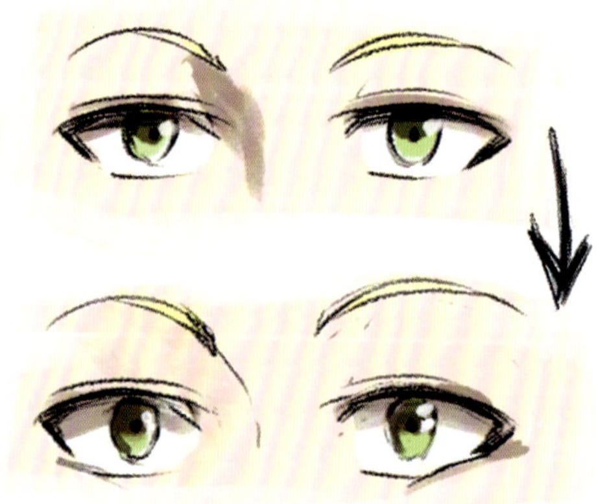

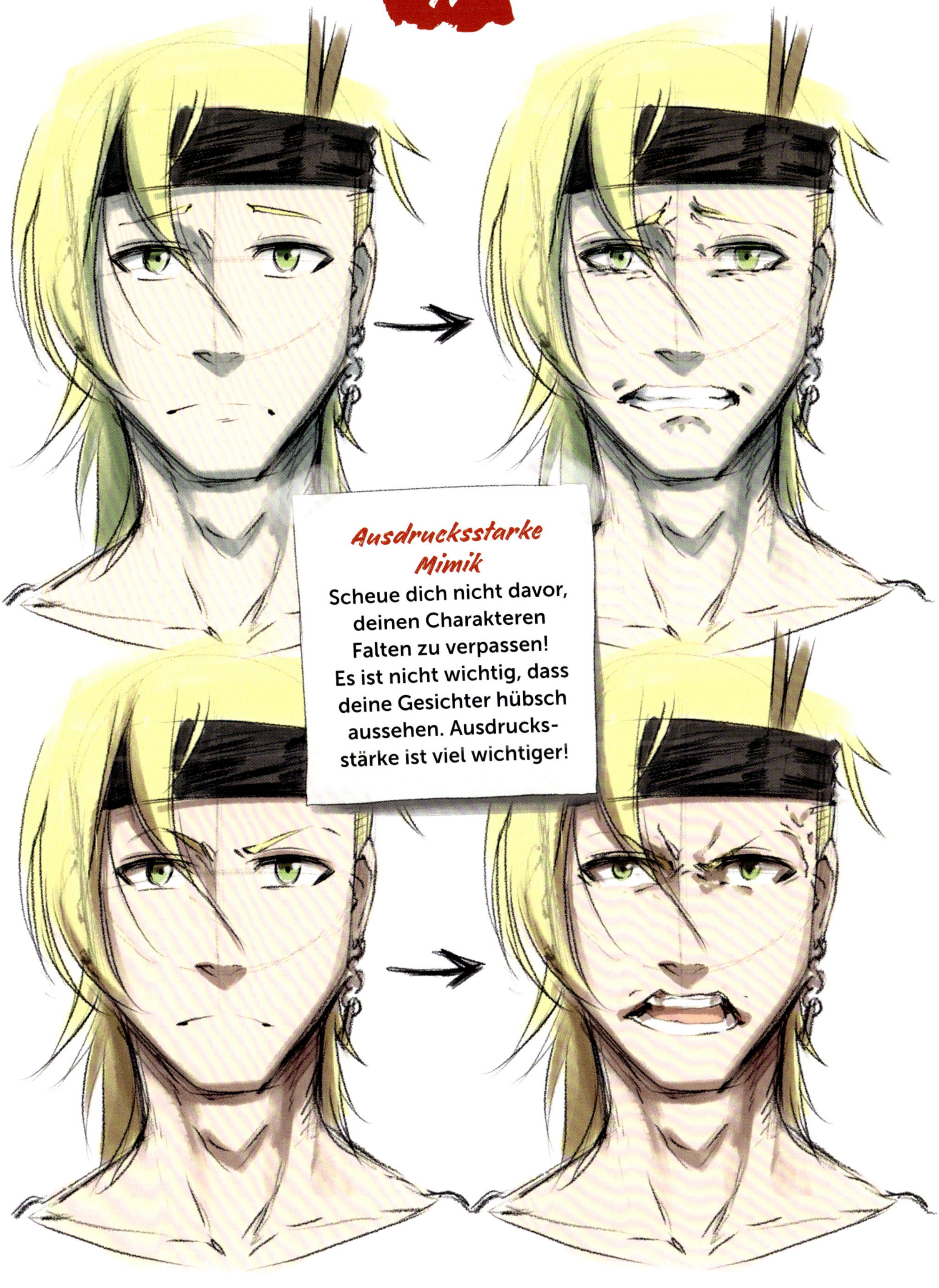

Ausdrucksstarke Mimik

Scheue dich nicht davor, deinen Charakteren Falten zu verpassen! Es ist nicht wichtig, dass deine Gesichter hübsch aussehen. Ausdrucksstärke ist viel wichtiger!

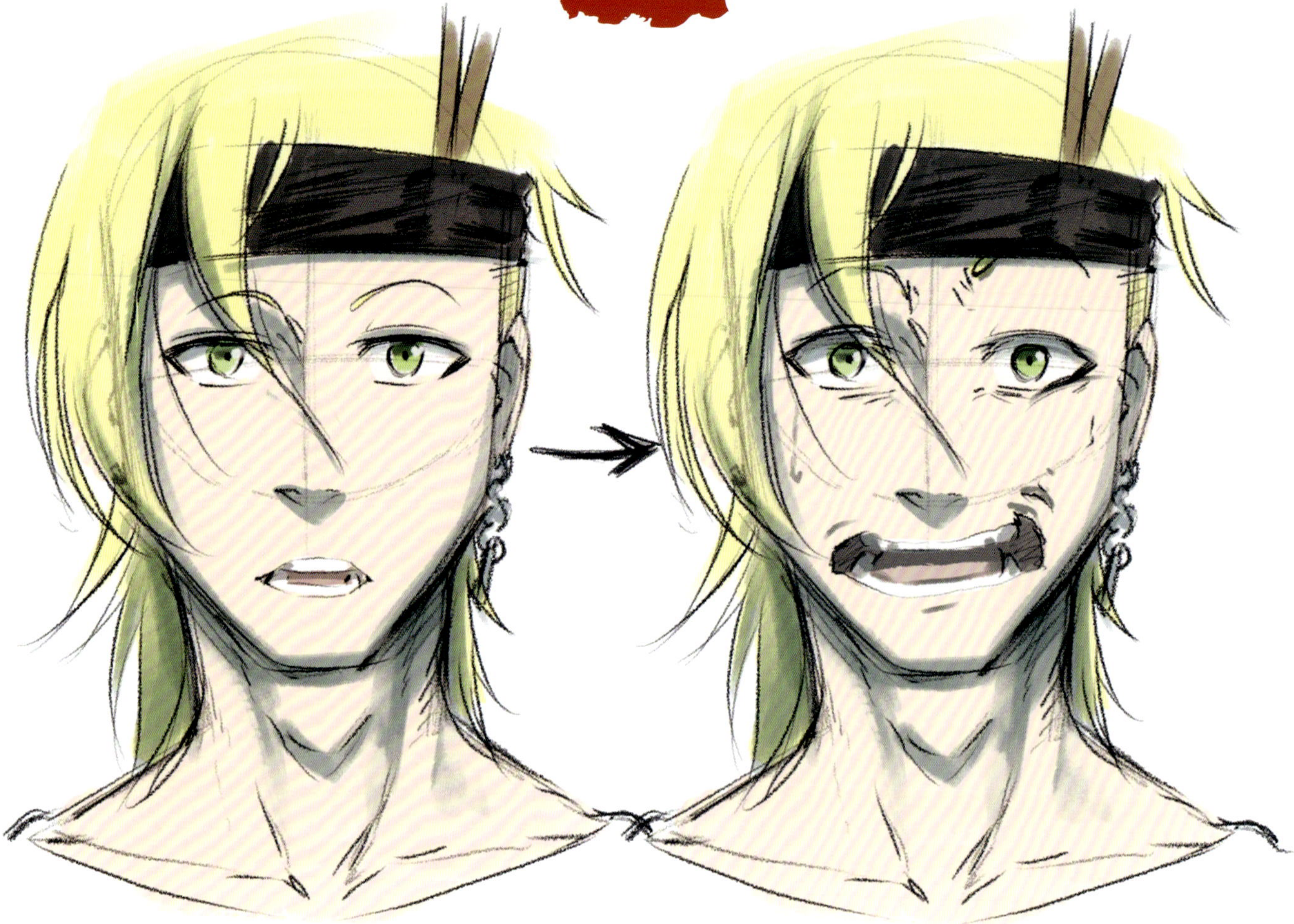

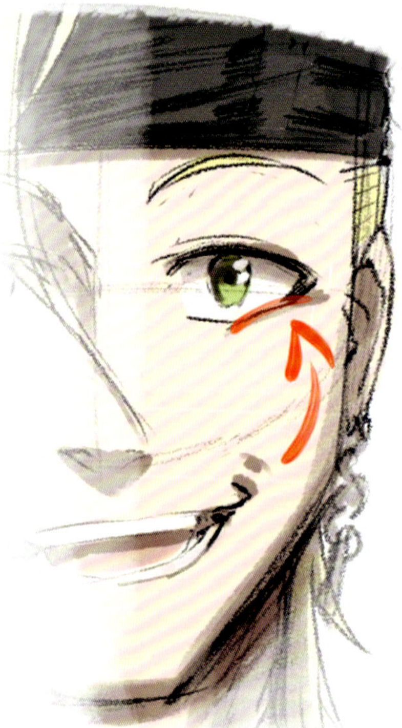

Nutze unbedingt Mund, Augen und Augenbrauen!

Lass die Einzelteile des Gesichts miteinander interagieren. Augenbrauen können zum Beispiel Falten erzeugen. Und auch der Mund kann zum Beispiel die Wange bis hoch in die Augen quetschen, wenn du ihn ausdrucksstark genug zeichnest.

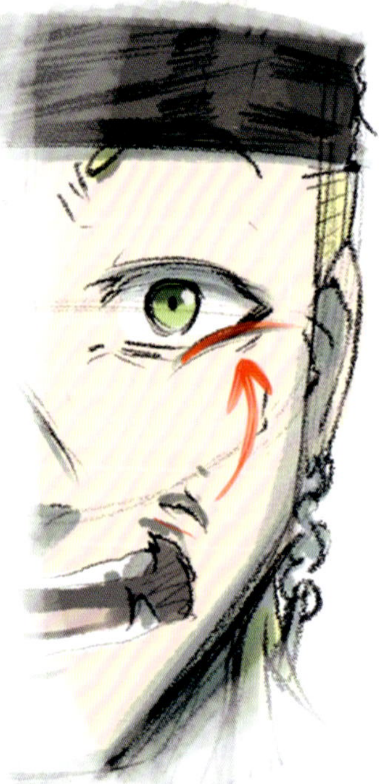

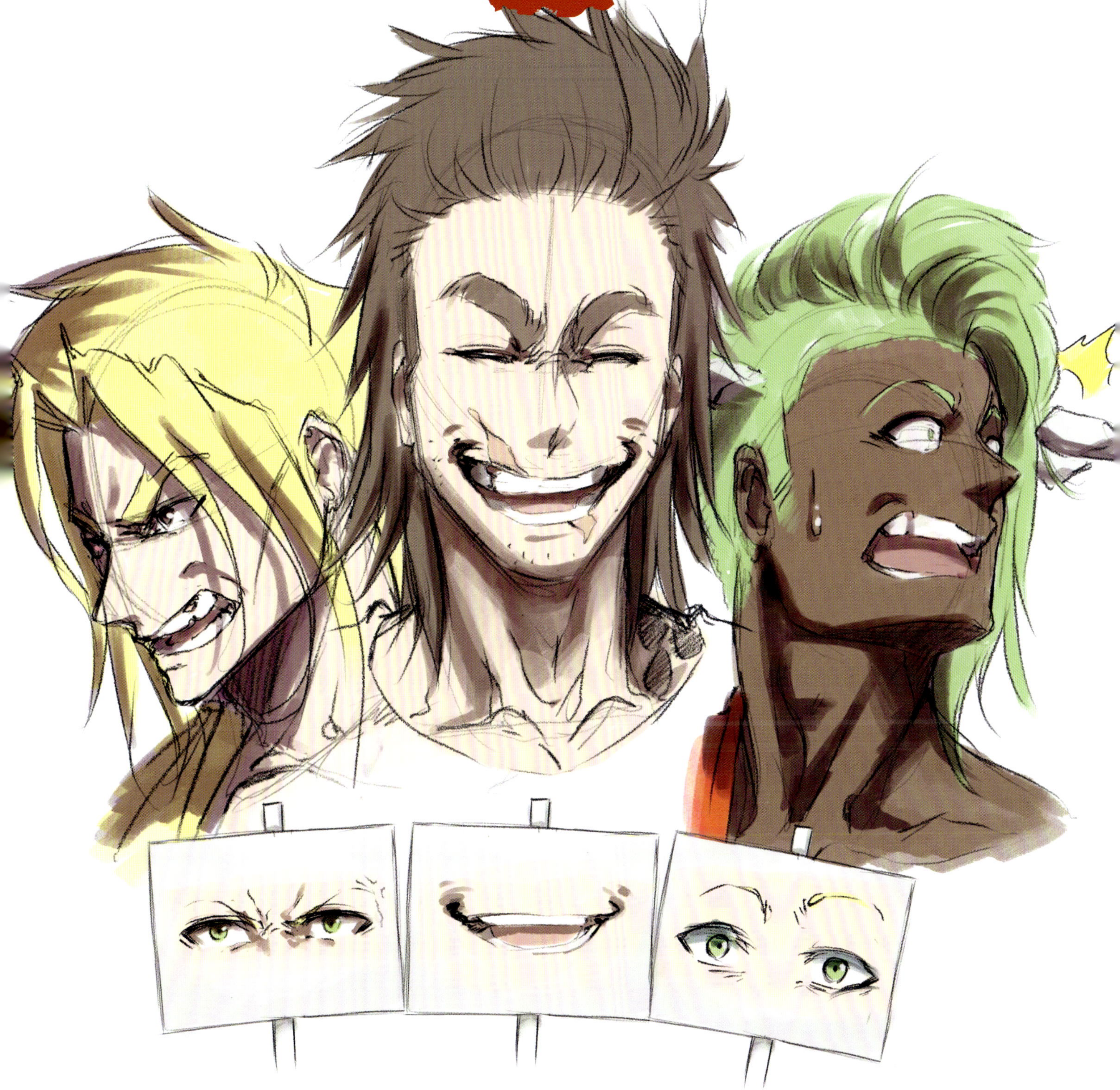

Grundsätzlich gilt: Wenn man schon anhand der Augenbrauen, des Mundes oder der Augen die Emotion erkennen kann, bist du auf dem richtigen Weg!

MANN VS. FRAU

Männer und Frauen sind sich im Gesicht tatsächlich ähnlicher, als man denkt! Es sind eher kleine Merkmale, die eine Figur männlich oder weiblich wirken lassen.

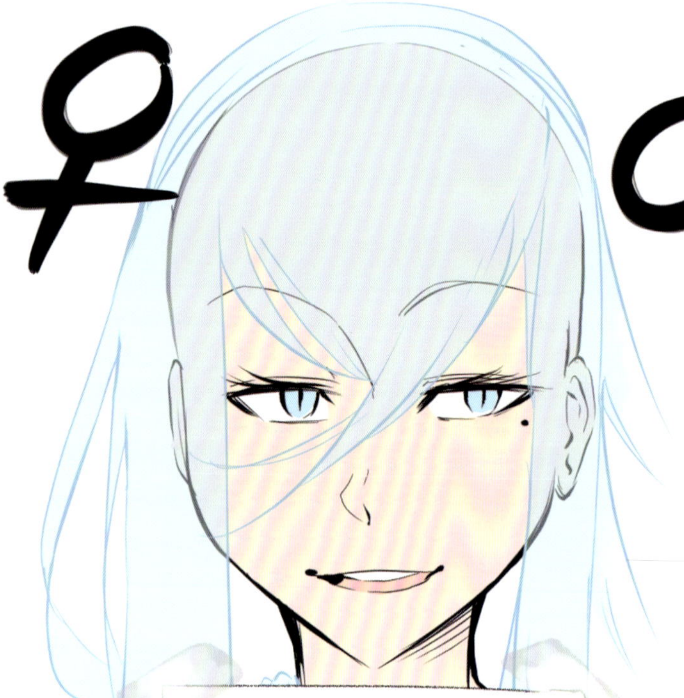

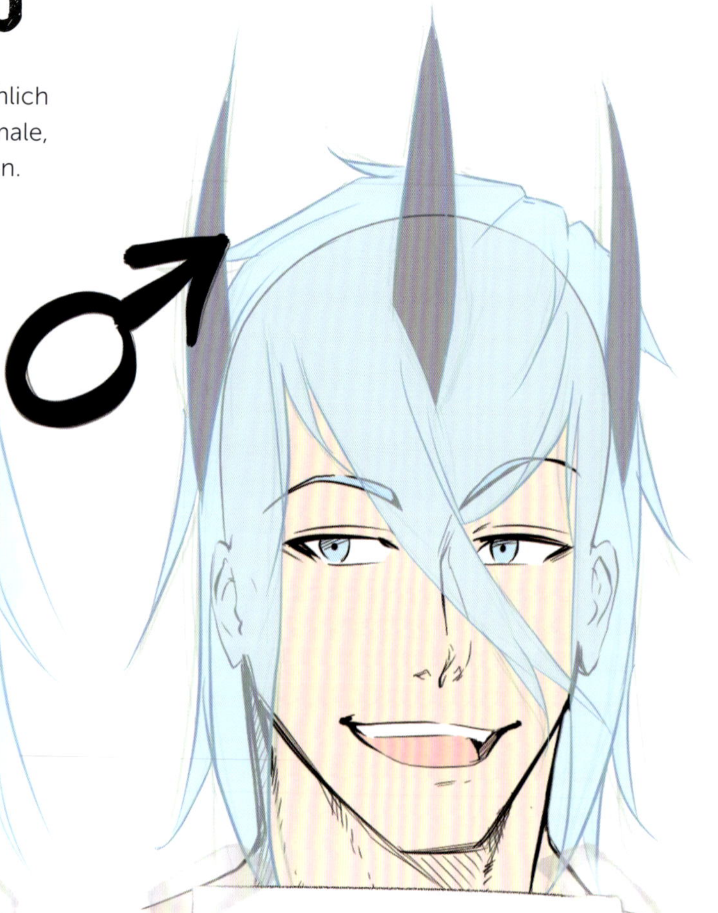

Was eine Figur **„typisch weiblich"** wirken lässt:

- Wimpern
- kleinere Nasen
- kleinere Münder
- runderes Gesicht
- schlankerer Hals
- dünnere Augenbrauen

Was eine Figur **„typisch männlich"** wirken lässt:

- definiertere Nasen
- größeres Gesicht
- kantigeres Gesicht
- breiterer Hals
- dickere Augenbrauen

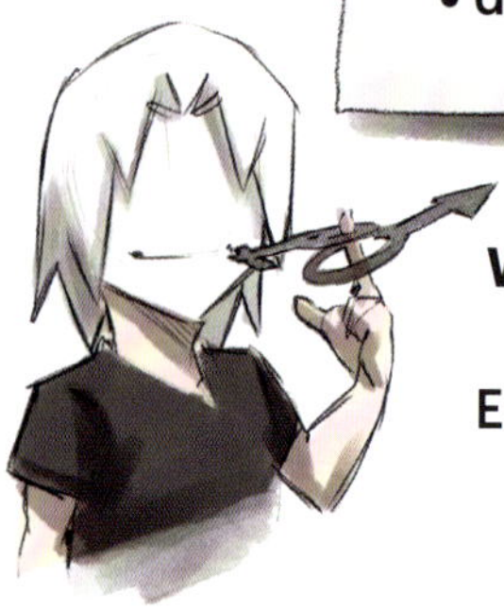

Wichtig ist: Obwohl man Menschen so stereotypisch „männlich" und „weiblich" wirken lassen kann, ist das **nicht** automatisch ein Schönheitsstandard. Es gibt zum Beispiel auch androgyne Menschen – also Personen, die sich optisch keinem biologischen Geschlecht zuordnen lassen, da sie weibliche und männliche Gesichtszüge vereinen.

Generell lassen mehr Details einen Charakter meistens muskulöser oder männlicher wirken. Das gilt nicht nur für Muskeln, sondern auch für die Gesichtsform und -merkmale.

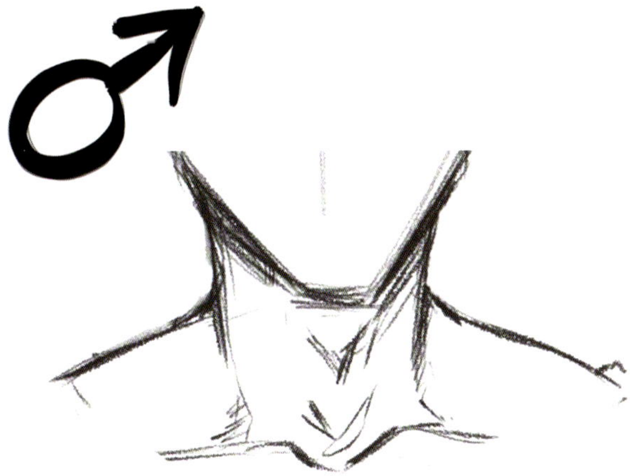

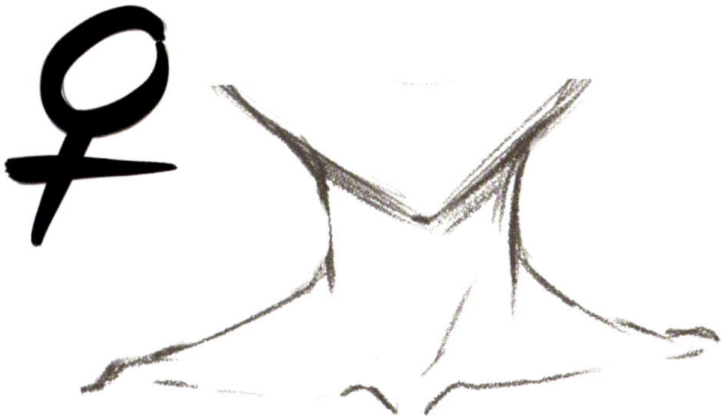

Allgemein kann man Charaktere also mit kantigeren und härteren Konturen männlicher und mit weicheren, runderen Konturen weiblicher aussehen lassen. Besonders **Stirn, Kiefer und Nase** wirken maskuliner, wenn sie stärker ausgeprägt sind.

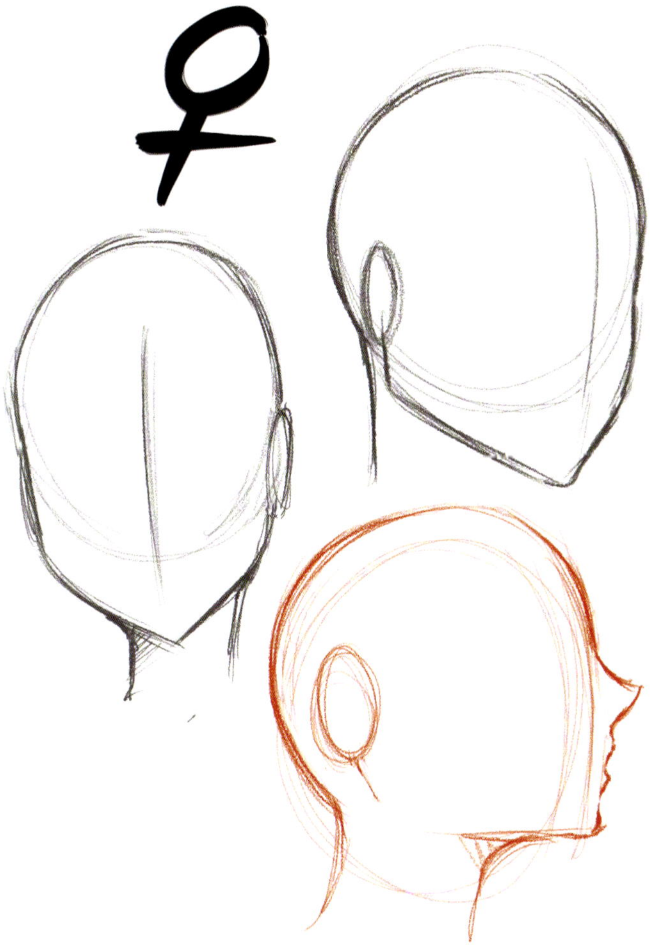

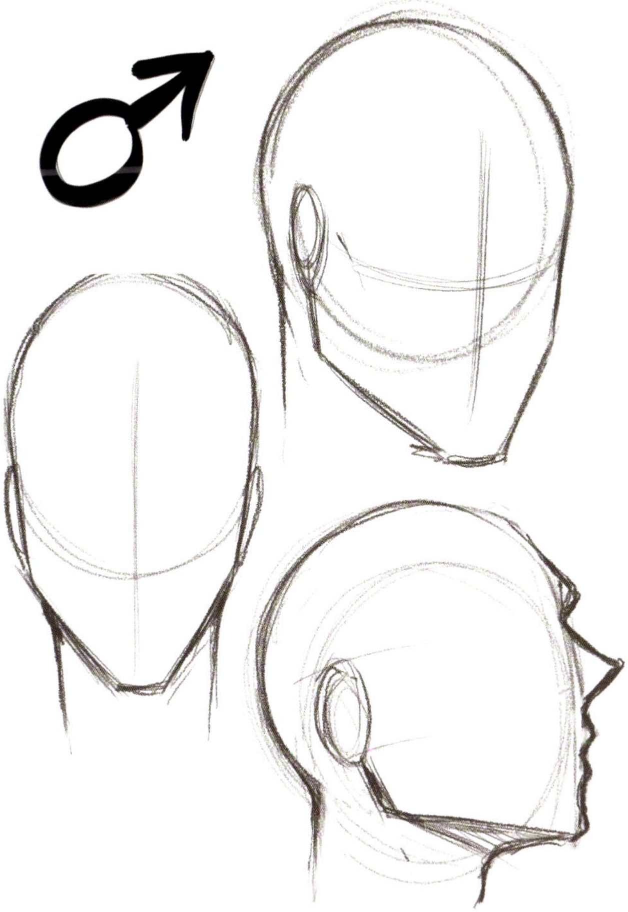

ALT VS. JUNG

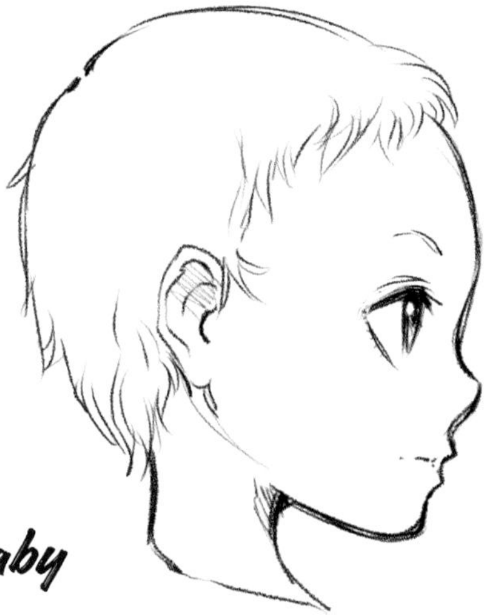

Baby

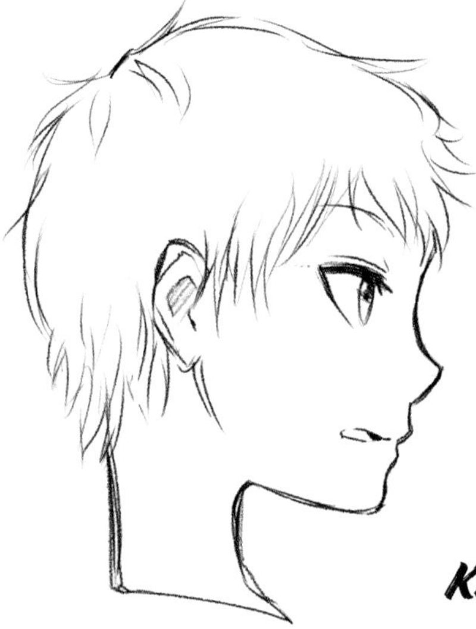

Kind

- Babys haben sehr runde Köpfe.
- Der Haaransatz ist noch weiter oben.
- Babys haben große Kulleraugen.
- Die Gesichtsform ist sehr rund und weich.

- Das Gesicht nimmt langsam Form an.
- Der Haaransatz hat sich ausgebildet.

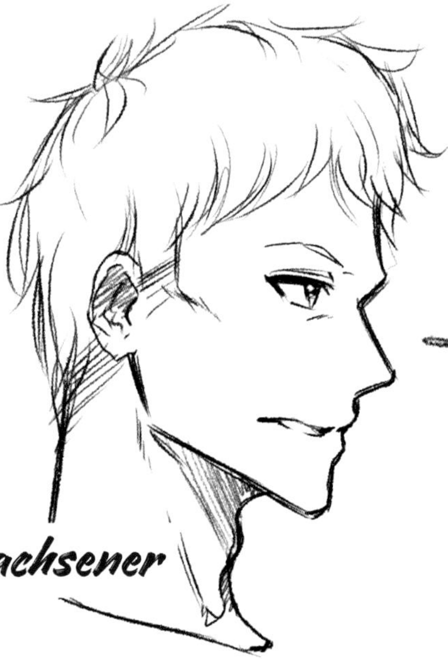

Erwachsener

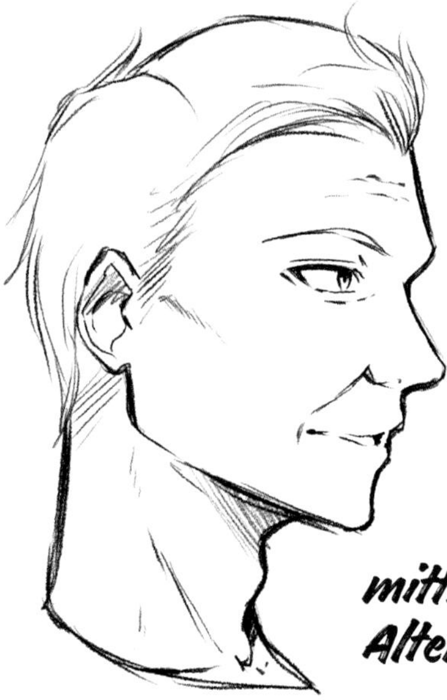

mittleren Alters

- Es sind kleinere Fältchen zu sehen (zum Beispiel bei den Augen).
- Ab hier können die Haare schon leicht zurückgehen.

- Der Haaransatz ist zurückgegangen.
- Mehr Falten sind sichtbar.

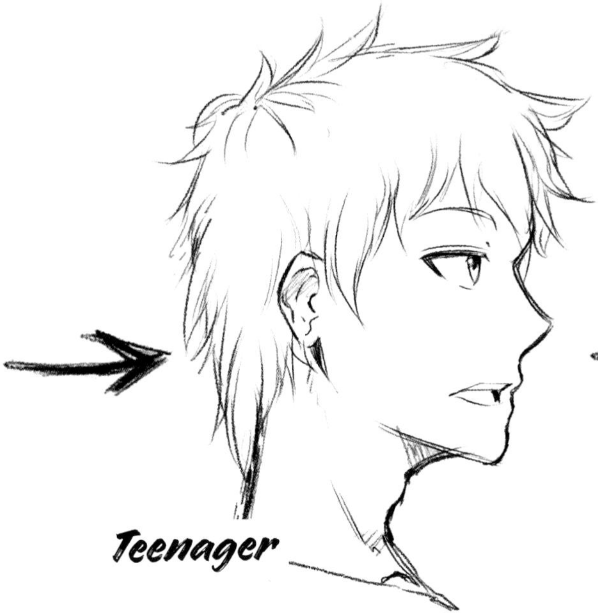

Teenager

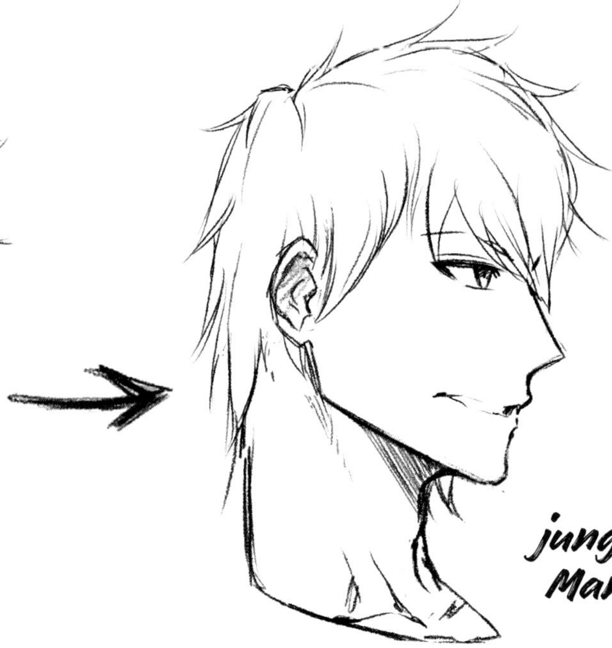

junger Mann

- Das Gesicht hat eine weitaus definiertere Form.
- Die Augen werden schmaler.
- Auch der Hals wird breiter und definierter.

- Ab hier werden die Augen kleiner.
- Die Gesichtsform ist nicht mehr weich.
- Der Kiefer ist deutlich zu sehen.

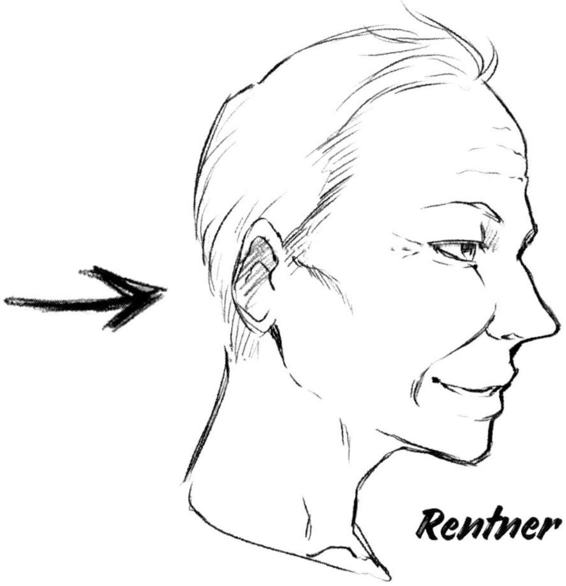

Rentner

- Der Hals wirkt dünner und fragiler.
- Falten an Augen, Stirn und Mund sind zu sehen.
- Die Augen sind mittlerweile sehr klein.

Generell gilt: Kinder haben wenig Falten oder markante Gesichtszüge. Je mehr Details und Falten ein Charakter im Gesicht hat, desto älter wirkt er. Deshalb sehen Babys am Anfang meistens noch alle relativ gleich aus, weil sie weniger einzigartige Gesichtszüge haben.

HAARE UND FRISUREN

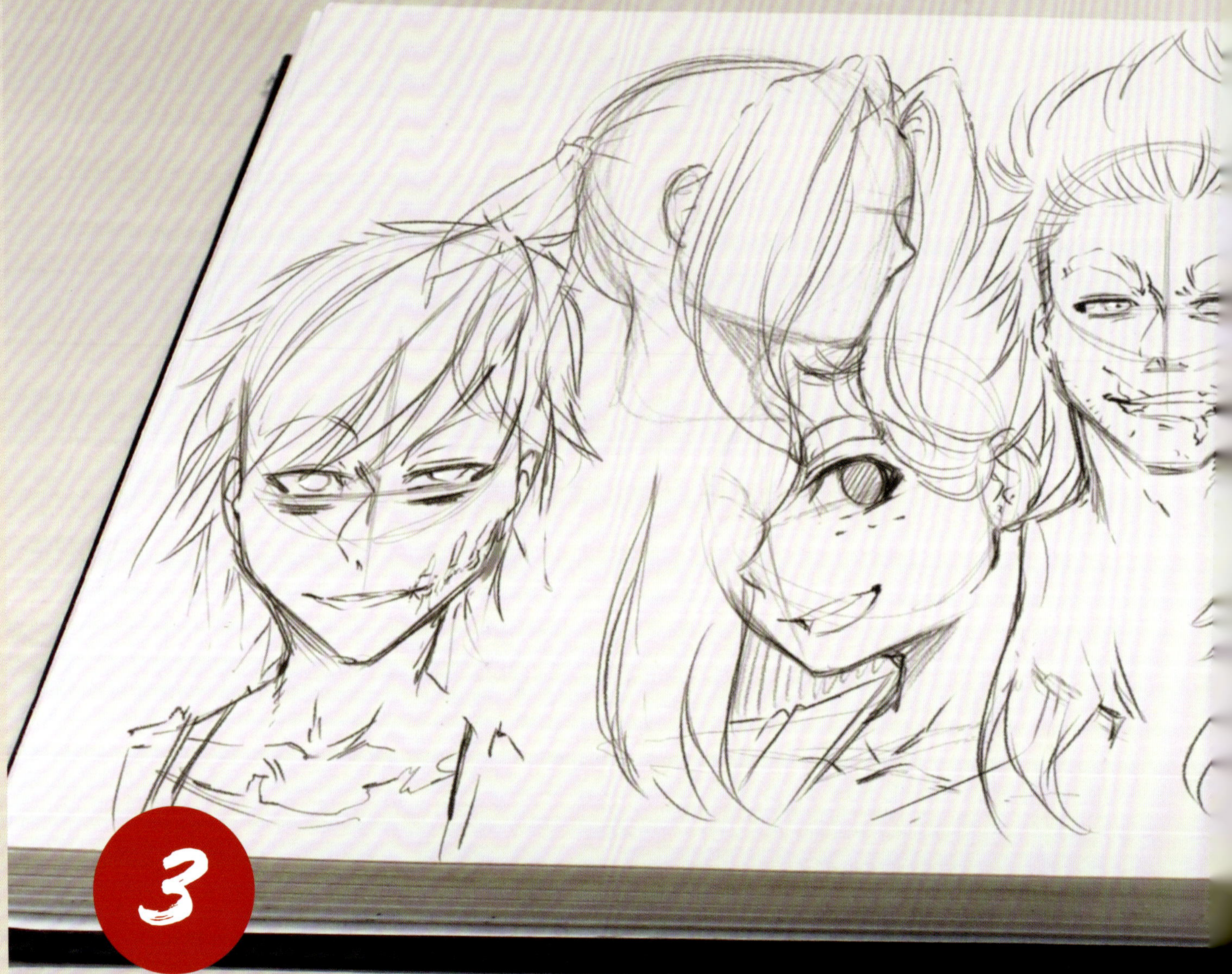

3

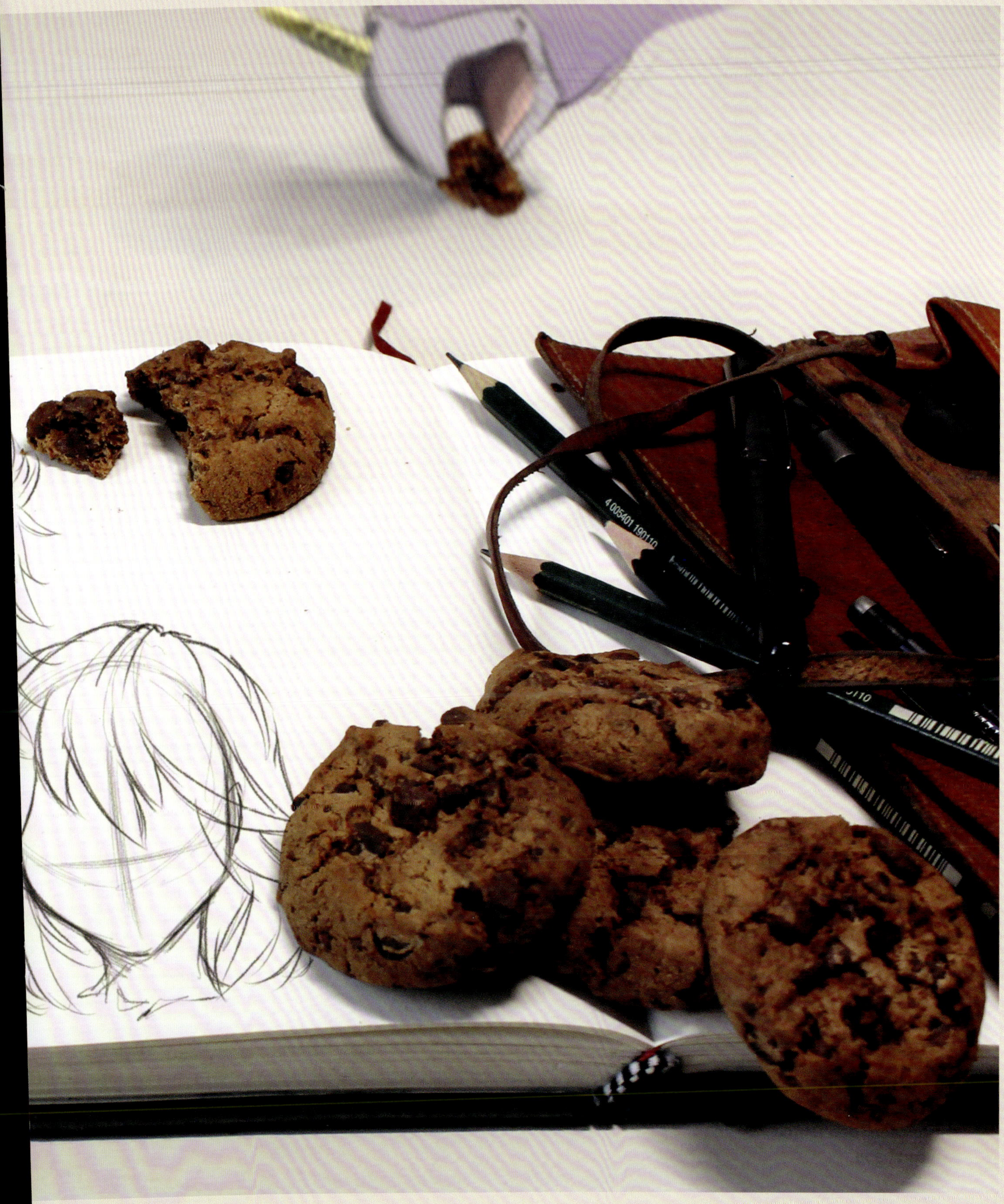
4 005401 190110

WIE HAARE FUNKTIONIEREN

Fangen wir bei den Haaren ganz von vorne an, nämlich bei der Kopfform! Zeichne den Kopf also so wie im vorigen Kapitel gezeigt, dann hast du schon mal den Haaransatz und die Kopfform drauf. Viele Anfänger*innen machen den Fehler und unterschätzen, wie groß der Kopf eigentlich ist. Das ist das berühmt berüchtigte **Flat-Head-Syndrom**.

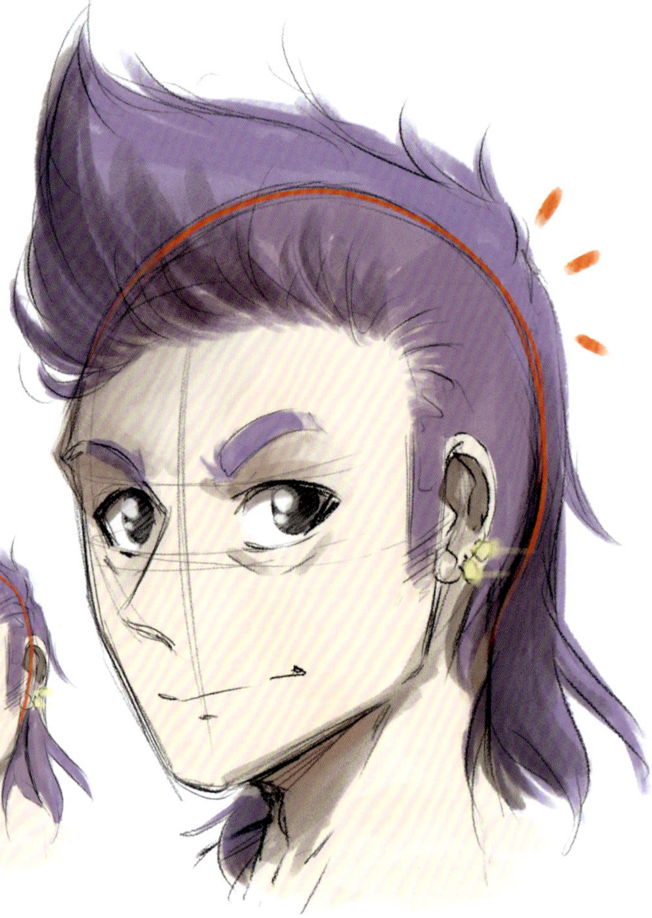

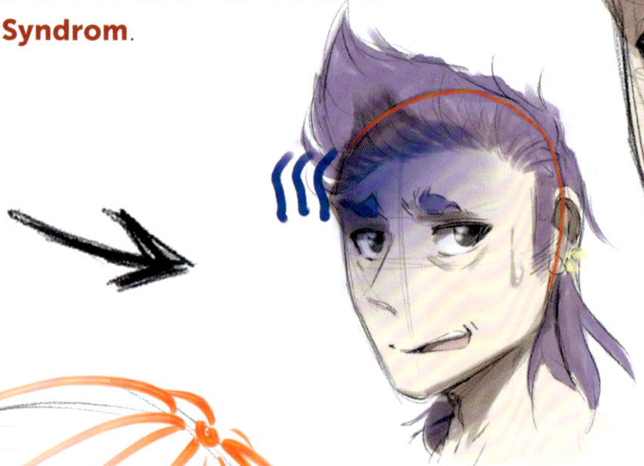

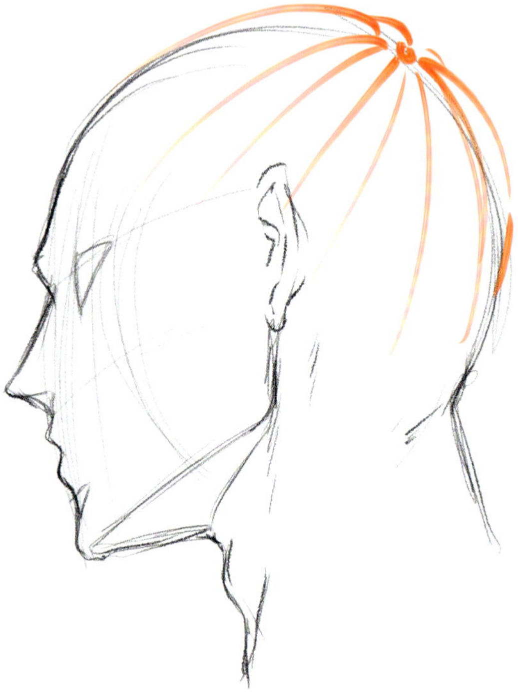

Die meisten Frisuren und Haare sind so gezeichnet, dass sie sichtbar dem **Wirbel auf dem Hinterkopf** entspringen, den ich dir hier mit einem roten Punkt markiert habe.

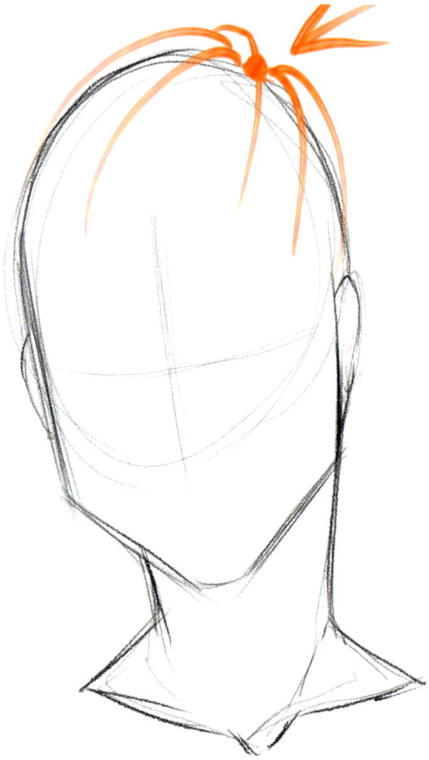

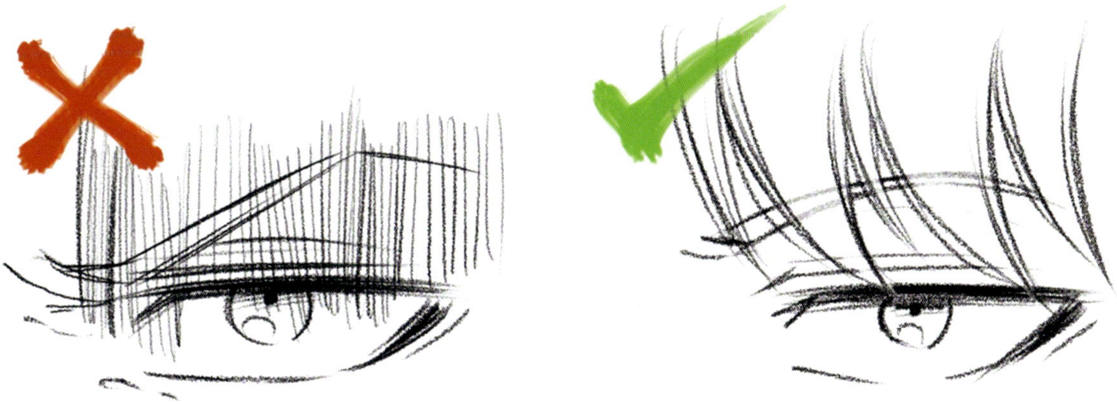

Was man zu Beginn oft falsch macht, ist, jedes Haar einzeln einzuzeichnen. Haare sammeln sich jedoch oft in Strähnen zusammen, weshalb es viel sinnvoller ist, direkt dickere Strähnen anstatt einzelner Haare zu zeichnen, denn letztere sind nur selten relevant. Und genau das ist der Schlüssel dahinter, eine komplette Frisur zu erschaffen: die Frisur Strähne für Strähne einzuzeichnen. Es ist also immer hilfreich, eine Frisur erst mal mental in ihre einzelnen Strähnen einzuteilen, bevor man sie zeichnet.

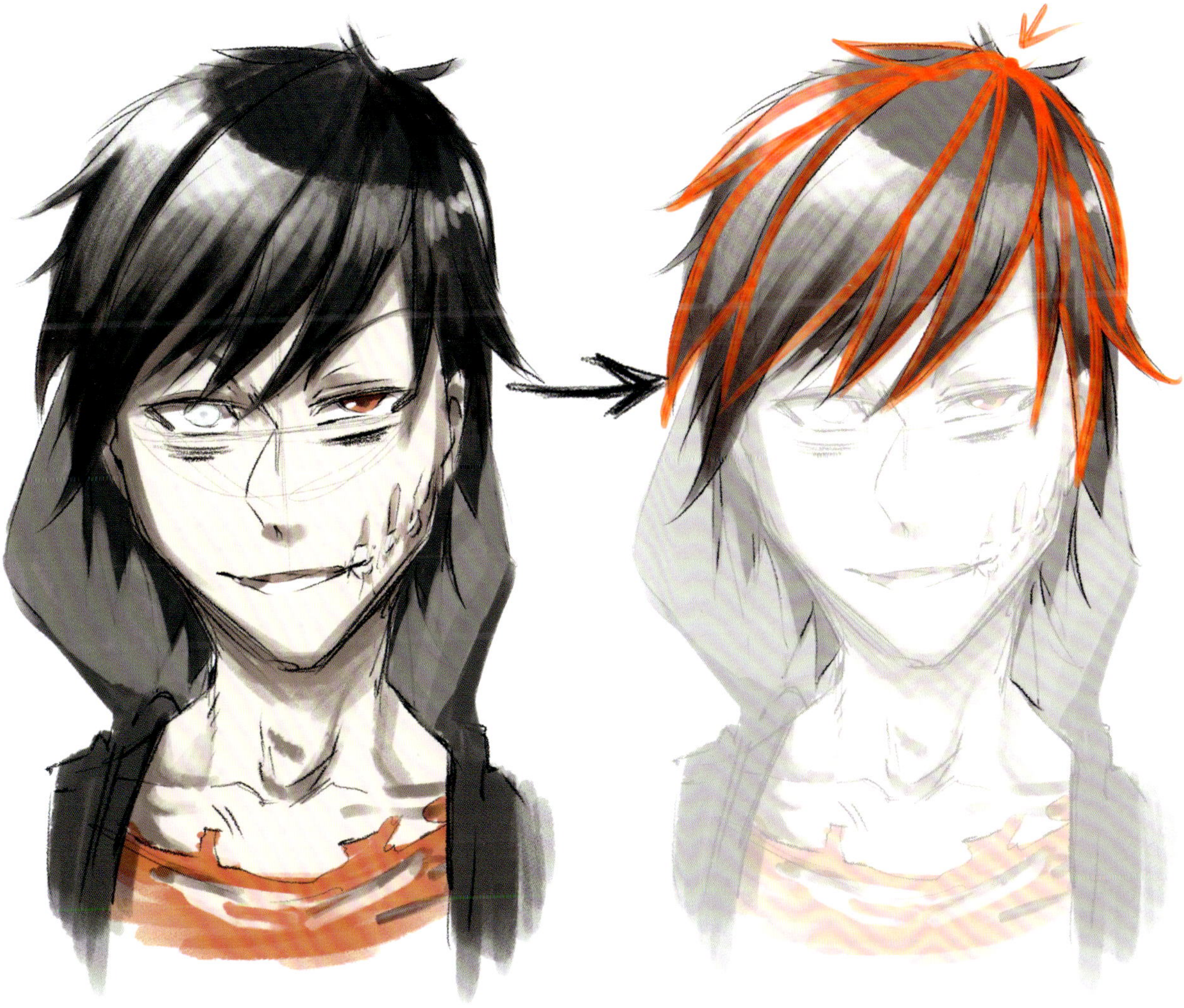

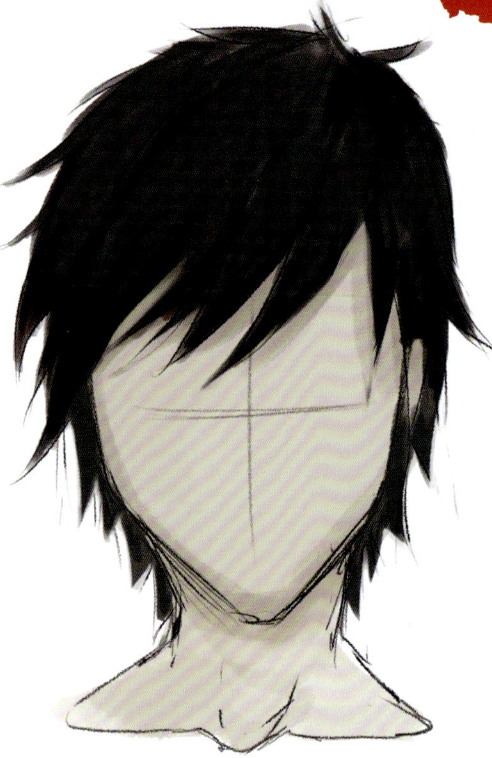

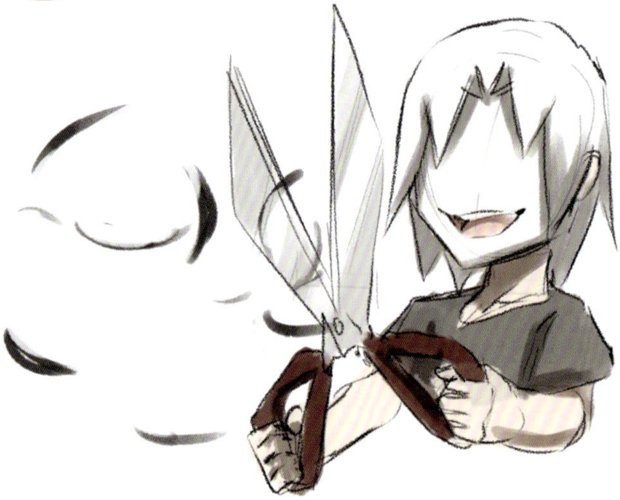

Am einfachsten lassen sich Frisuren zeichnen, indem du immer zuerst die dicken Strähnen und danach die dünnen zeichnest. **Und nie vergessen:** Immer vom Wirbel aus beginnen!

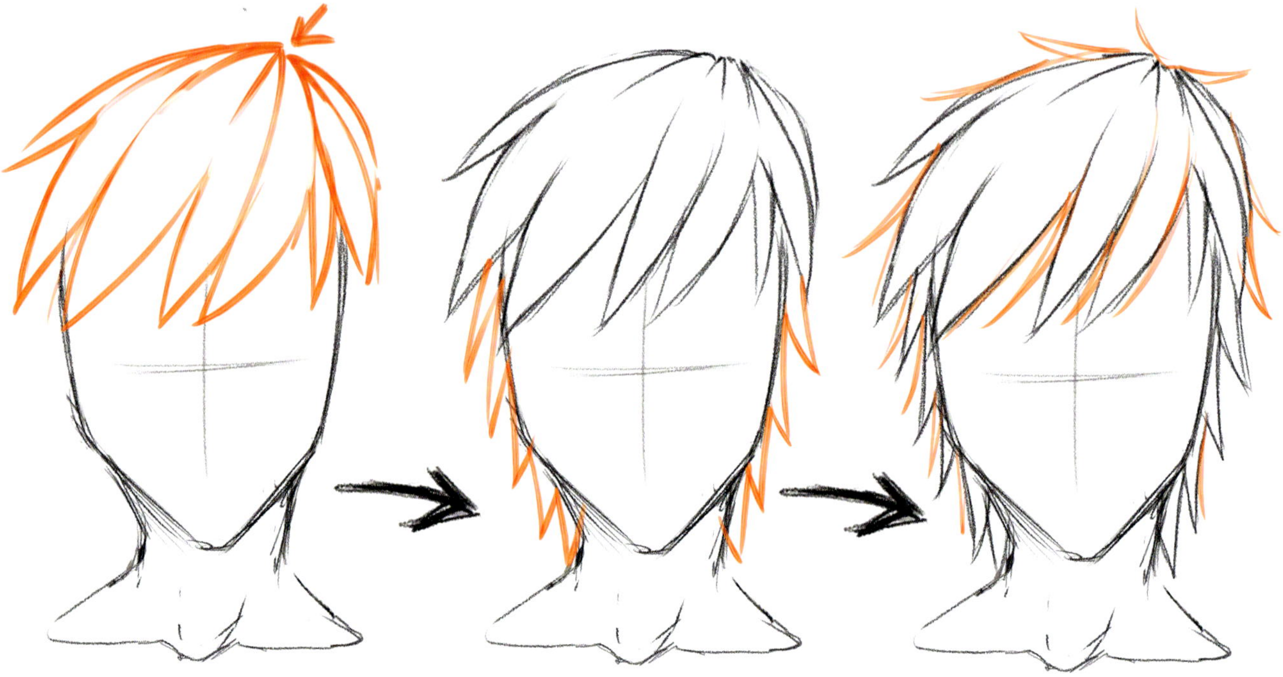

Schritt 1

Unterteile eine Frisur erst in die groben, dicken Strähnen …

Schritt 2

… dann kannst du die dünneren Strähnen dazuzeichnen …

Schritt 3

… und zum Schluss kannst du ein paar Details einfügen, wenn du willst.

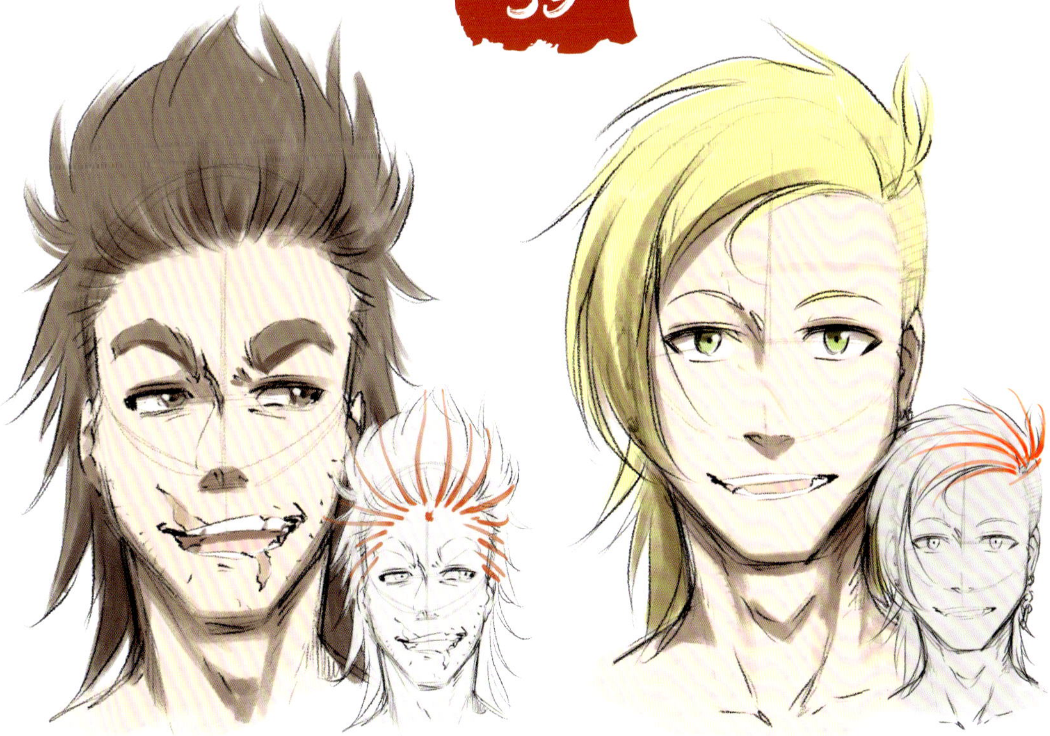

Behalte aber im Kopf: Verschiedene Frisuren haben verschiedene Ursprungspunkte! Je nach Scheitel oder Frisur kann sich auch der Punkt ändern, an dem die Haare entspringen.

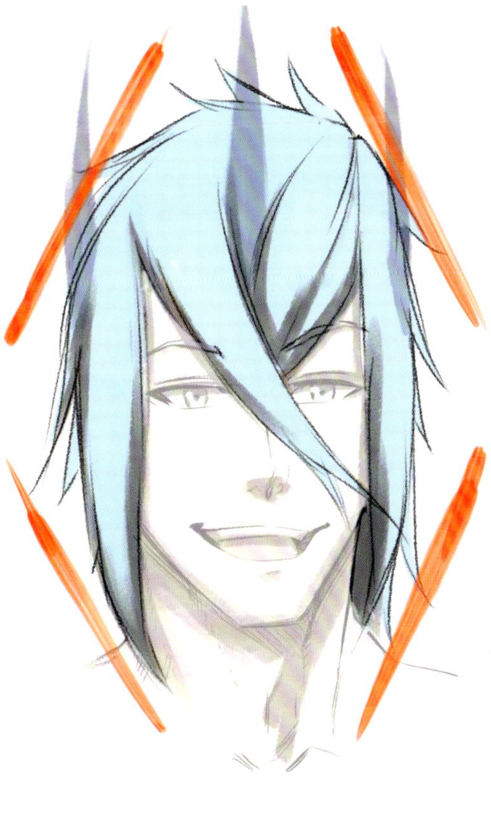

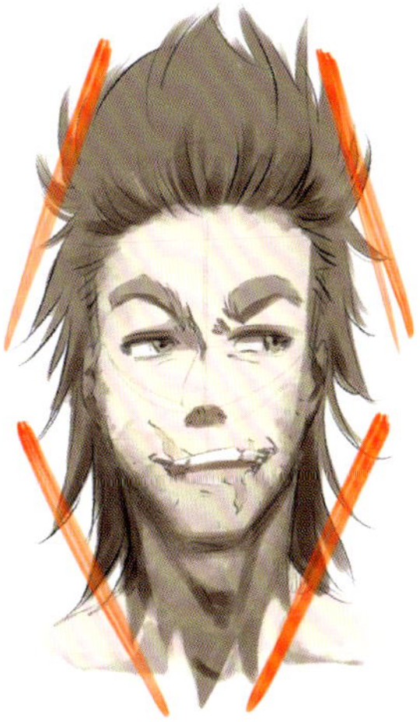

Wenn du selbst eine Frisur entwirfst, solltest du darauf achten, dass die allgemeine Form der Frisur einigermaßen stimmt. Ob eine Frisur einen einheitlichen Schnitt hat, erkennst du daran, dass die Frisur eine Art Diamantform hat. Frisuren werden nach unten hin also immer dünner.

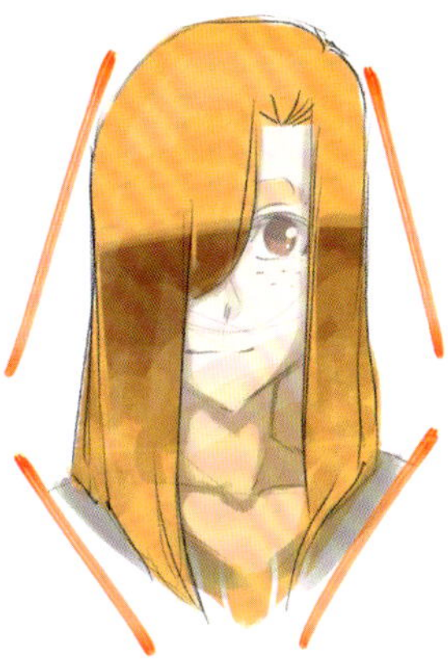

Oder du entwirfst Haare einfach so, wie du es willst. Tob' dich aus!

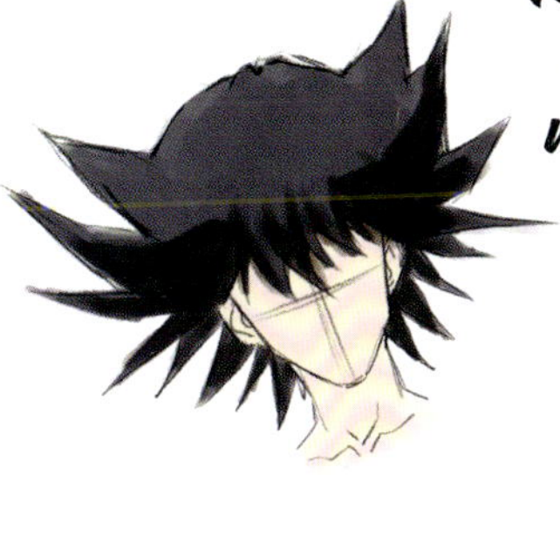

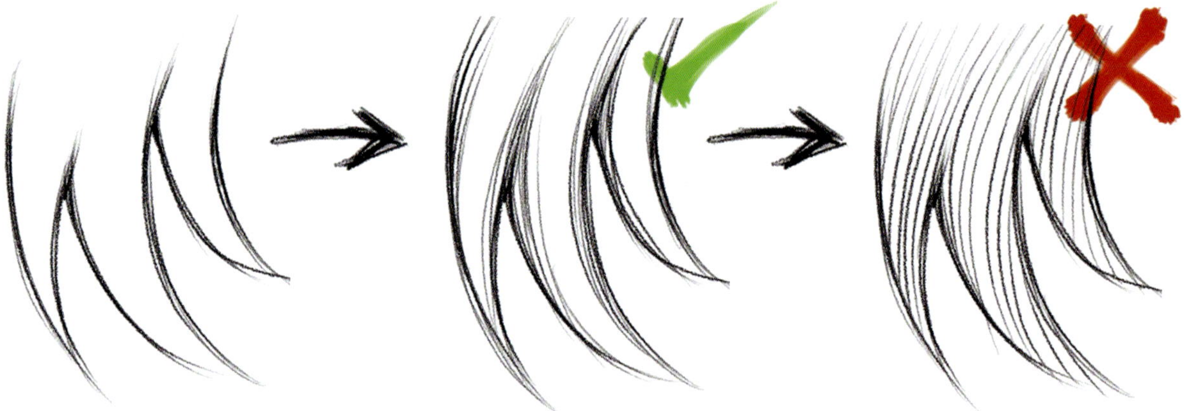

Wenn du eine Strähne detaillierter zeichnen willst, kannst du gerne einzelne Haare mit einzeichnen.

Zeichne diese Details aber nur an die Außenseiten der Strähne!

Zeichnest du die einzelnen Haare quer durch die Strähnen, wirkt das sehr unrealistisch.

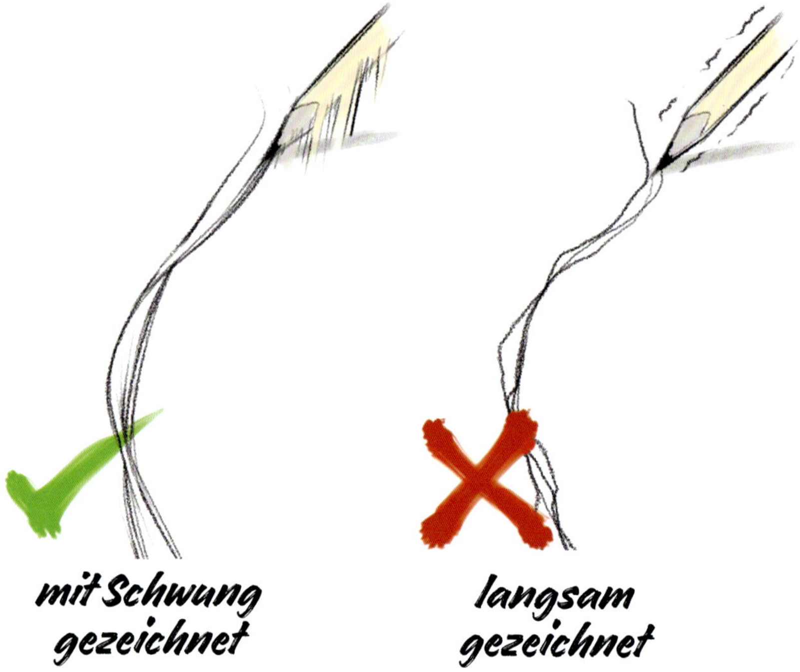

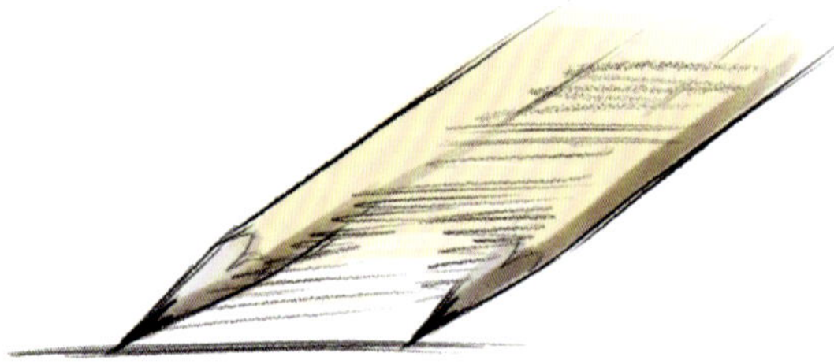

Besonders bei langen Haaren ist es wichtig, dass du sie locker aus dem Handgelenk zeichnest. Ähnlich wie bei den Formübungen aus dem ersten Kapitel werden die Linien wackelig, wenn du hier langsam zeichnest.

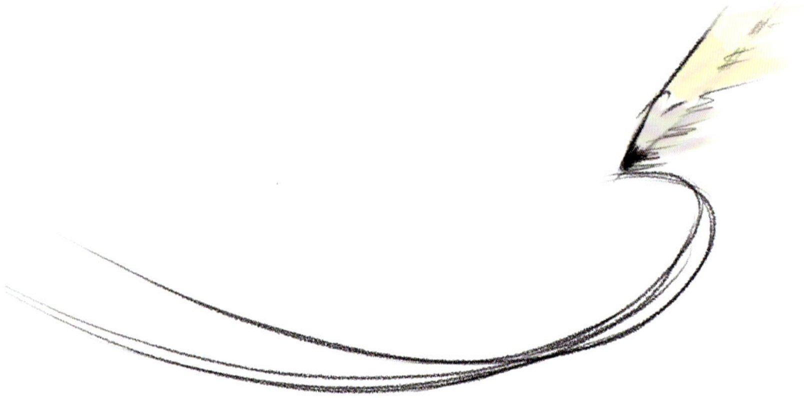

Zeichnest du die Haare mit Schwung, bekommen sie auch diese gleichmäßige Krümmung, die das Haar natürlich aussehen lässt.

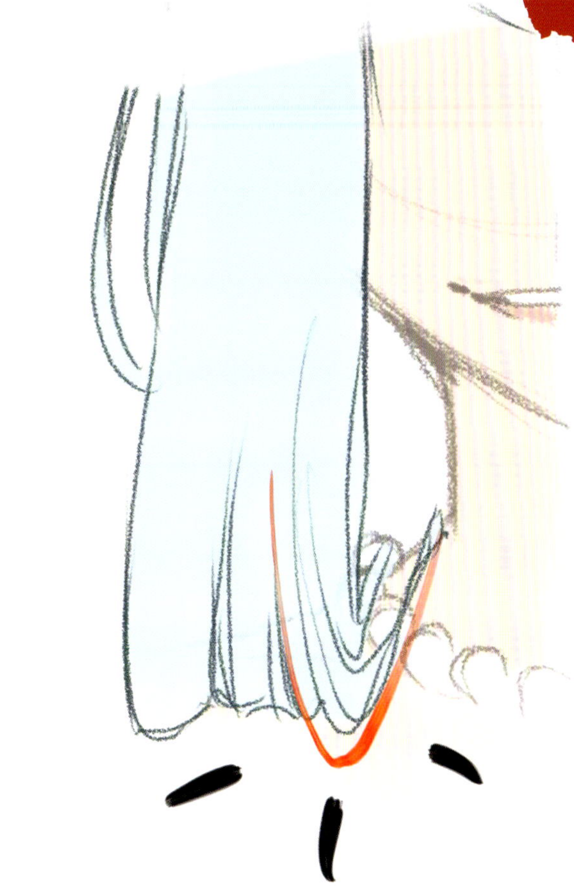

Beim Zeichnen von längeren Strähnen hilft die **CC-Eselsbrücke**: Man kann eine Strähne ganz einfach zeichnen, indem man den Buchstaben C zweimal übereinandermalt:

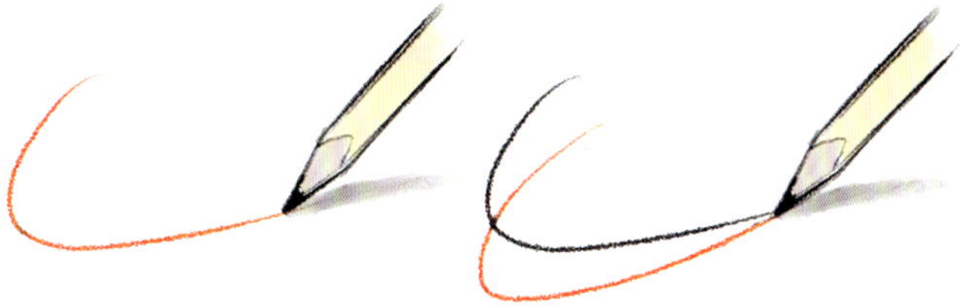

Soll die Strähne länger werden, zeichne einfach zweimal den Buchstaben S.

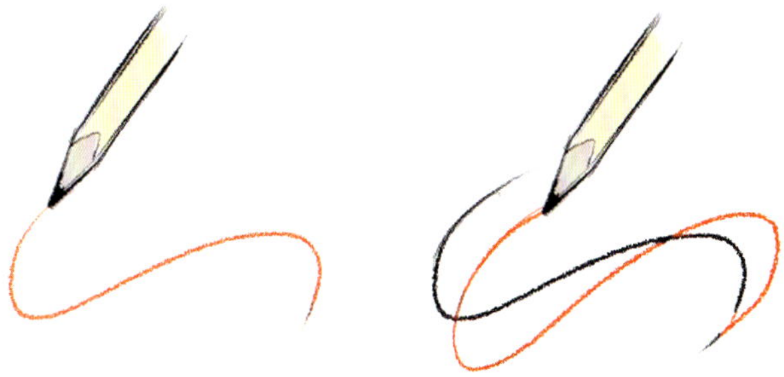

dünne Strähnen

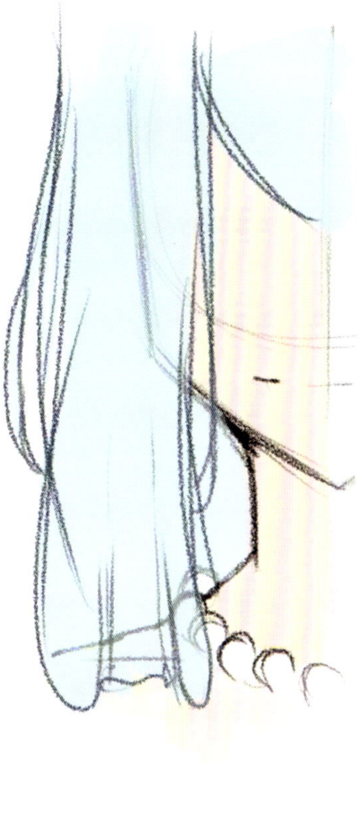

dicke Strähnen

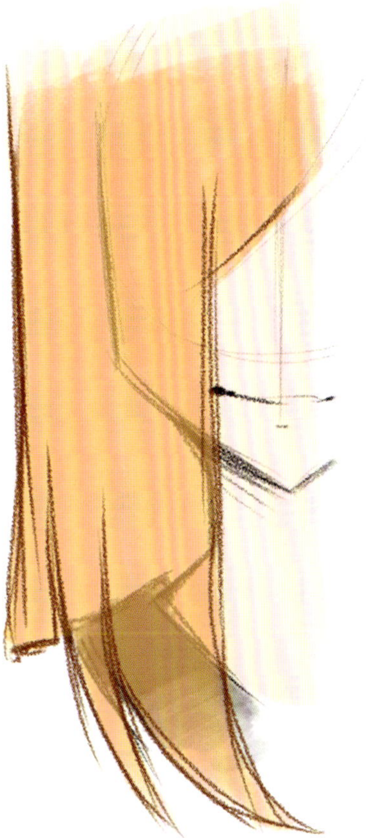

Natürlich gibt es auch dickere Haare, bei denen sich die Strähnen kaum krümmen. Prinzipiell funktionieren Haare aber alle relativ ähnlich. Es ist meistens nur die Form oder der Schnitt, der sich unterscheidet.

Wenn du lange Haare zeichnest, kannst du immer mal wieder Strähnen einfügen, die ineinander übergehen. Dadurch wirkt die Frisur etwas cleaner:

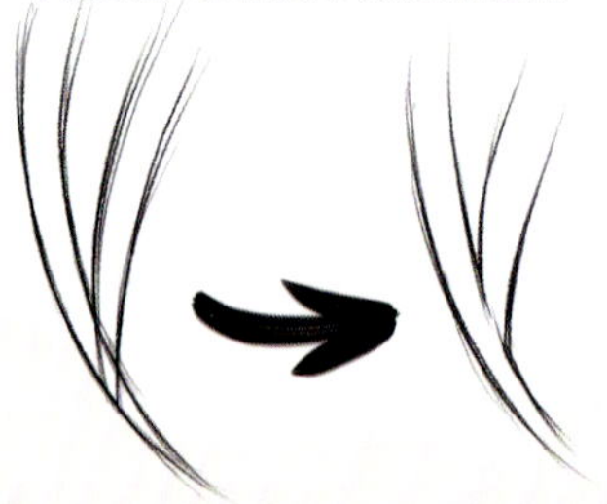

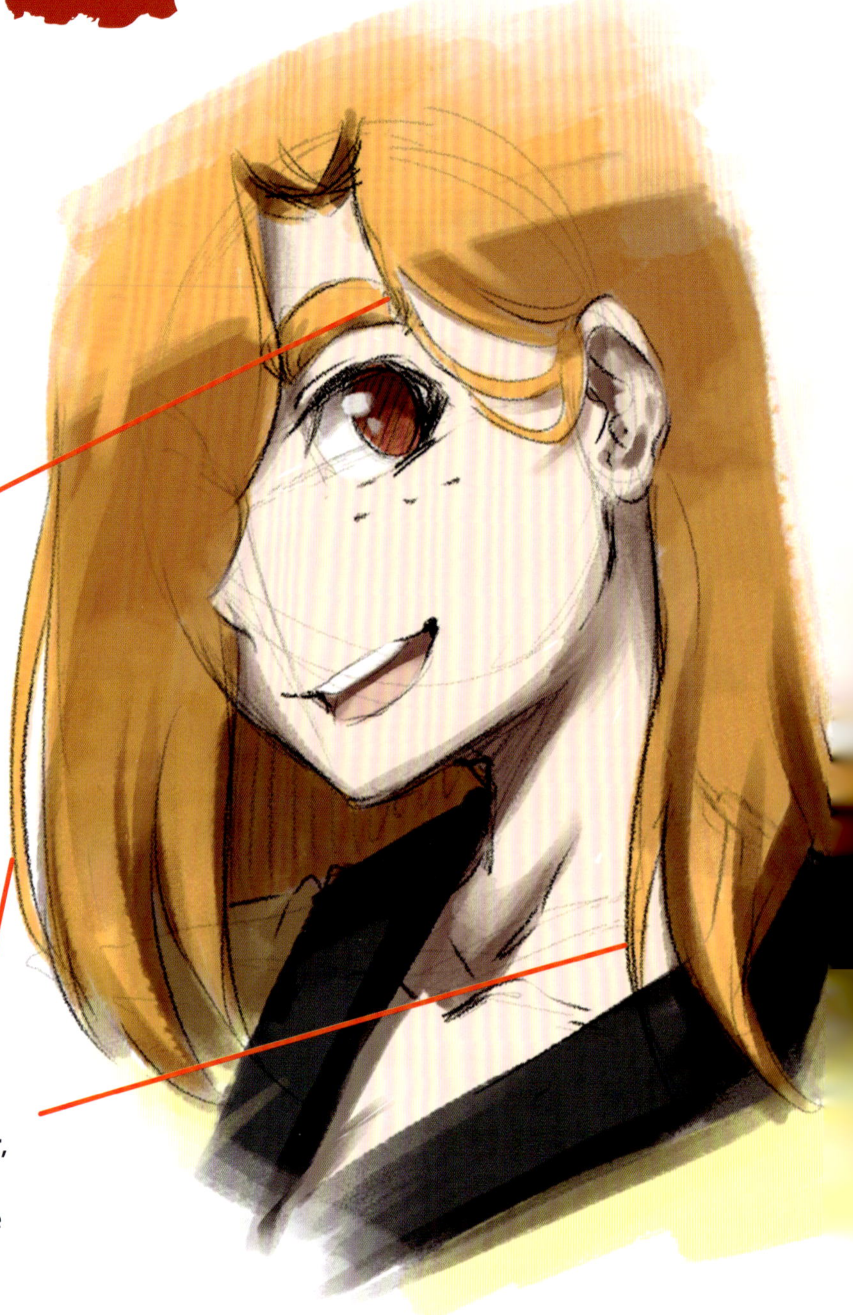

Außerdem kommt es bei langen Haaren immer mal vor, dass Strähnen abstehen – egal wie ordentlich die Haare gekämmt sind.

Wenn du noch Probleme dabei hast, dir Haare in Bewegung vorzustellen, kannst du dir gerne mein animiertes Tutorial dazu anschauen – darin zeige ich, wie Haare zum Beispiel im Wind wehen.

Hier geht's zum Video

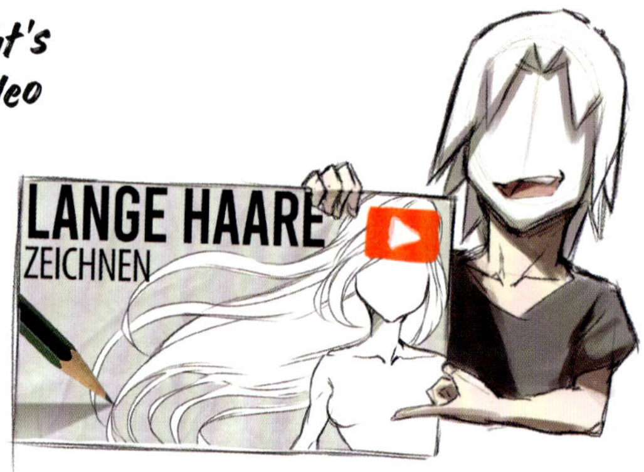

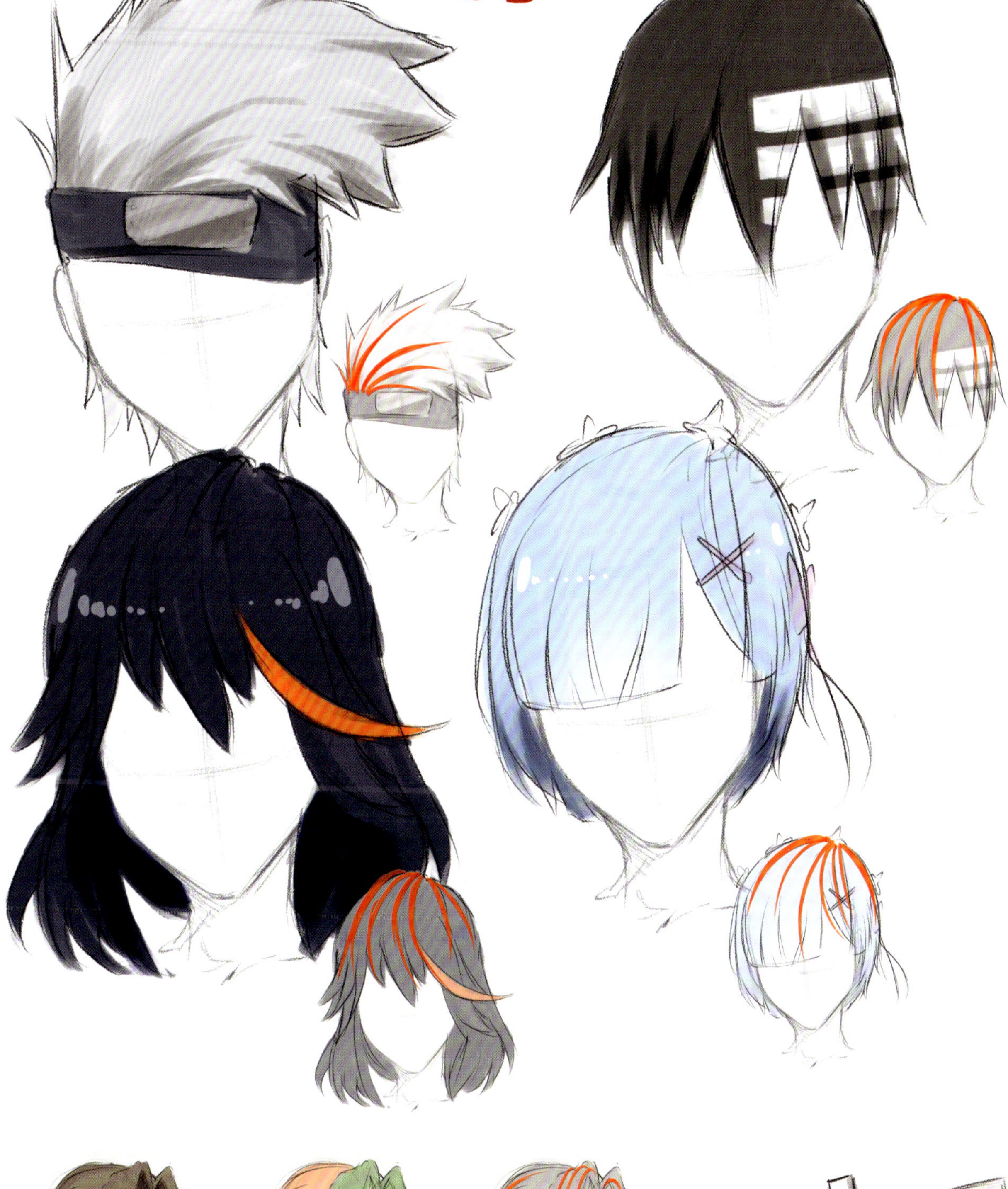

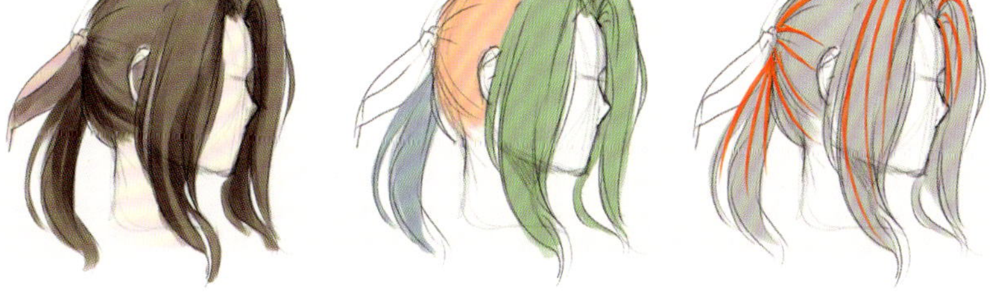

Manche Frisuren bestehen aus mehreren Strähnen-Gruppen. Diese teilt man gerne beim Zeichnen auf, da jede Gruppe in eine andere Richtung „fließt".

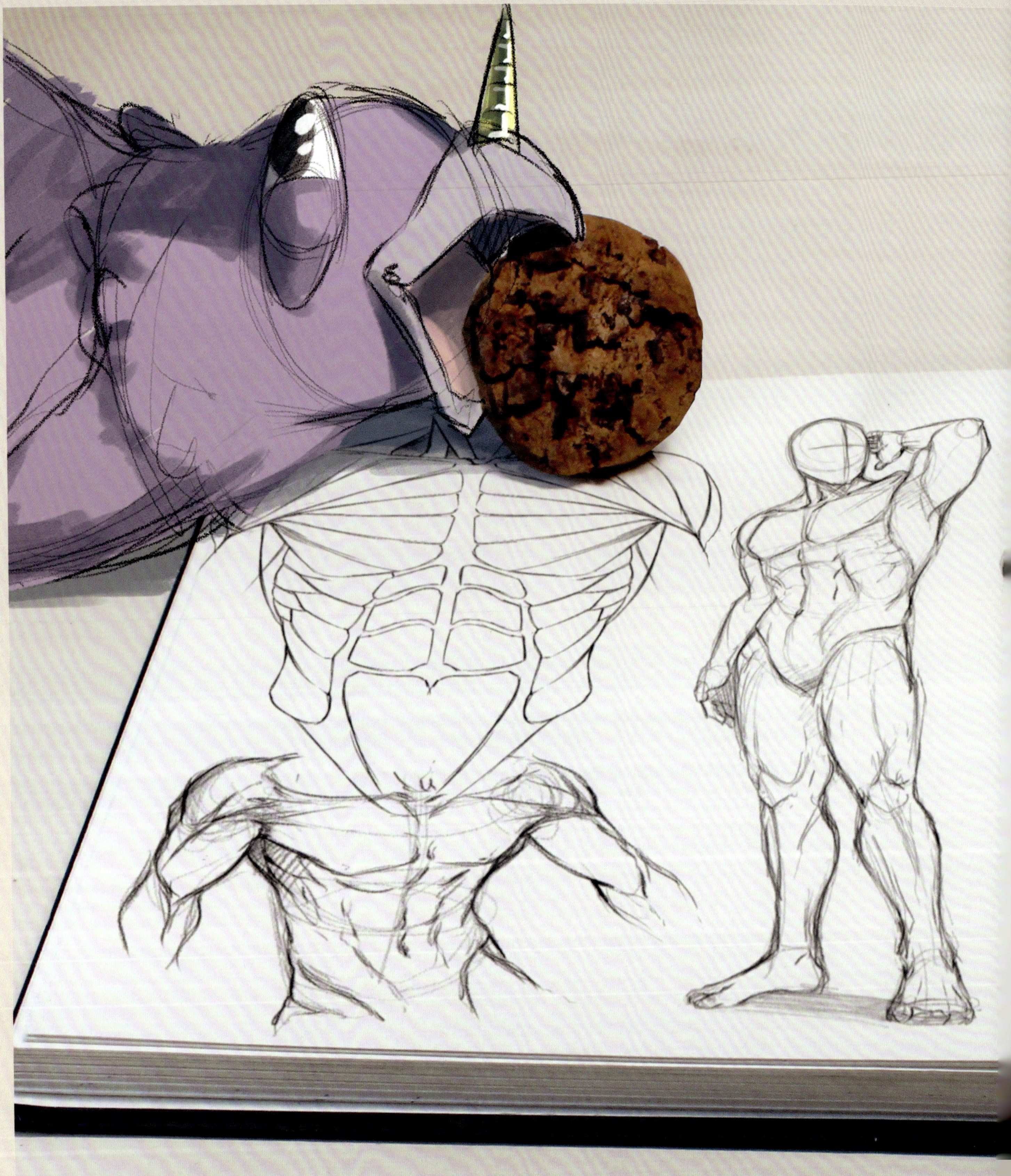

KÖRPER UND ANATOMIE

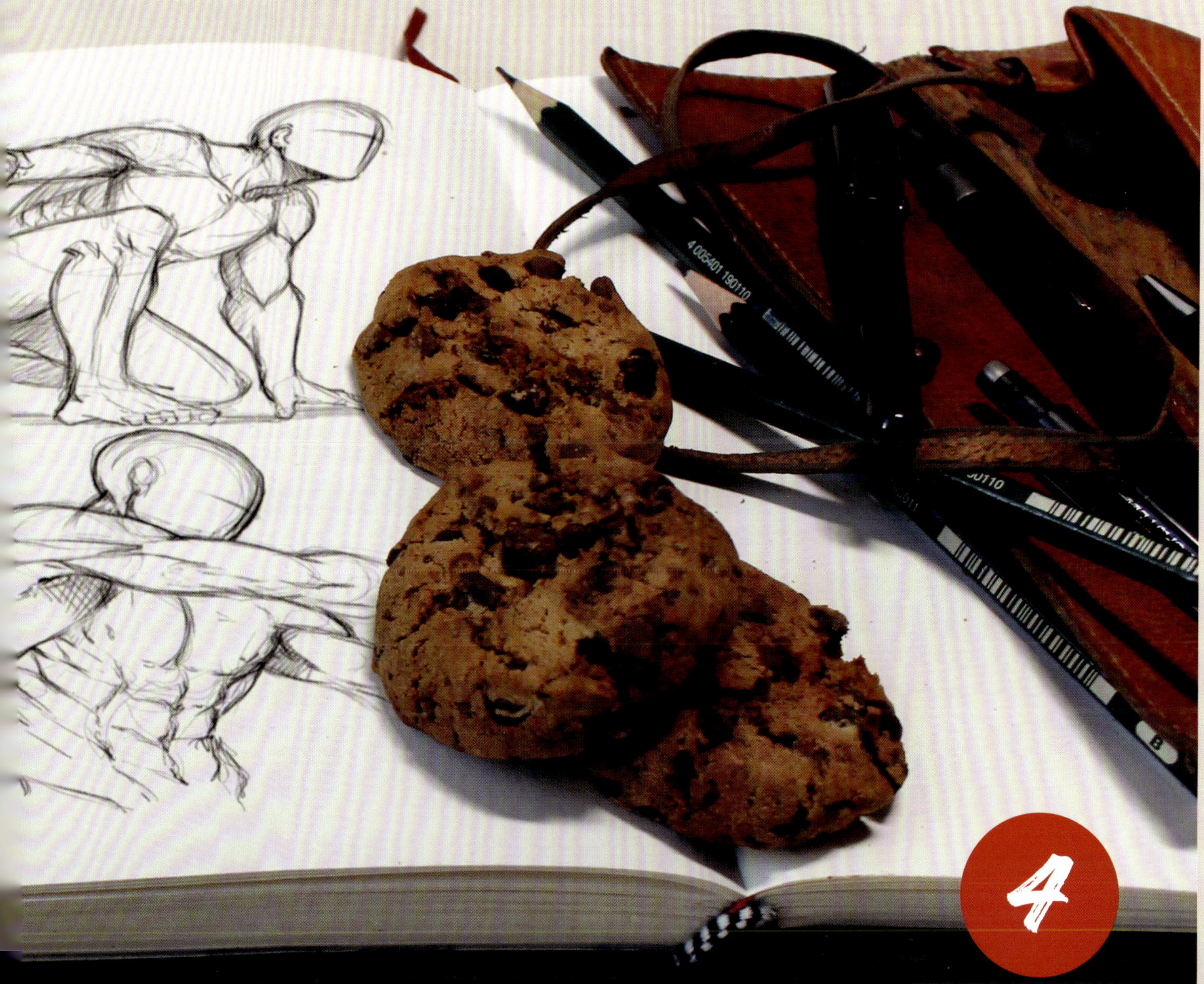

4

PROPORTIONEN & BASICS

Anatomie und Körper zeichnen ist eine komplette Wissenschaft für sich. Deshalb widme ich diesem Thema auch das ausführlichste Kapitel dieses Buchs. Folgendes erwartet dich darin:

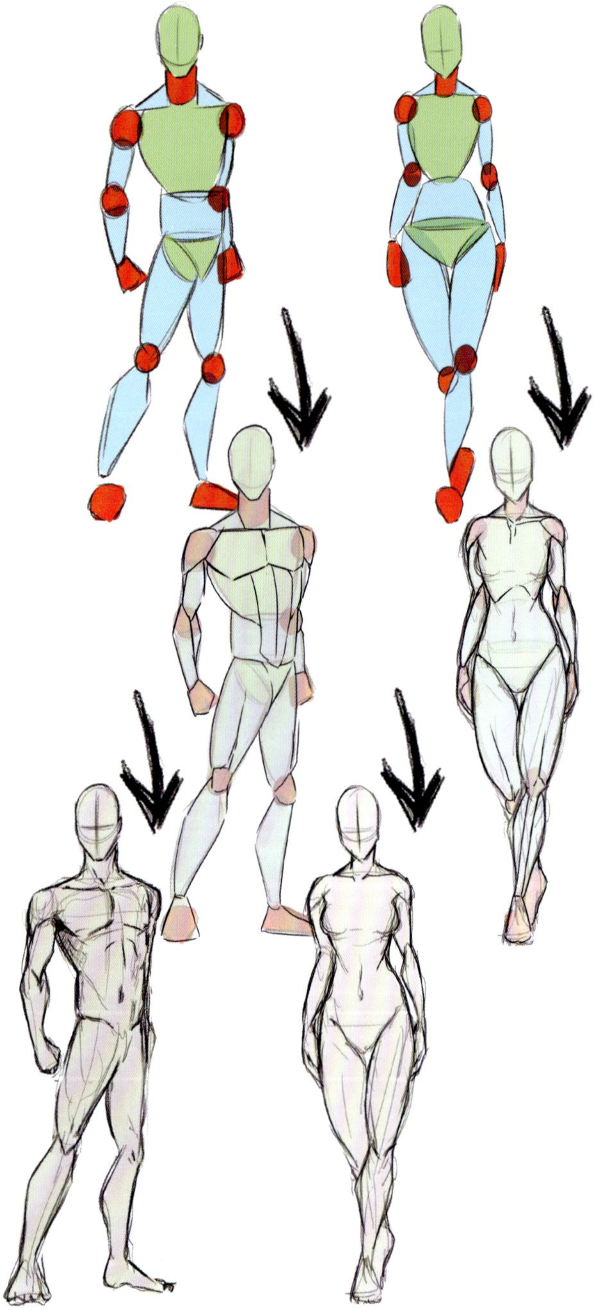

1 Auf den ersten Seiten zeige ich dir erst mal die absoluten Basics zum Körper zeichnen: Wie man einen Menschen aus Formen aufbaut, ein paar Tipps und Tricks zu Proportionen usw. (S. 67–74)

2 Danach zeige ich dir, aus welchen anatomischen Bauklötzen ein Mensch besteht und wie diese platziert werden. Es ist wichtig, erst mal den grundlegenden Aufbau zu verstehen, bevor die Zeichnung detailreicher wird. (S. 75–100)

3 Zum Schluss gehen wir richtig ins Detail und schauen uns jede Muskelgruppe und deren genaue Anatomie einzeln an. Dadurch werden deine Zeichnungen richtig präzise. (S. 101–109)

Körper simplifizieren

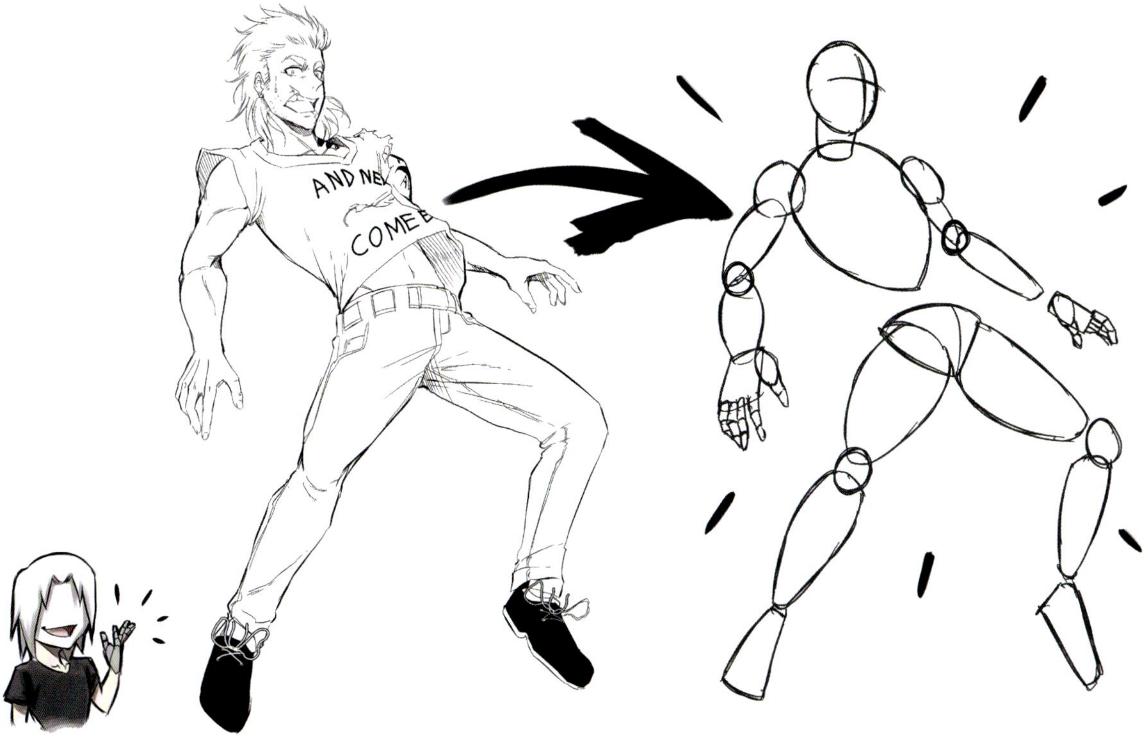

Viele Leute leben in dem Irrglauben, dass man einen Körper direkt aus dem Stegreif zeichnen muss. Dabei nutzen selbst Profis zuerst simple Formen, um ihre Zeichnung aufzubauen – ganz besonders bei komplizierteren Szenarien mit mehreren Menschen macht das die Sache um einiges leichter! Auch schwierigere Partien wie Hände lassen sich viel einfacher zeichnen, wenn man vorher weiß, wie sie grundlegend aufgebaut sind.

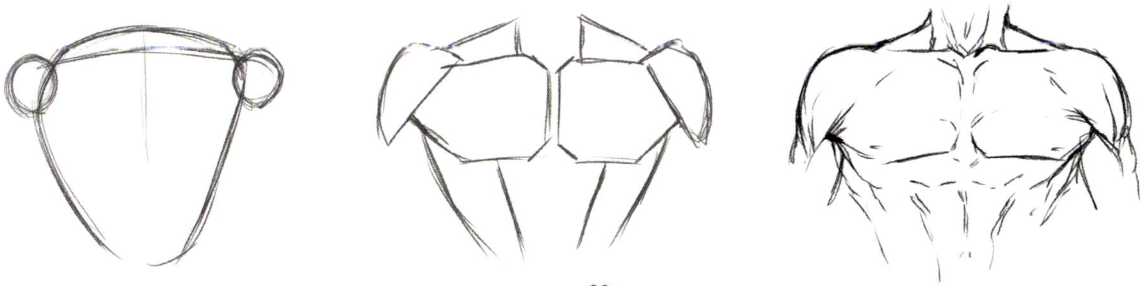

STICKMAN **BAUKLÖTZE** **DETAILS**

Mit dieser Vorgehensweise habe ich beim Zeichnen angefangen:

1. Eine simple Basis (Stickman) aus geometrischen Elementen zeichnen und die Pose festlegen.
2. Darauf die Muskeln als grobe Bauklötze in ihren typischen Formen und Positionen anbringen ...
3. ... und zum Schluss die restlichen Details hinzufügen.

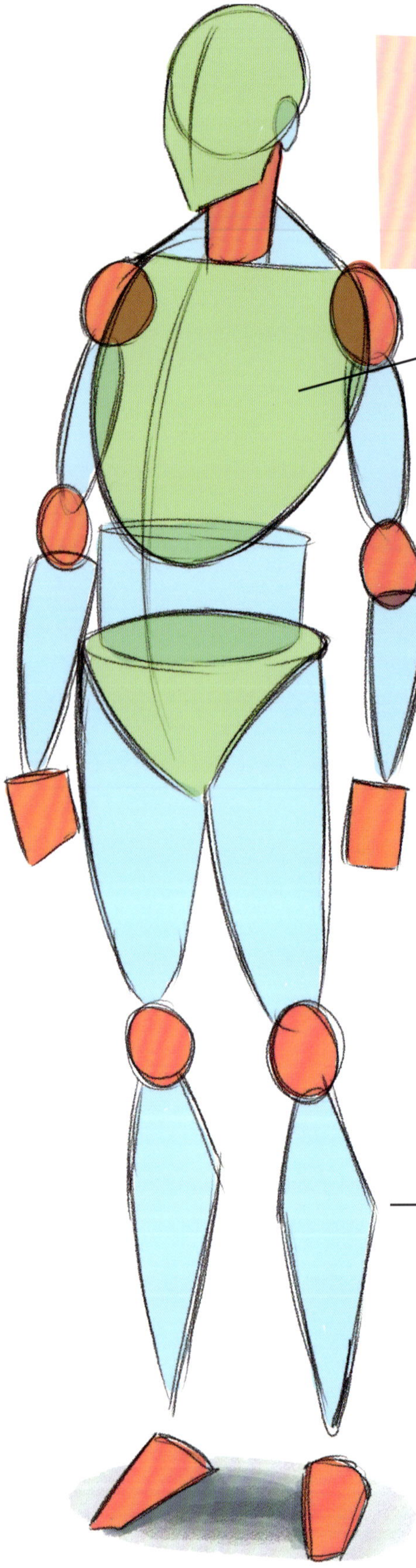

Jeder Mensch simplifiziert einen Körper auf seine Weise. Manche zeichnen ihn gerne mit eckigen Formen, andere mit runden usw. Hier habe ich dir einen sehr simplen, anfängerfreundlichen Körper gezeichnet, an dem man die wichtigsten „Bauteile" erkennen kann.

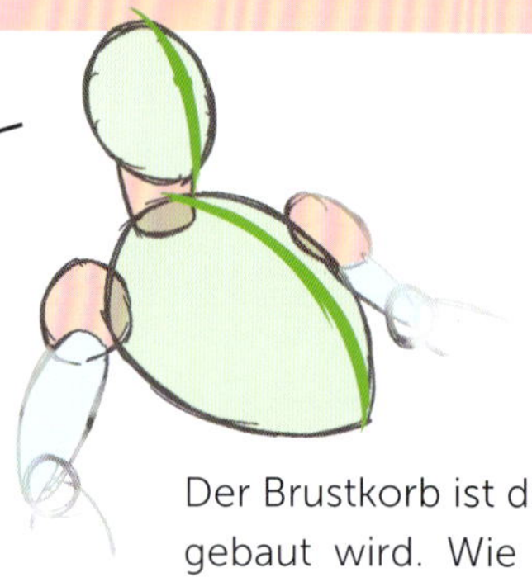

Der Brustkorb ist die **Basis**, auf die der Oberkörper aufgebaut wird. Wie die anderen grünen Bauteile auch kann man den Brustkorb rotieren und neigen, um eine dynamischere Pose zu zeichnen. Ich zeichne gerne **Striche** mit dazu, die bei der Ausrichtung helfen.

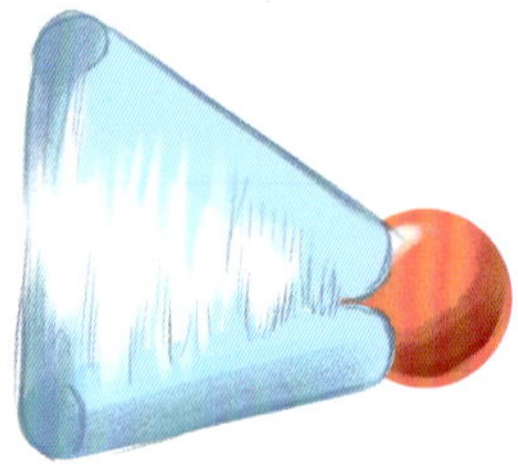

Die **Verbindungsstücke** habe ich blau gekenntzeichnet. Alle Verbindungsstücke können gedehnt oder bewegt werden. Gelenke habe ich **rot** eingefärbt.

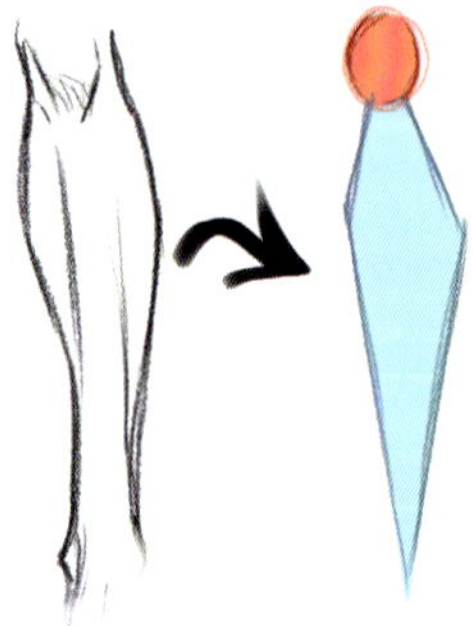

Manche Teile haben eine spezielle Form. Das liegt daran, dass das Bein z.B. an der Wade etwas breiter ist. So gewöhnst du dich schon einmal an die verschiedenen Proportionen eines menschlichen Körpers.

Hier ein paar Tipps, mit denen du überprüfen kannst, ob deine Proportionen richtig gezeichnet sind: Der durchschnittliche Erwachsene ist circa **7–8 Köpfe** groß. Kinder haben gestauchtere Proportionen und sind circa **5 Köpfe** groß.

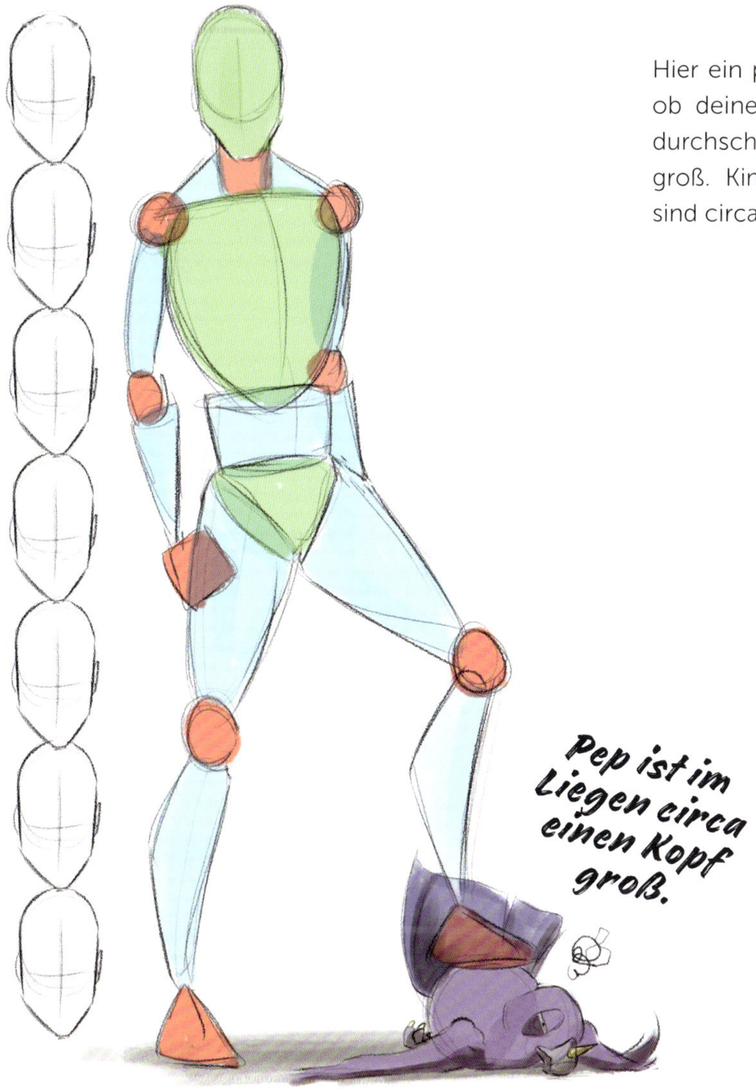

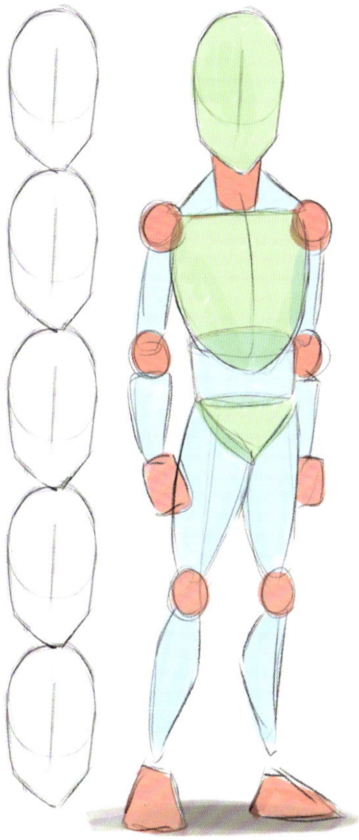

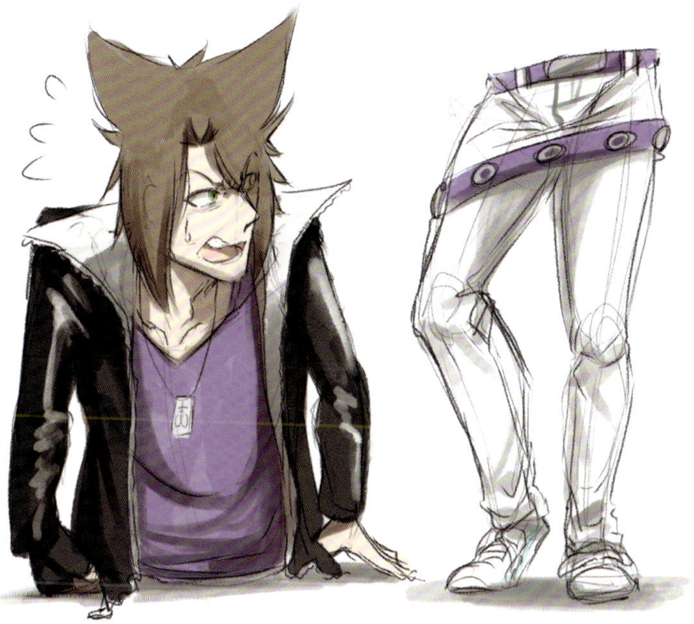

Man sagt übrigens auch: **„Ein Mensch besteht zur Hälfte aus Beinen."** Die Beine sind also länger, als man denkt, sie nehmen nämlich circa die Hälfte der Körperlänge in Anspruch!

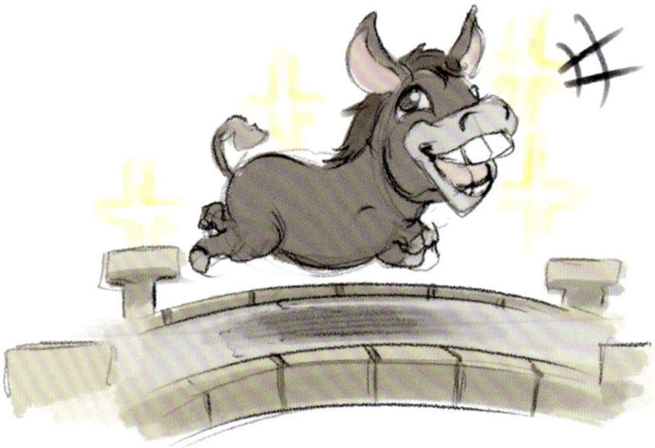

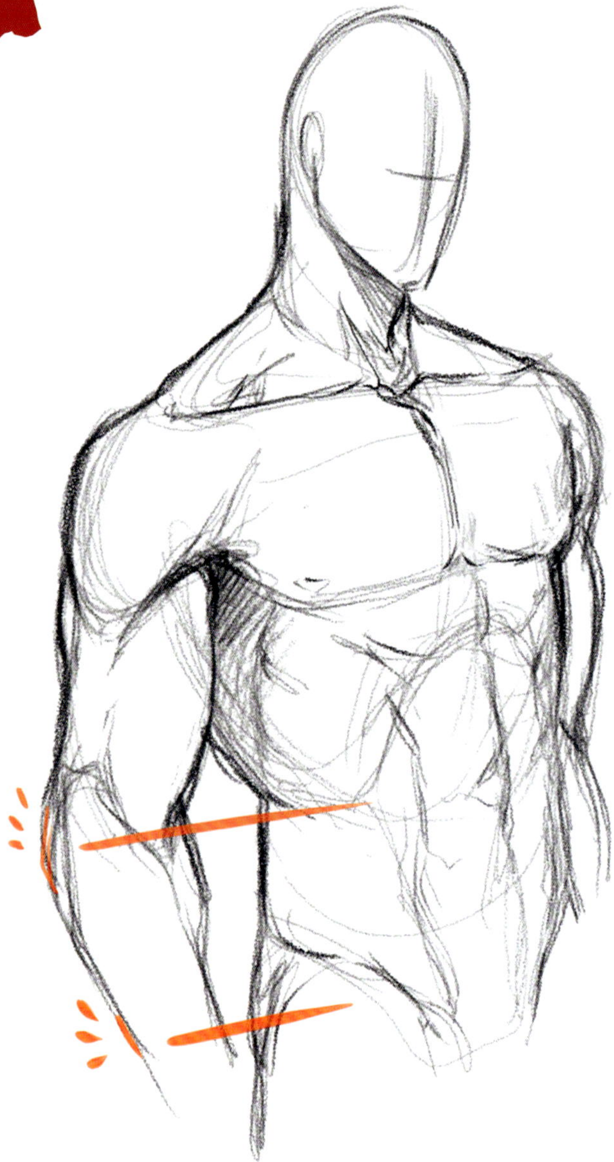

Arme & Beine

Hier sind noch ein paar nützliche Eselsbrücken, mit denen du überprüfen kannst, ob deine Arme und Beine richtig gezeichnet wurden oder nicht.

Zeichne den Unterarm nicht als Röhre, sondern als Dreieck! Wie auf Seite 68 erklärt, gewöhnt man sich so schon mal an die richtigen Formen und Proportionen.

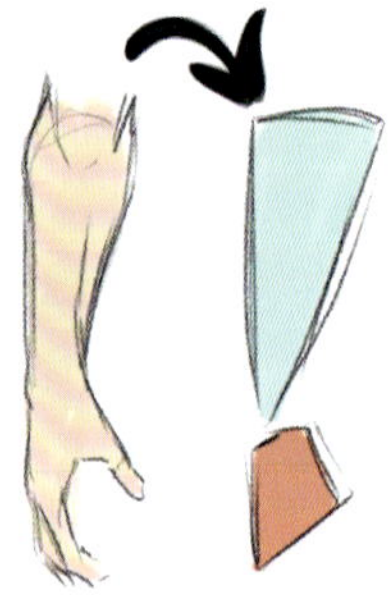

Der **Ellenbogen** ist circa auf derselben Höhe wie das **Ende des Brustkorbs** (also die letzte Rippe). Das **Handgelenk** befindet sich etwa auf **Höhe der Hüfte**.

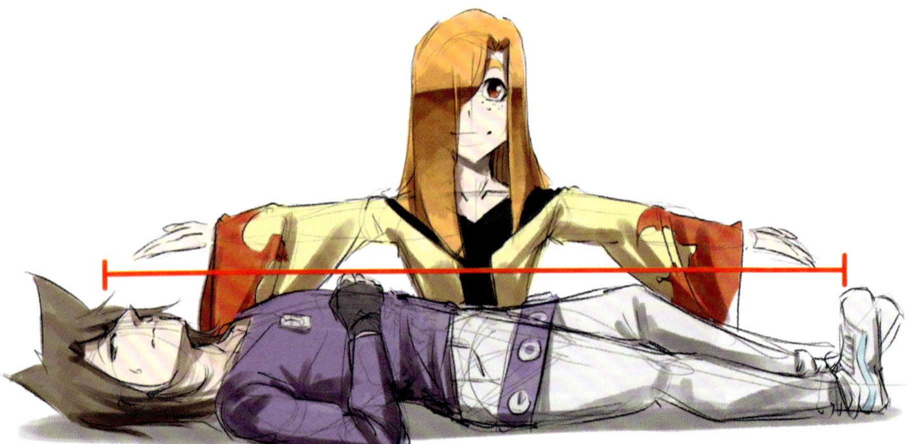

Armlänge

Auch die Länge der Arme unterschätzt man gerne mal. Die Armspannweite beider Arme entspricht etwa deiner kompletten Körpergröße.

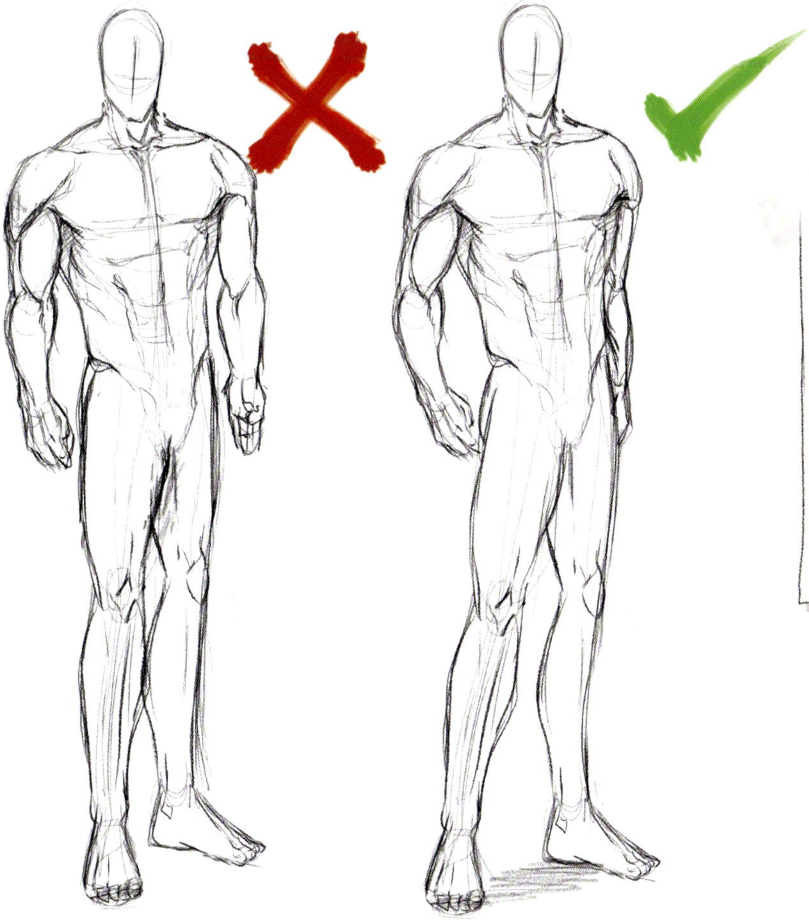

Haltung
Ein klassischer Anfängerfehler ist es, menschliche Arme und Beine stocksteif zu zeichnen. Kein Mensch steht mit komplett ausgestreckten Gliedmaßen da!

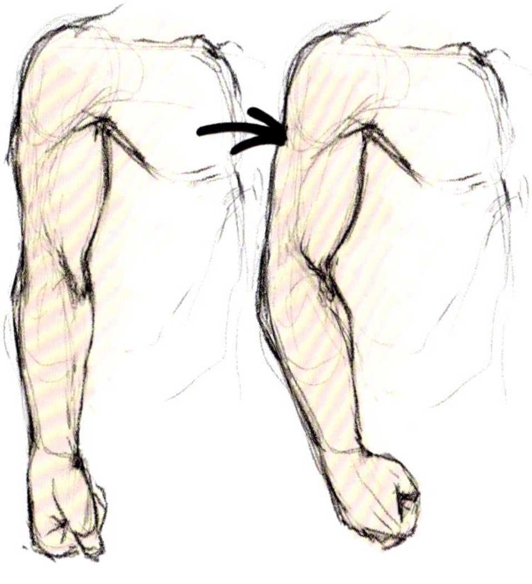

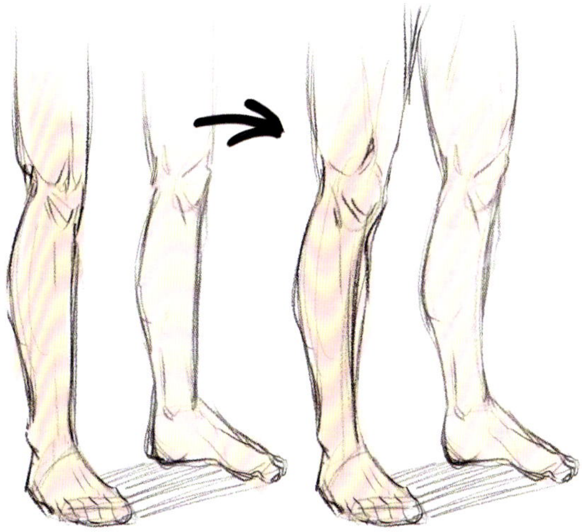

Im Alltag sind unsere Gliedmaßen eigentlich immer entspannt. Zeichne daher Arme und Beine immer etwas **gebeugt** und nicht starr.

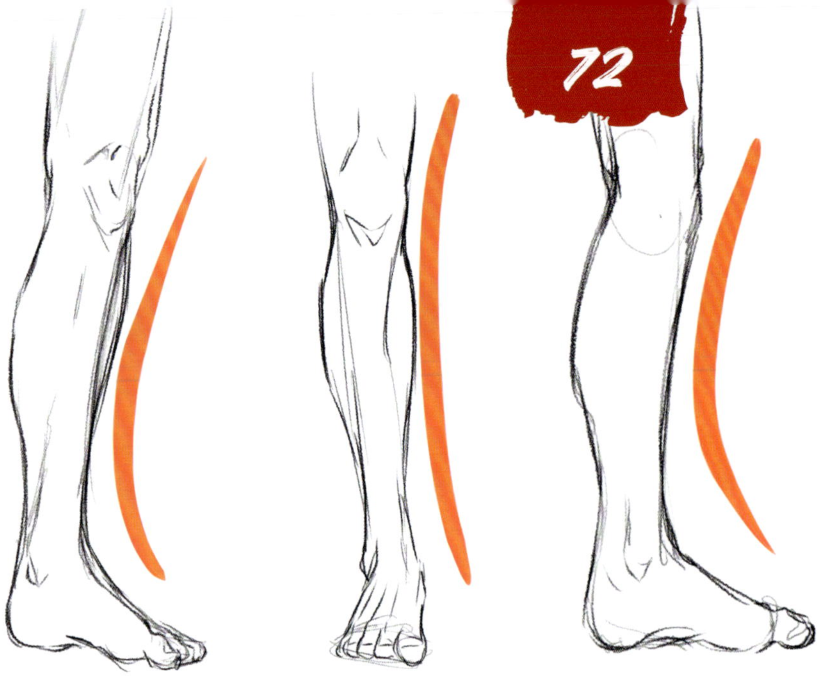

Ein Bein hat weniger die Form eines Strichs, sondern eher die eines Bogens. Das hilft dabei, die Balance zu halten.

Selbst fortgeschrittene Zeichner*innen haben sehr oft noch Probleme damit, einen Charakter im Stehen zu zeichnen, ohne dass die Pose instabil wirkt.

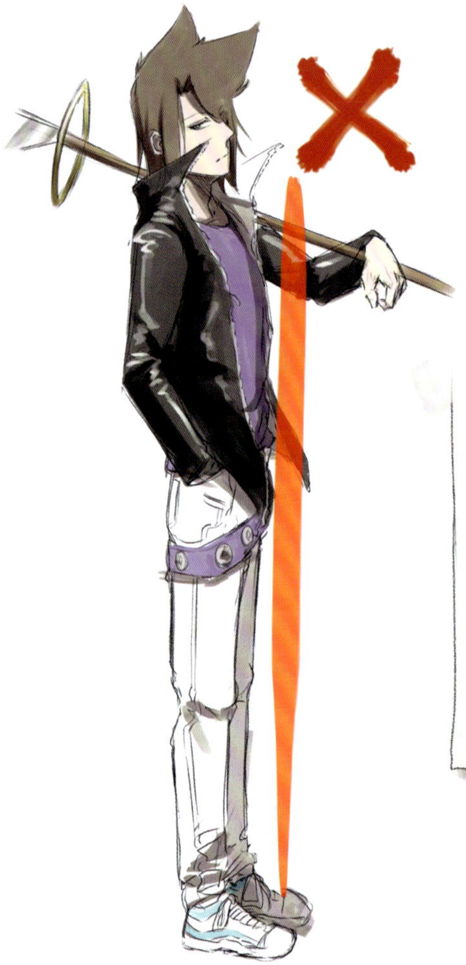

Das Ganze wird viel einfacher verständlich, wenn man sich den Menschen nicht als eine gerade Figur, sondern eher wie eine S-Form vorstellt. Mehr dazu im Kapitel über Posen und Dynamik ab S. 116.

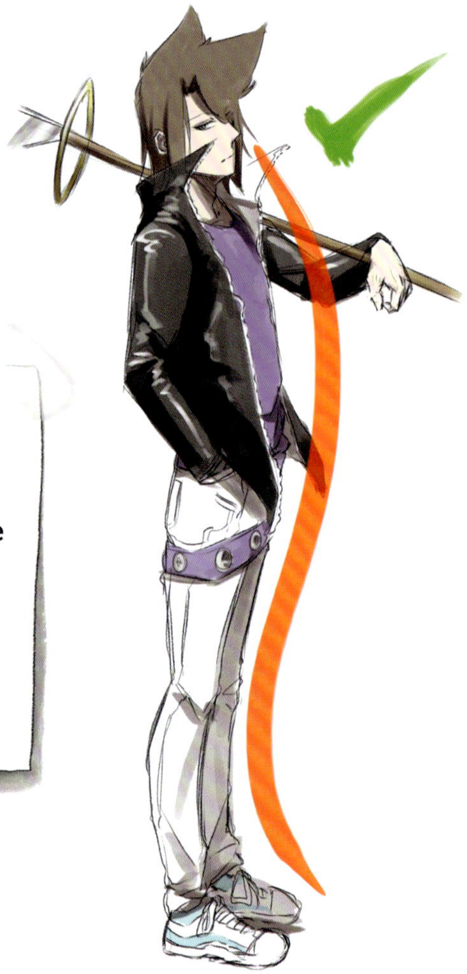

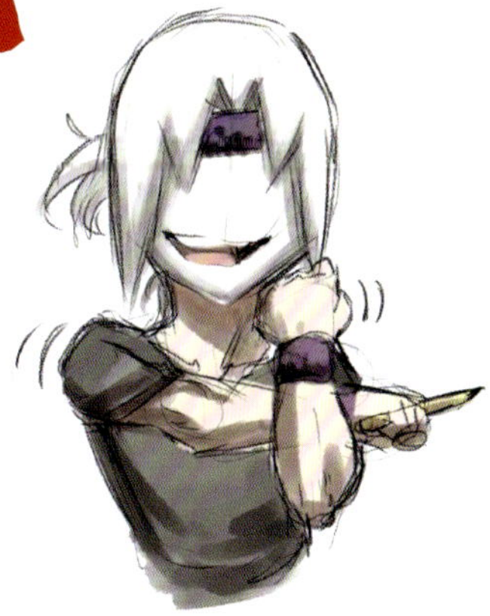

Simpler Körper – Step by Step

Ich mache in meinen YouTube-Tutorials oft Step-by-Step-Anleitungen, deshalb wollte ich auch hier eine mit einbringen: Zeichnen wir zusammen mal einen ganz simplen Körper:

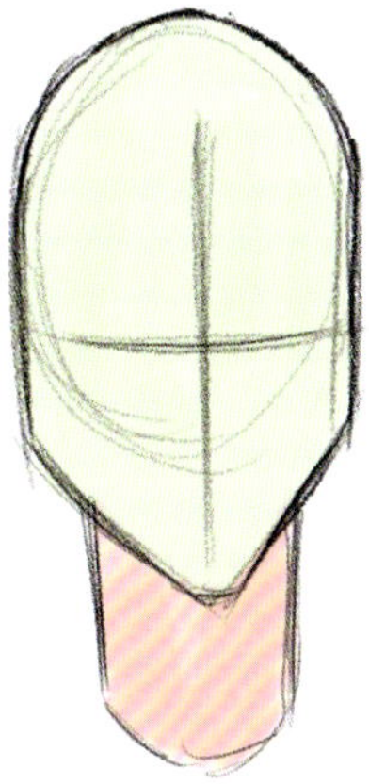

1

Ich persönlich fange immer gerne mit dem Kopf an. Das machen die meisten Zeichner*innen, um abschätzen zu können, ob die Person aufs Blatt passt. Immerhin wird die Körpergröße ja in Köpfen gemessen.

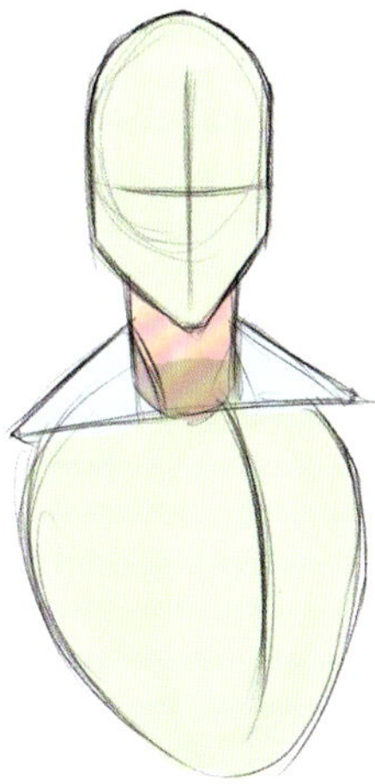

2

Beim Brustkorb zeichne ich zur Orientierung gerne mittig einen Strich ein, um zu veranschaulichen, in welche Richtung er ausgerichtet ist. Der Brustkorb ist das wichtigste Bauteil. Alle Gliedmaßen hängen an ihm. Wenn er nicht richtig sitzt, wird alles andere, was an ihm hängt, auch falsch.

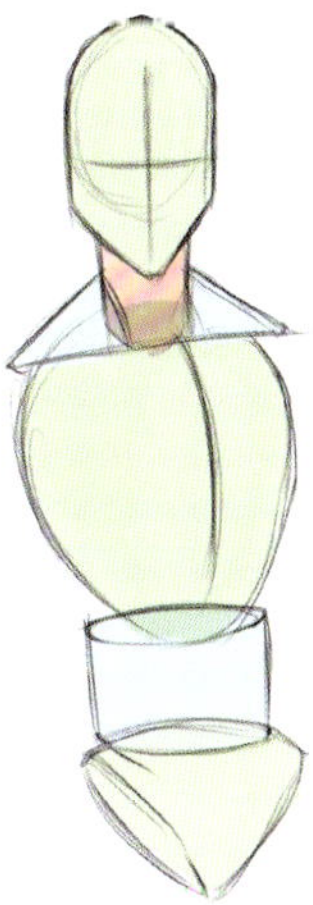

3

Ob du zuerst die Arme einzeichnest oder den Torso vervollständigst, ist dir überlassen. Ich habe hier den Torso gewählt. Der Teil zwischen Hüfte und Brustkorb ist ein Verbindungsstück.

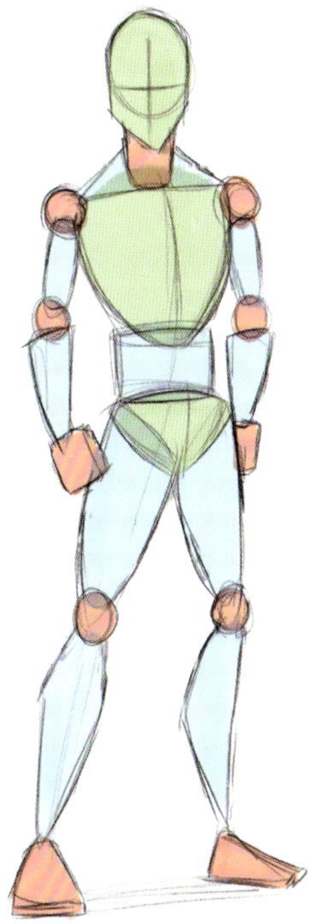

4

Zum Schluss fehlen nur noch die Gliedmaßen. Erinnere dich hierbei an die Tipps auf den vorigen Seiten, wenn du Probleme mit den Größenverhältnissen und Proportionen hast.

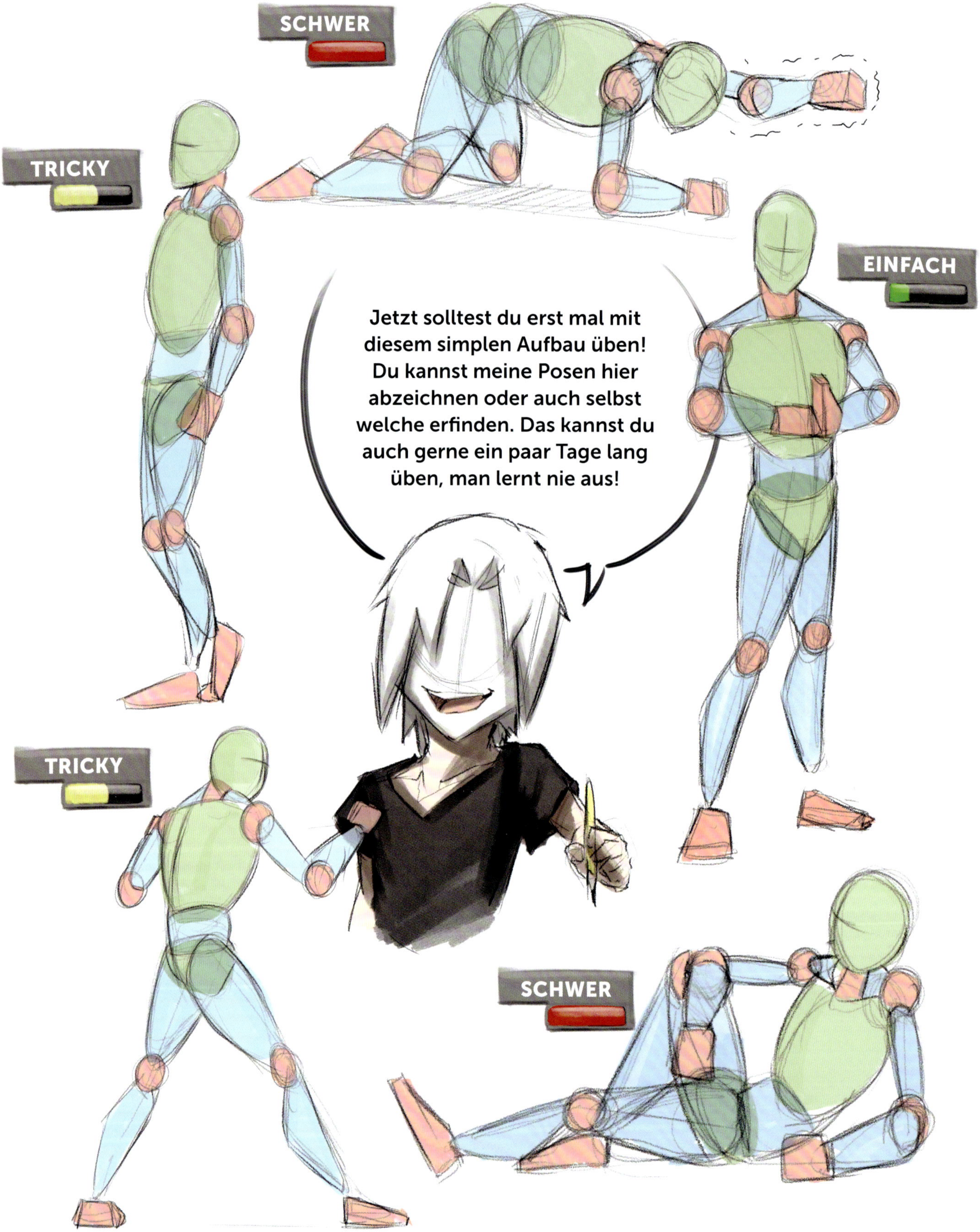
SCHWER
TRICKY
EINFACH
Jetzt solltest du erst mal mit diesem simplen Aufbau üben! Du kannst meine Posen hier abzeichnen oder auch selbst welche erfinden. Das kannst du auch gerne ein paar Tage lang üben, man lernt nie aus!
TRICKY
SCHWER

DAS NÄCHSTE LEVEL ...

Jetzt wird es Zeit, den nächsten Schritt in Richtung Anatomie zu gehen! Lass uns also den Puppen richtige menschliche Formen geben.

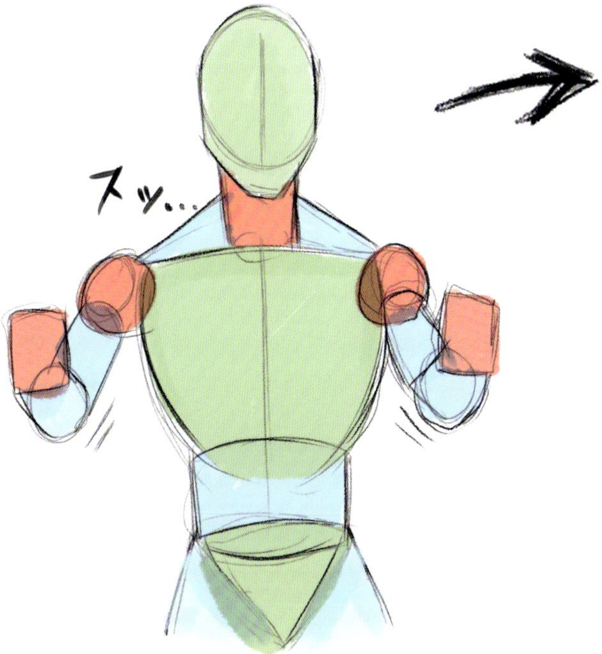

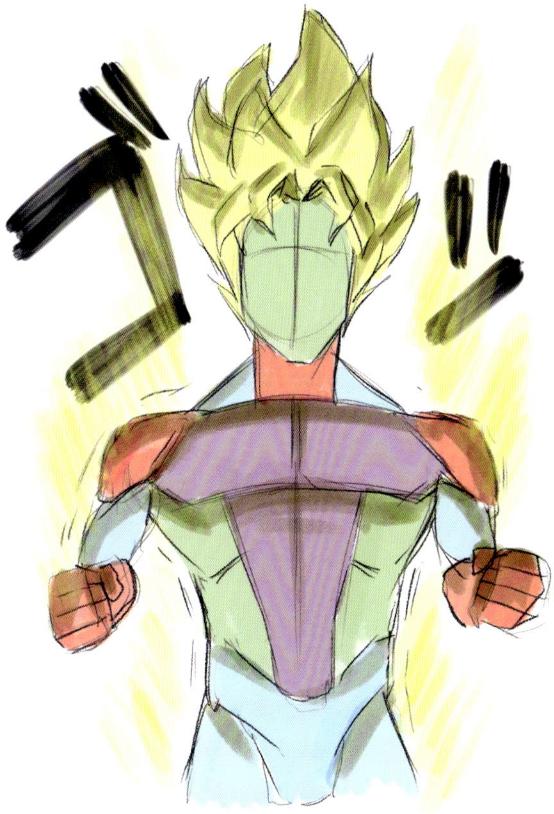

Ich würde dir empfehlen, hier erst weiterzumachen, wenn du dir sicher bist, dass deine Figuren die richtigen Größen und Proportionen haben. Details werden dir nicht helfen, wenn die Grundstruktur deiner Zeichnung nicht stimmt. Es kann schon mal einige Tage oder Wochen an Übung dauern, bis du korrekte Größenverhältnisse auf dem Kasten hast. Versuche also nicht zu rennen, bevor du richtig laufen gelernt hast. *(Ich nenne es das „Iron Man Phänomen".)*

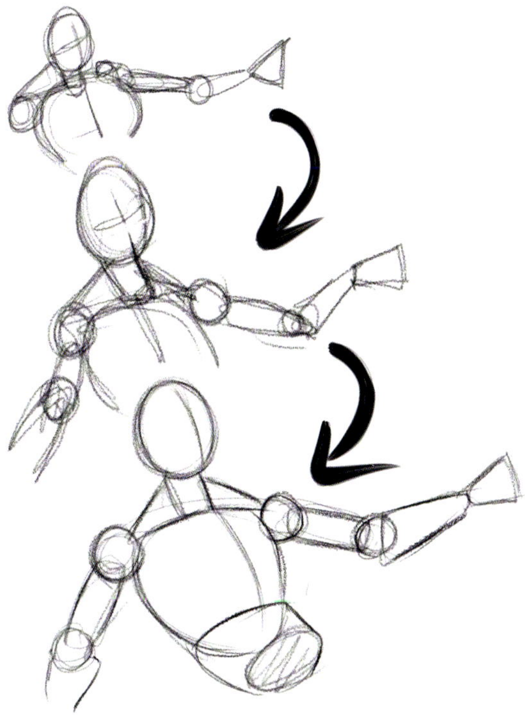

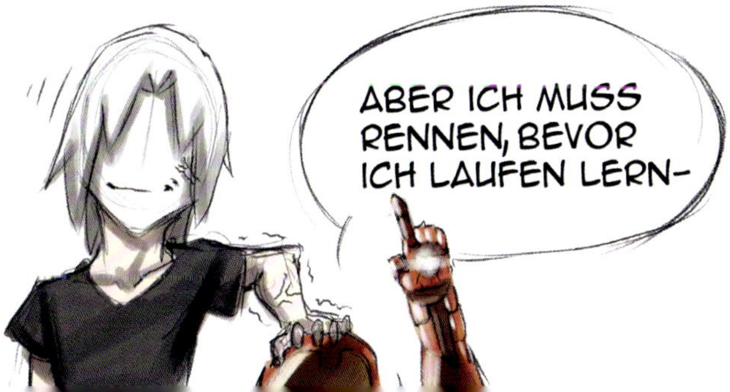

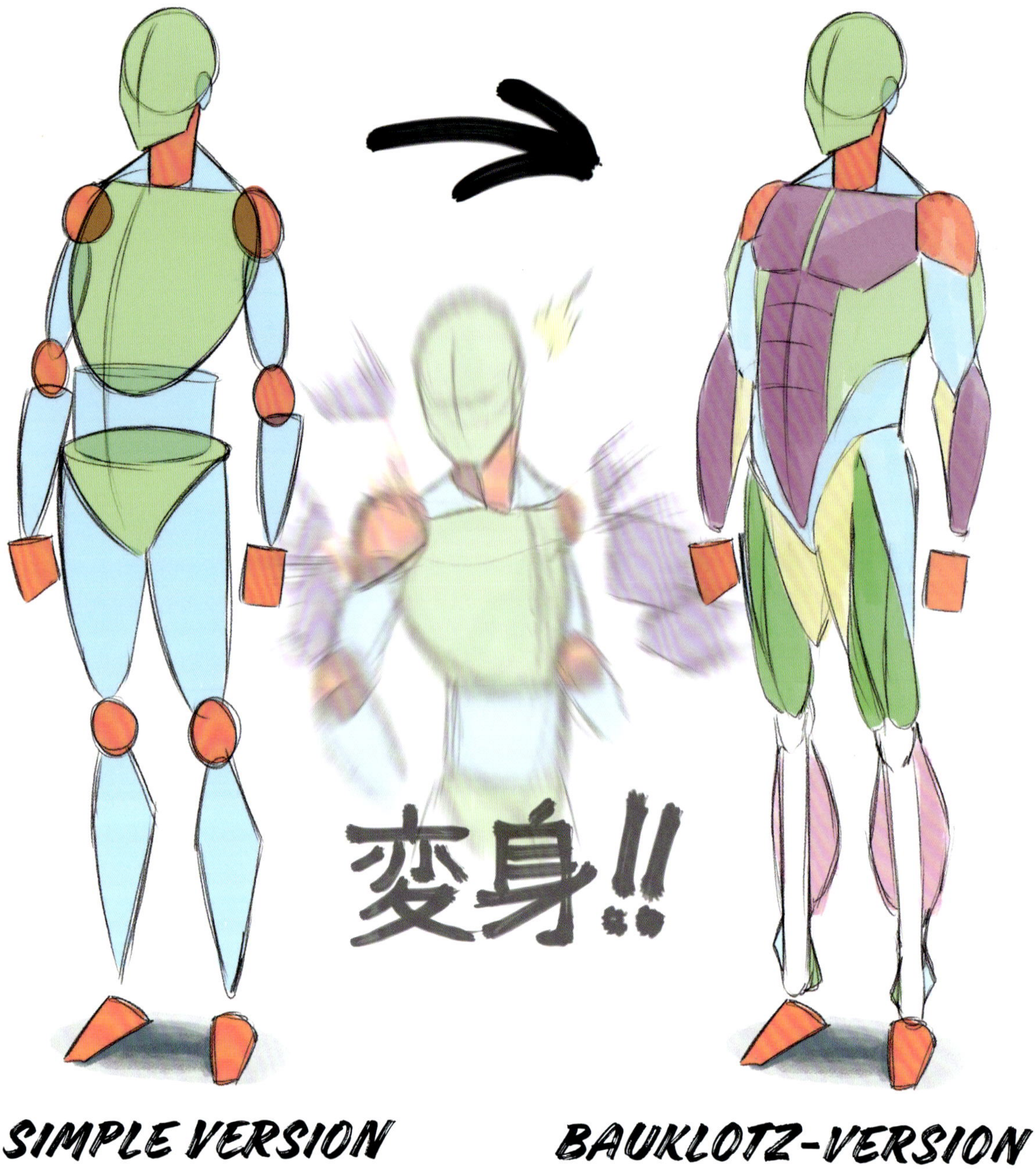

Diese Bauklötze sind praktisch eine vereinfachte Version der Muskeln. Wenn du Menschen auf diese Art aufbauen kannst, werden die anatomischen Details für dich später sehr viel einfacher zu zeichnen sein. Du siehst schon, dass die Figuren etwas komplexer werden – aus diesem Grund war es gut, dass du bisher mit der einfachen Version geübt hast. Ich zeige dir jetzt erst mal jedes Bauteil in der Bauklotz-Version. Und danach geht's richtig ins Detail!

Torso

Arbeiten wir uns von oben nach unten durch. Nach dem Kopf kommt der Torso also zuerst – der ist auch mit am einfachsten.

Auch die Schultern ändern sich! *Nicht vergessen.*

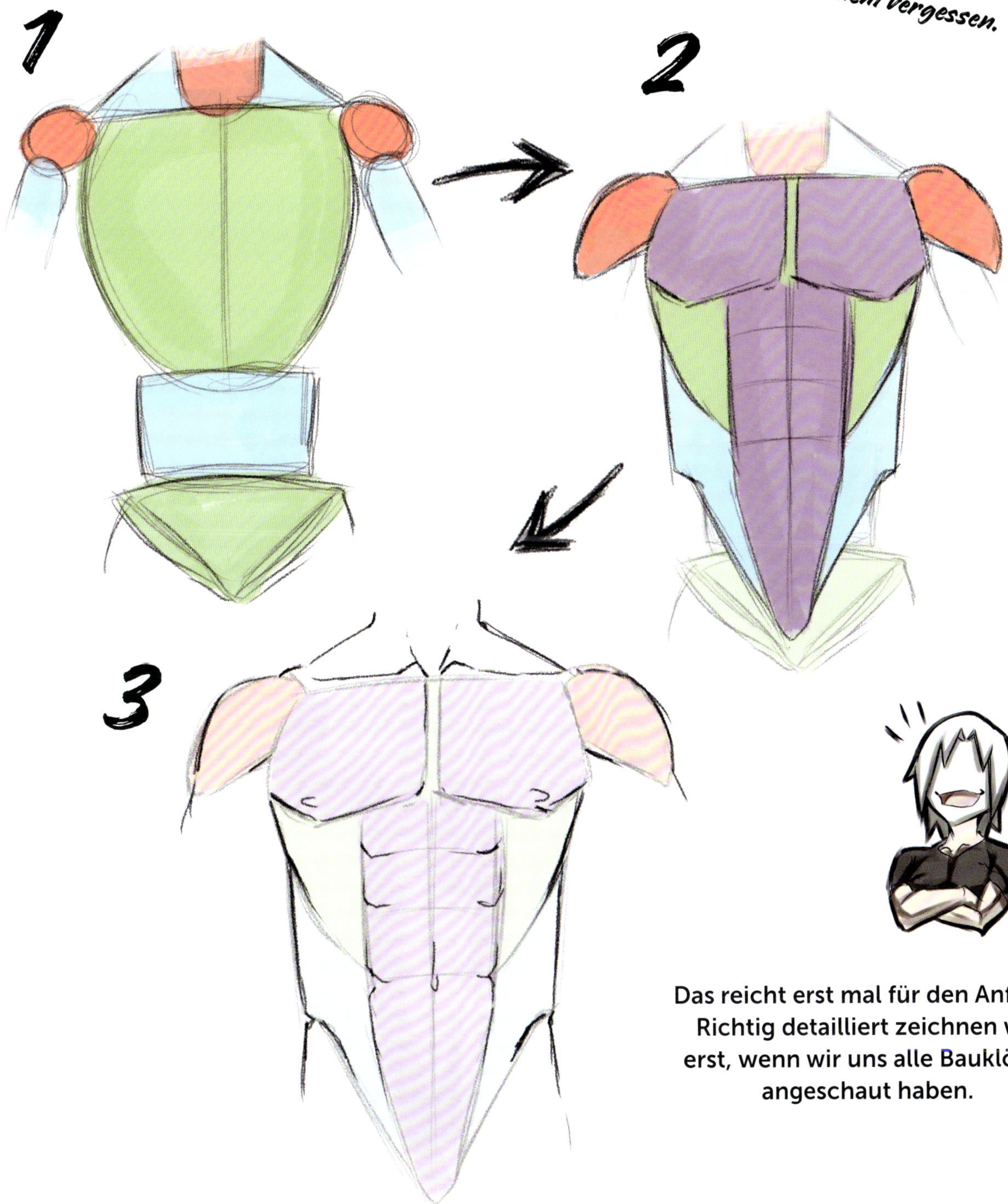

Das reicht erst mal für den Anfang. Richtig detailliert zeichnen wir erst, wenn wir uns alle Bauklötze angeschaut haben.

Rücken

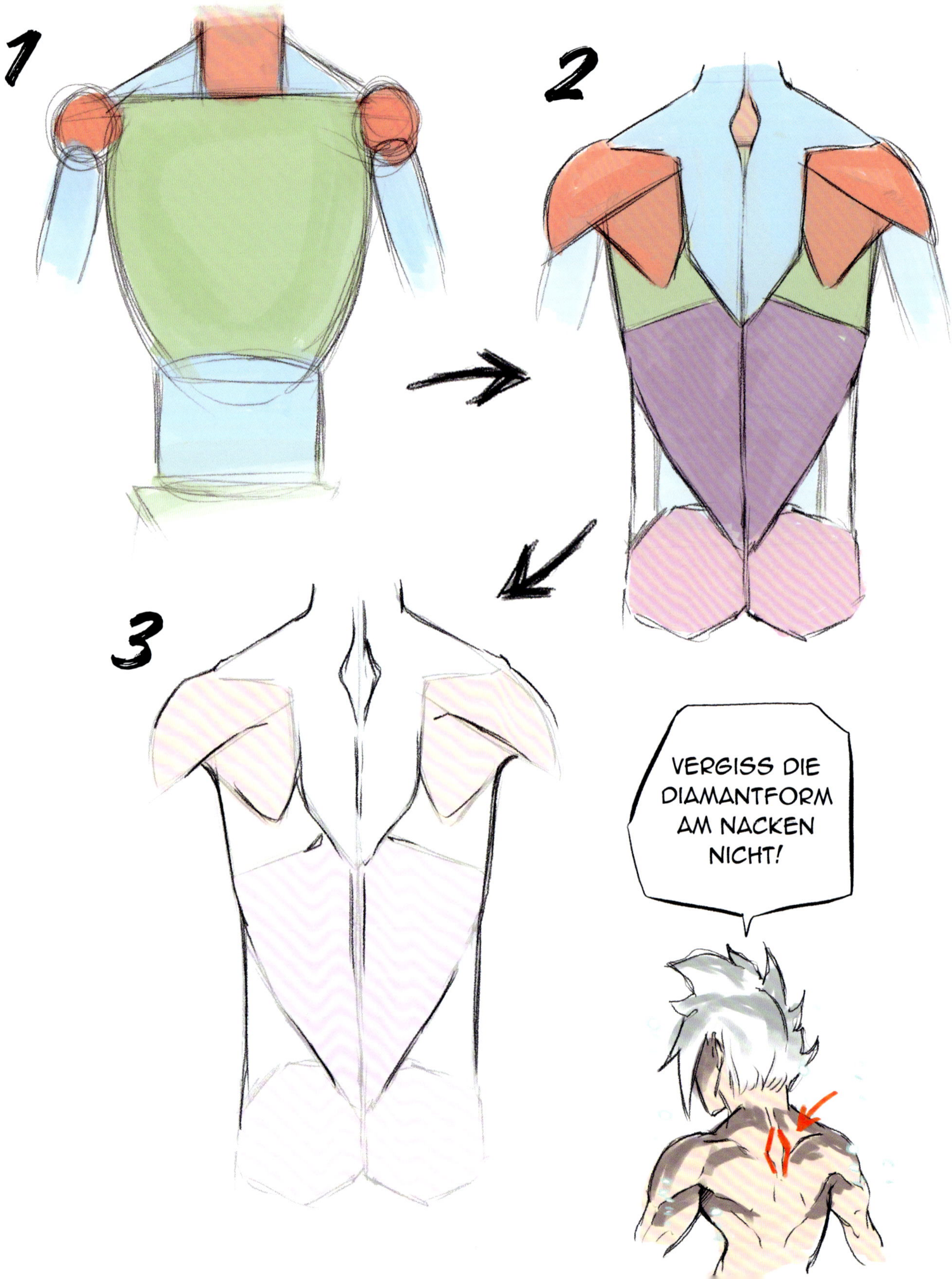

Arme (von vorne)

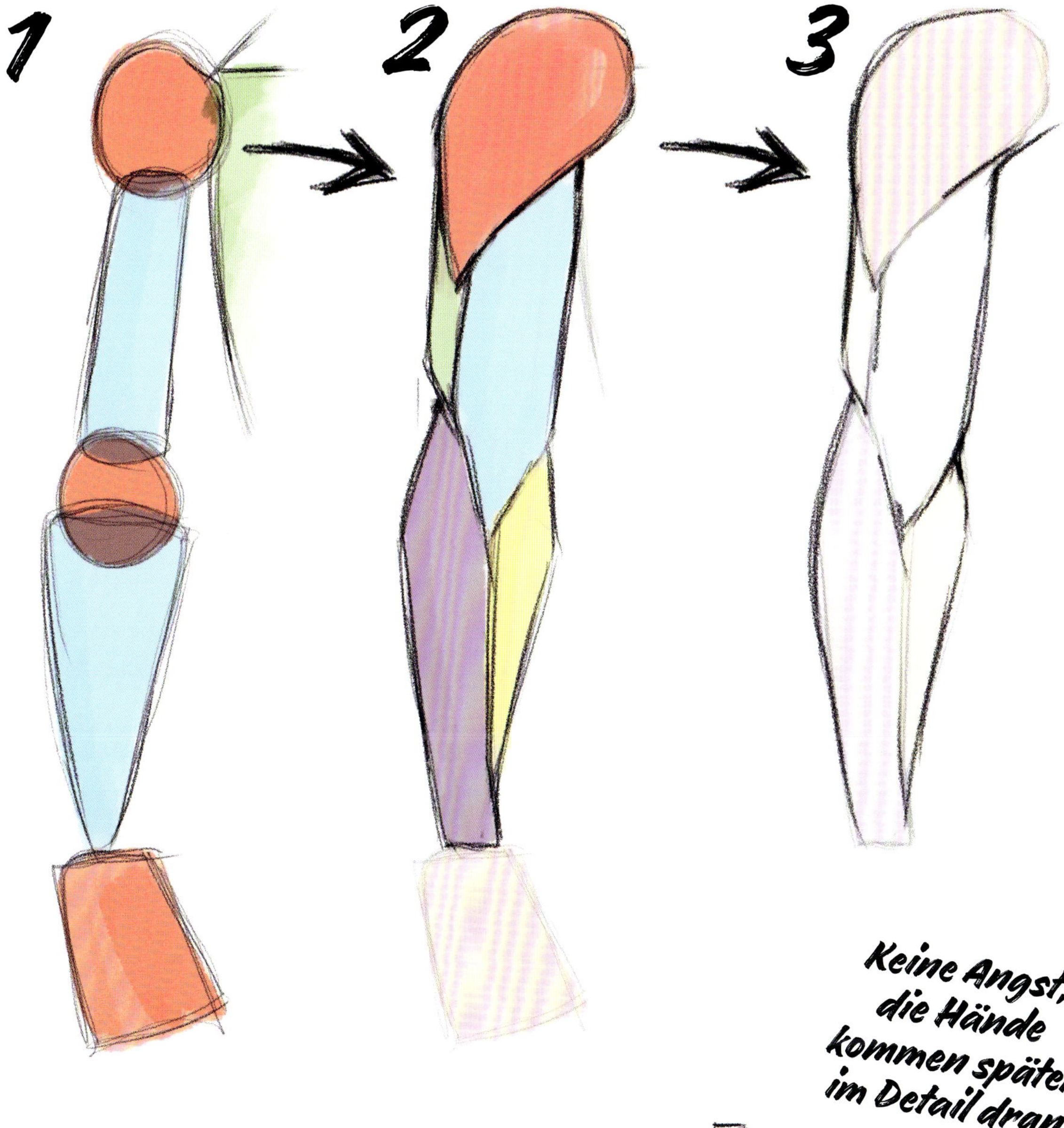

Keine Angst, die Hände kommen später im Detail dran.

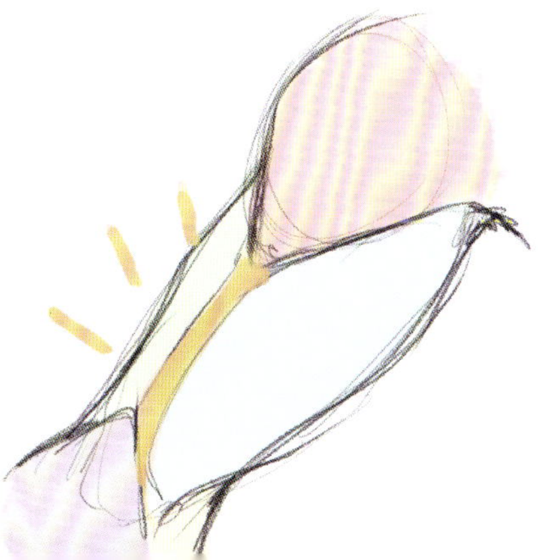

Theoretisch könntest du noch den **Brachialis** mit einzeichnen. Er teilt den **Bizeps** und den **Trizeps**. Da man ihn aber nur bei sehr muskulösen Personen sieht, kannst du ihn vorerst ignorieren.

Arme (von hinten)

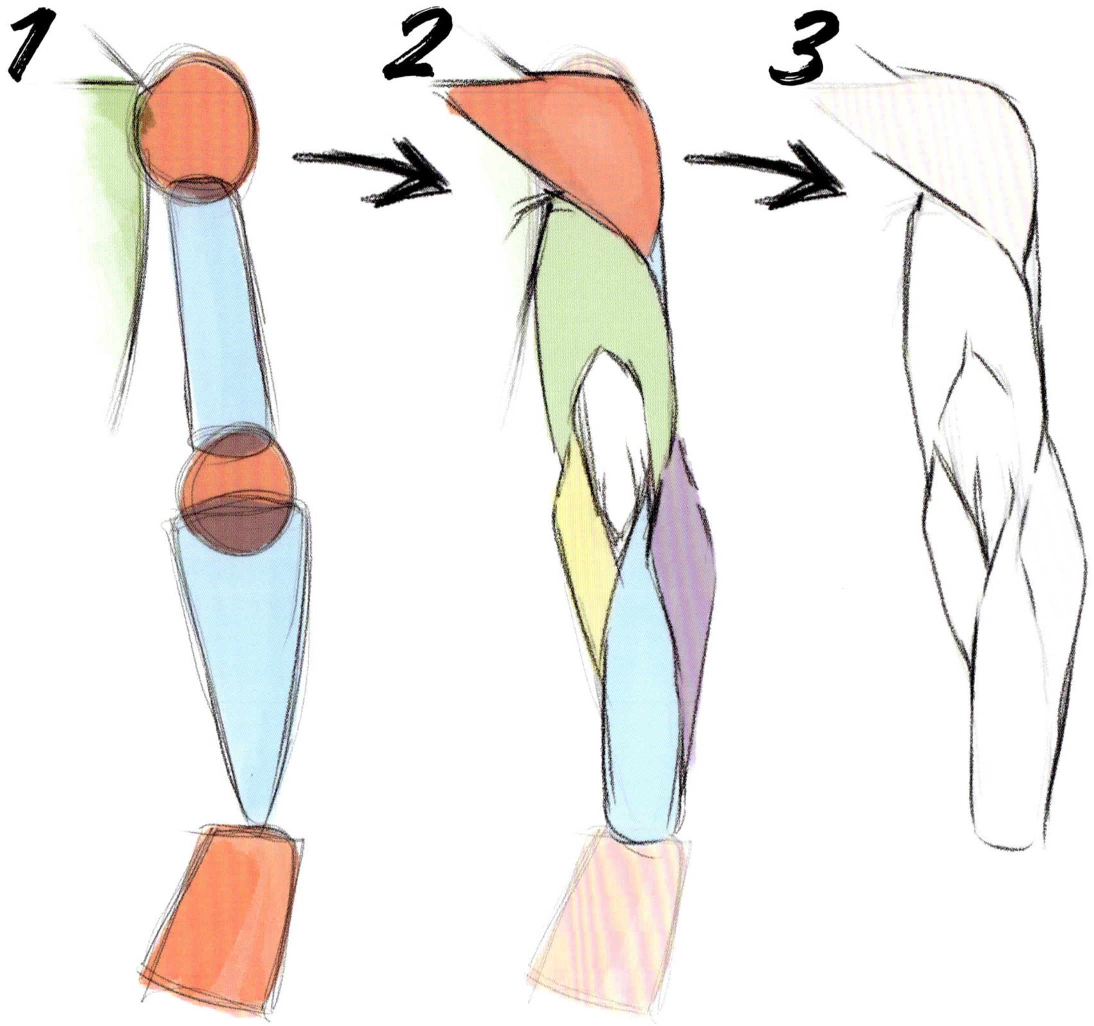

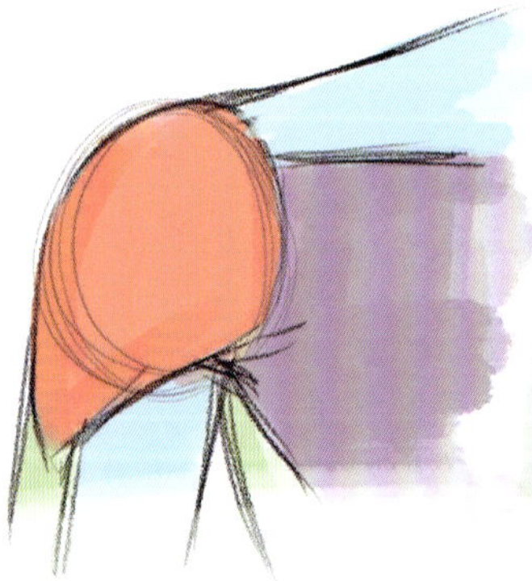

Du siehst mittlerweile schon, dass die Bauklötze von Brust, Rücken und Arm alle ineinandergreifen. Besonders der **Baustein an der Schulter** (**Deltamuskel**) kommt in jeder Ansicht vor. Beim Verbinden der Körperteile kannst du dich also gut an ihm orientieren.

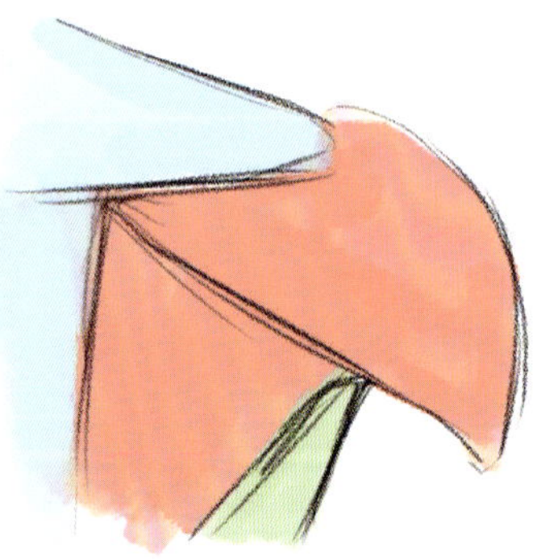

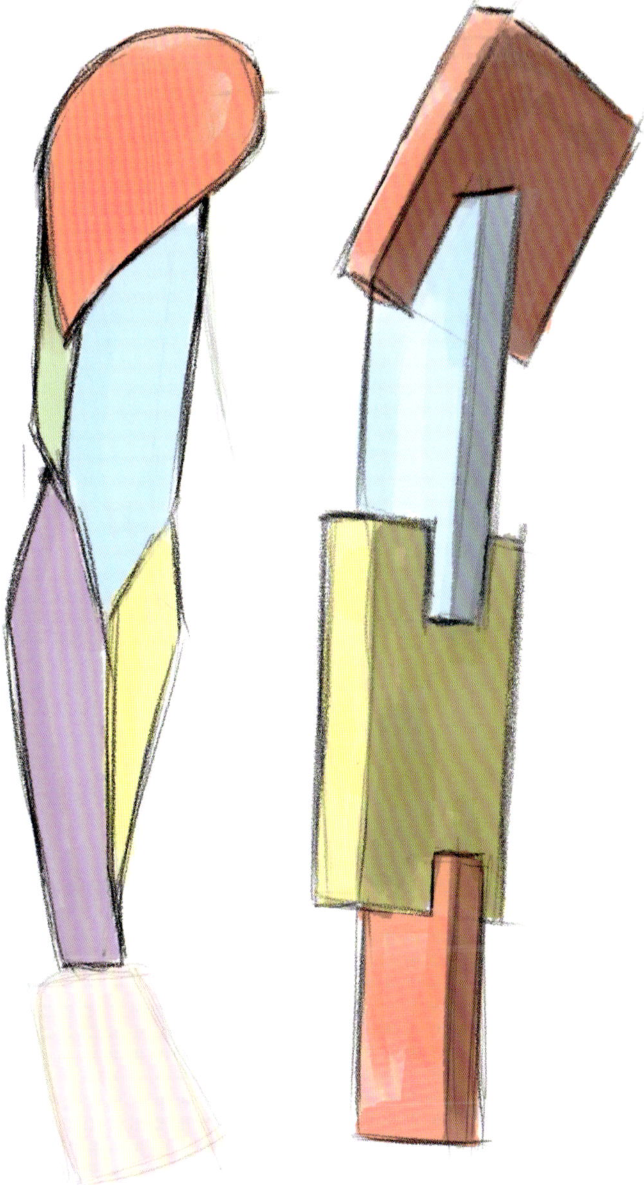

Der beste Tipp, um Arme zu zeichnen ist, sich den Arm wie eine Kette vorzustellen. Die Teile greifen regelrecht ineinander, wie die Glieder bei einer geschmiedeten Kette. Die Farben der Arm-Kette habe ich hier simpler gehalten, um das Bild anschaulicher zu machen.

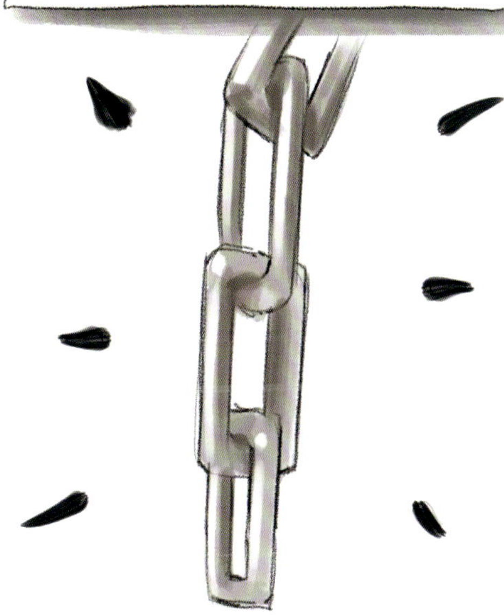

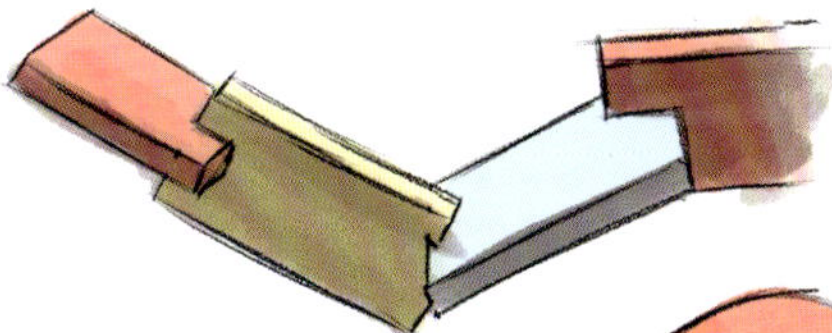

AUFBAU EINES ARMS

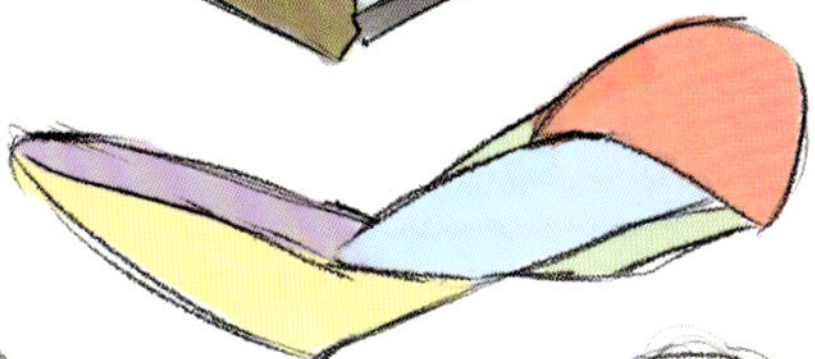

BAUKLÖTZE

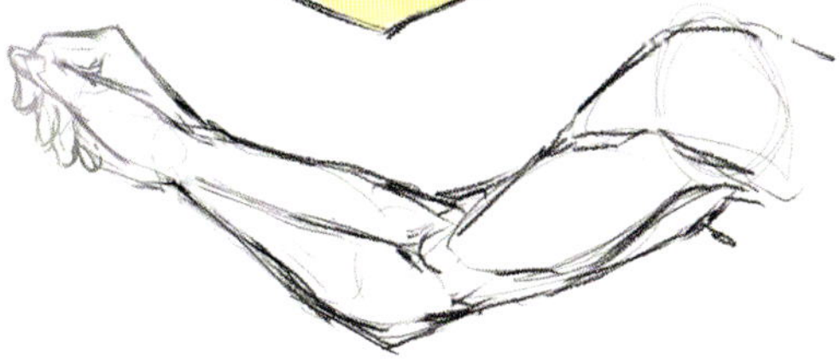

FERTIGER ARM

Beine (von vorne)

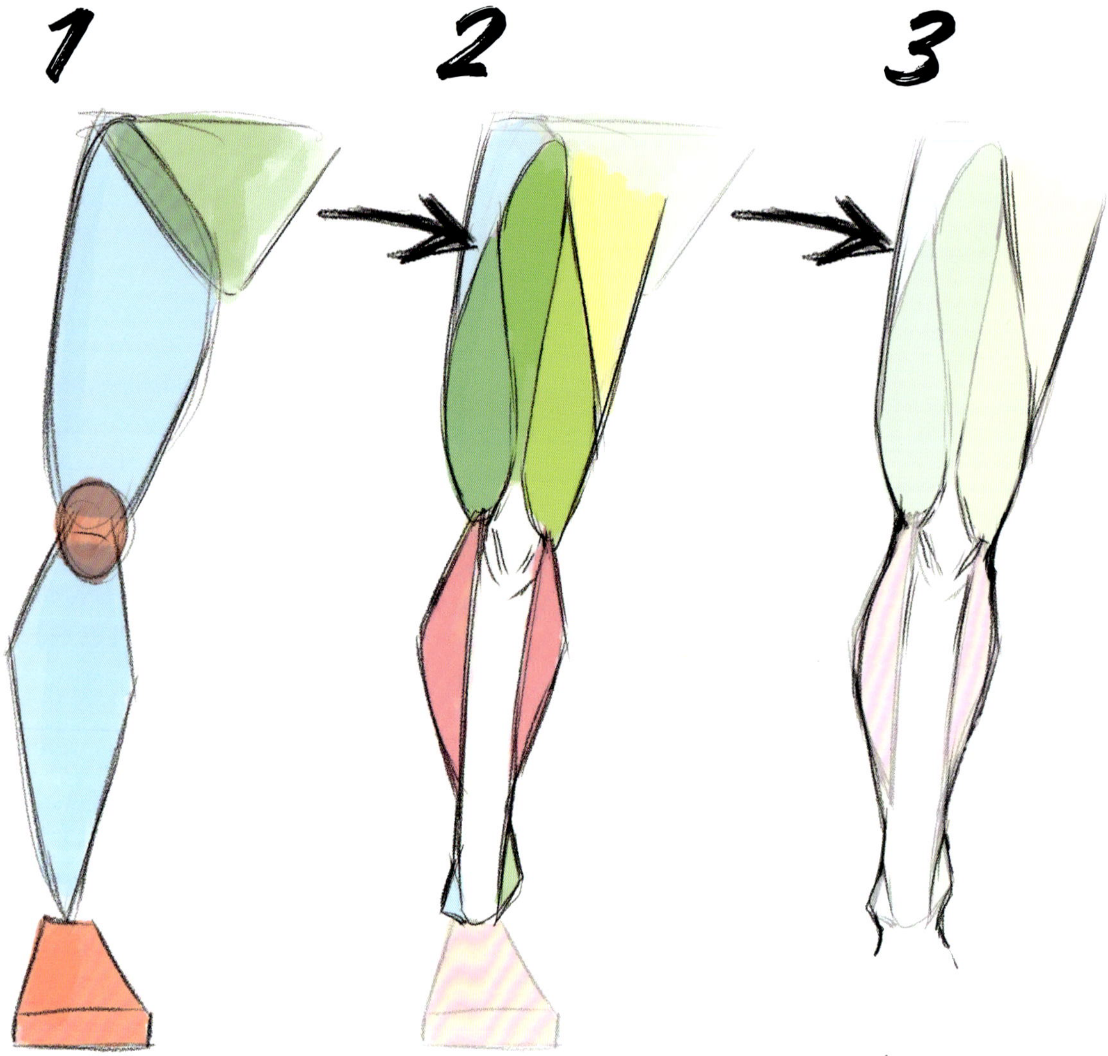

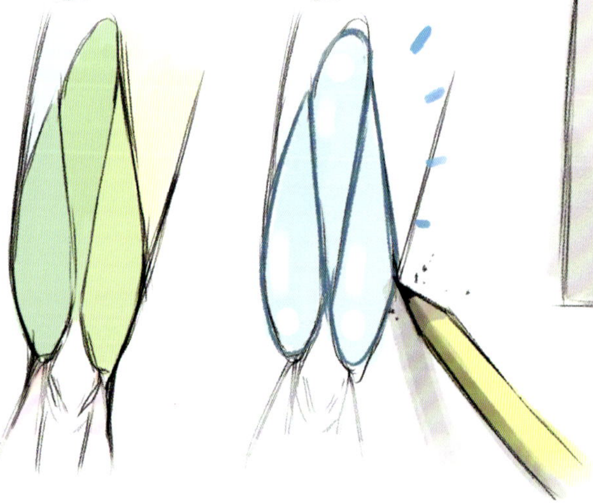

Die wichtigste Muskelgruppe ist hier der **Quadrizeps**. Ich habe die Muskeln dieser Gruppe grün gekennzeichnet. Du kannst sie jeweils einfach in Form eines Regentropfens zeichnen.

Beine (von hinten)

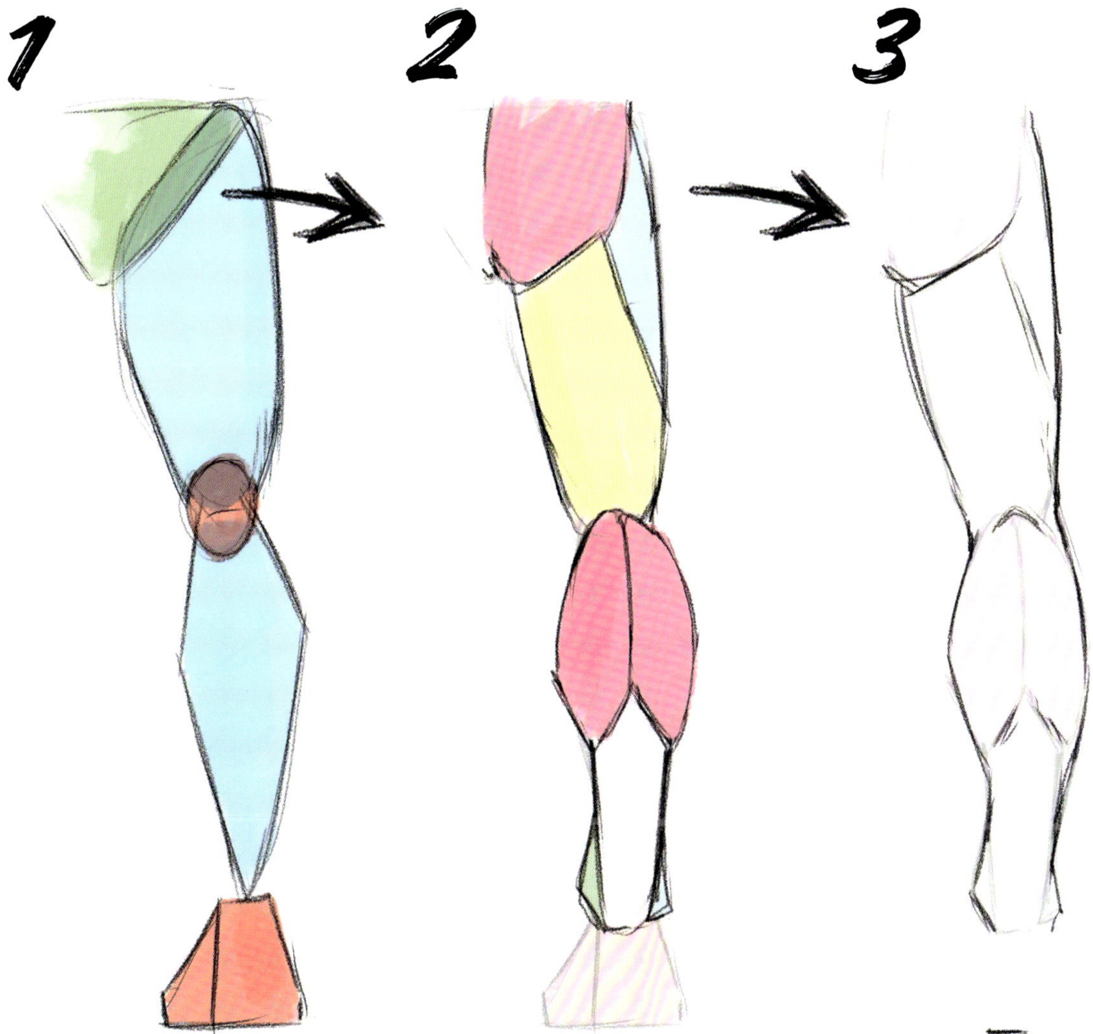

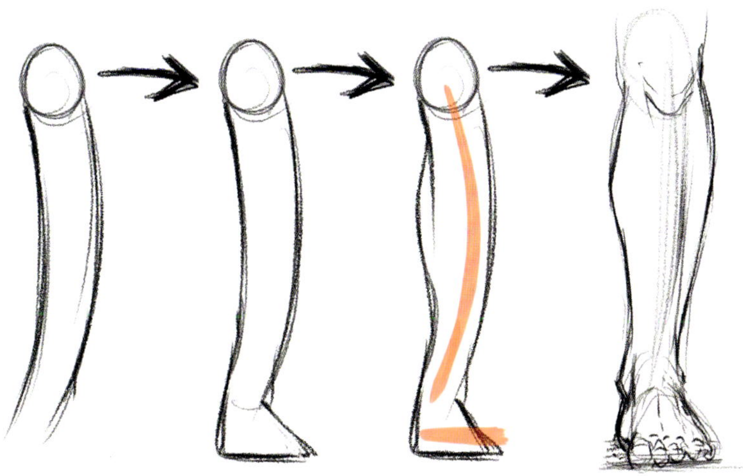

Ein Bein ist **keinesfalls gerade**! Das Bein ist immer zur Außenseite gebogen und balanciert sich selbst wieder über dem Fuß aus. Hier links siehst du eine sehr vereinfachte Darstellung davon.

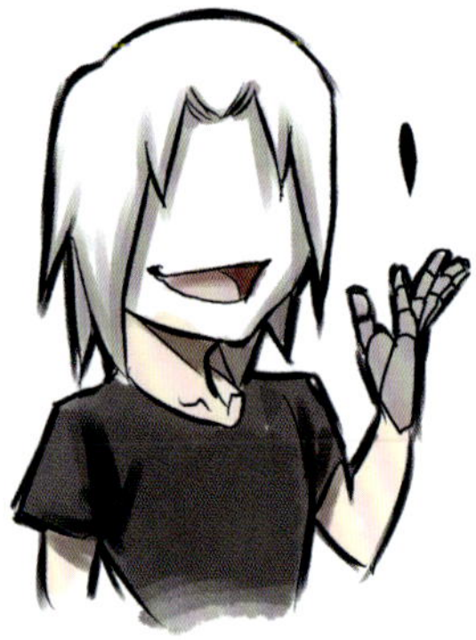

Hände

Das Thema „Hände zeichnen“ ist ein absolutes Hassthema vieler Zeichner*innen. Wenn man Hände aber von Grund auf mit der Bauklotzmethode lernt, wird es einfacher, eine Hand aufzubauen. Selbst Profis bauen Hände immer erst mit simplen Formen auf, bevor sie sie detailliert zeichnen.

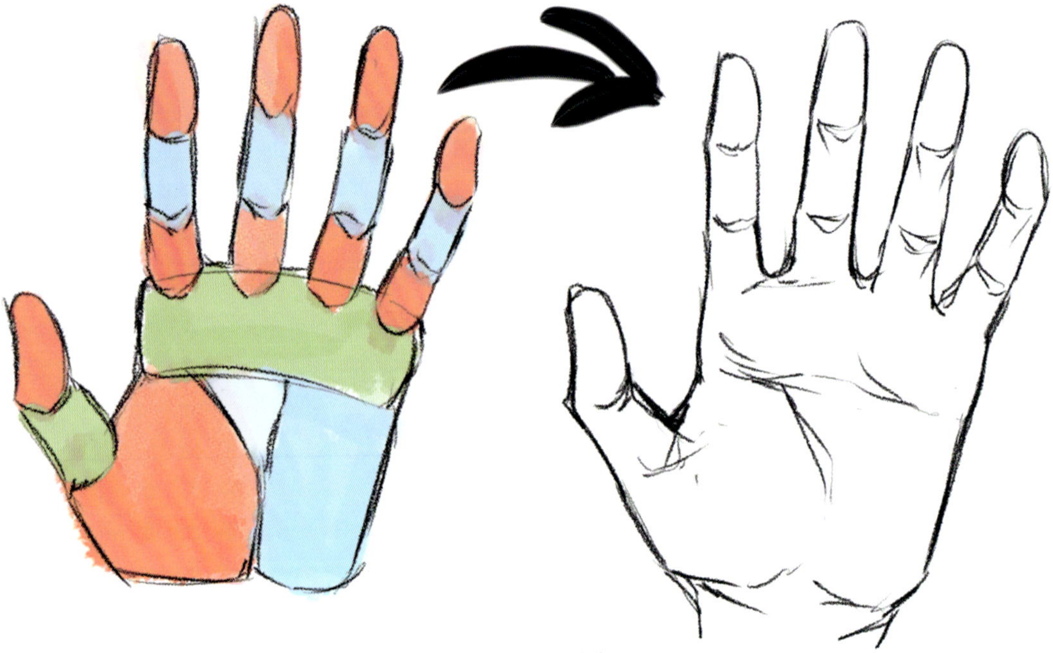

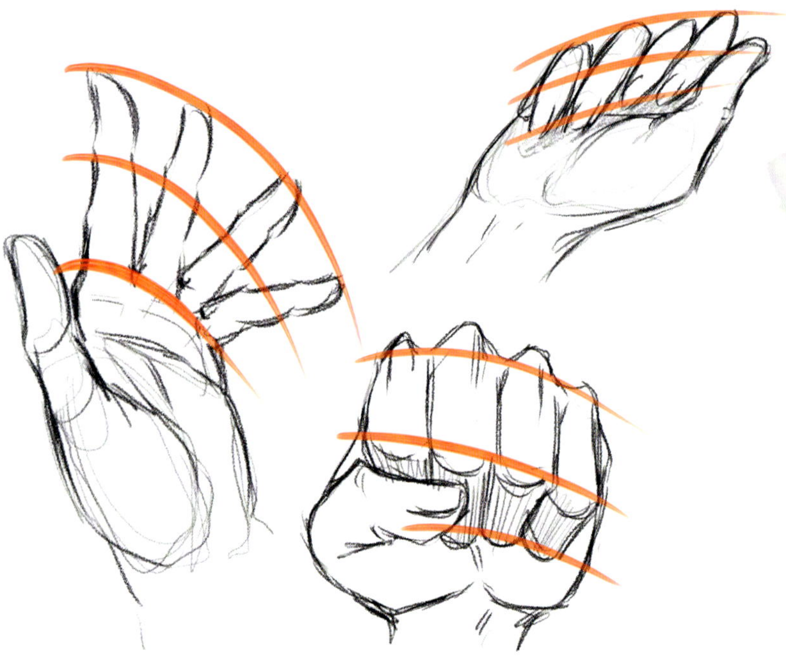

Die Fingerspitzen und Knöchel ergeben in der Regel immer eine Fächerform. Wenn du dir also nicht sicher bist, ob ein Finger zu lang oder zu kurz ist, kannst du so überprüfen, ob du auf dem richtigen Weg bist.

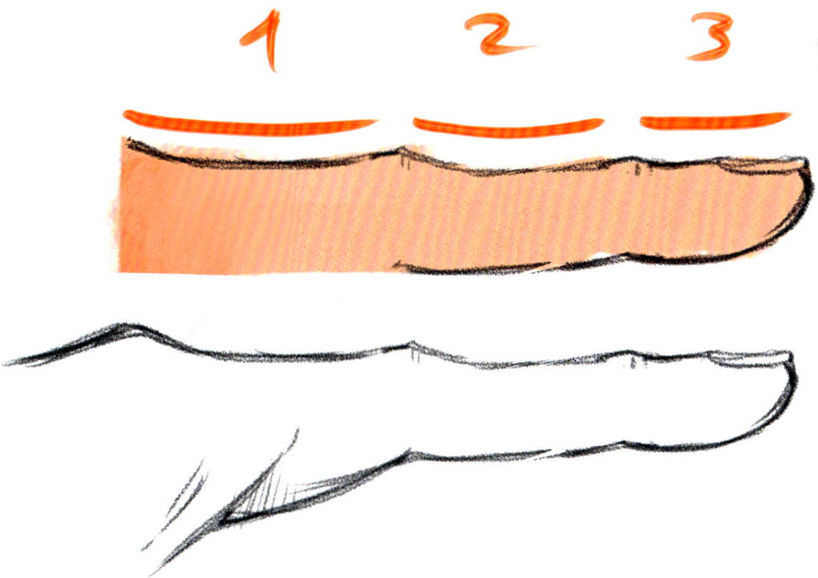

Anstatt deine Finger wie Würste zu zeichnen, solltest du sie in drei Teile unterteilen. Immerhin enthält jeder Finger auch drei Knochen.

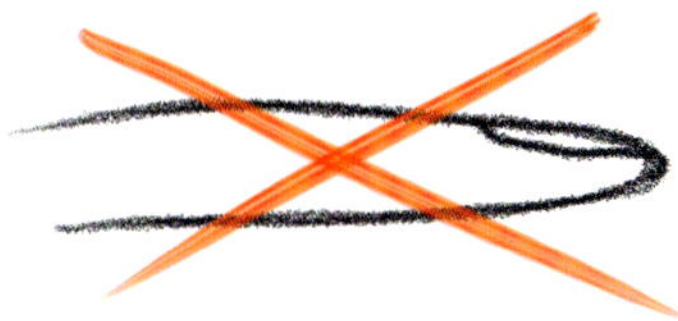

DIE OBERSEITE DER FINGERKUPPE IST DURCH DEN FINGERNAGEL FLACH GEFORMT.

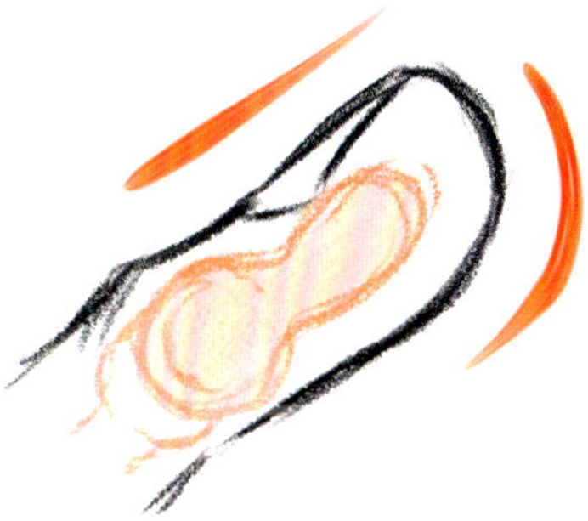

DER LETZTE KNOCHEN DES FINGERS IST RUND. ALSO MUSS AUCH DER FINGER RUND ENDEN.

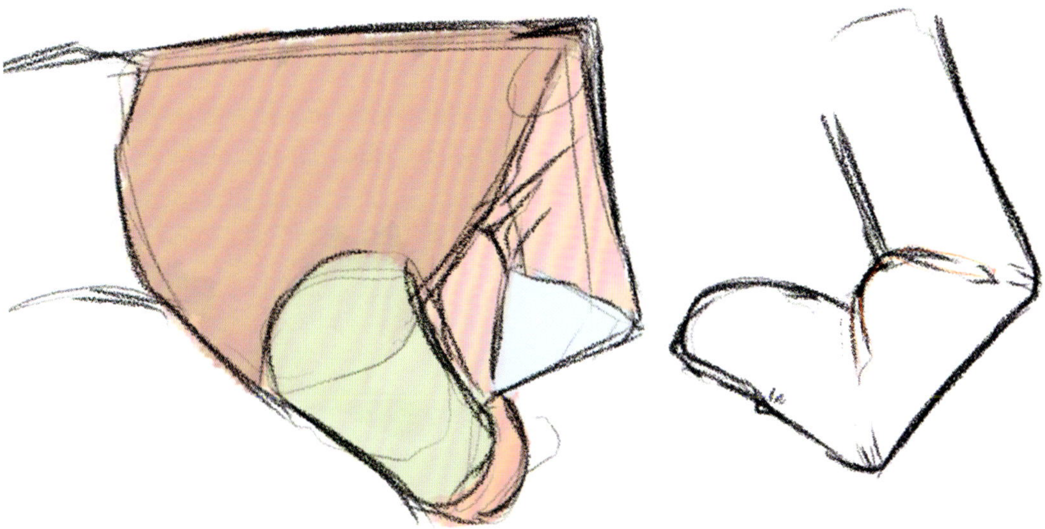

VERGISS NICHT, DIE FALTEN MIT DAZUZUZEICHNEN!

Auch bei einer Hand ist der anfängliche Aufbau wie immer das **Wichtigste**! Wenn die Grundform deiner Hand wackelig ist, wird später die ganze Hand schief und krumm. Wie ein Haus, das auf schiefem Fundament gebaut wurde. Zeichne also erst dann detailliert, wenn das Grundgerüst stimmt.

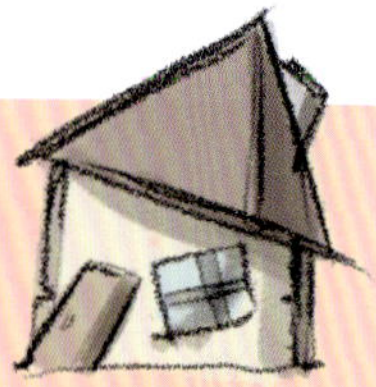

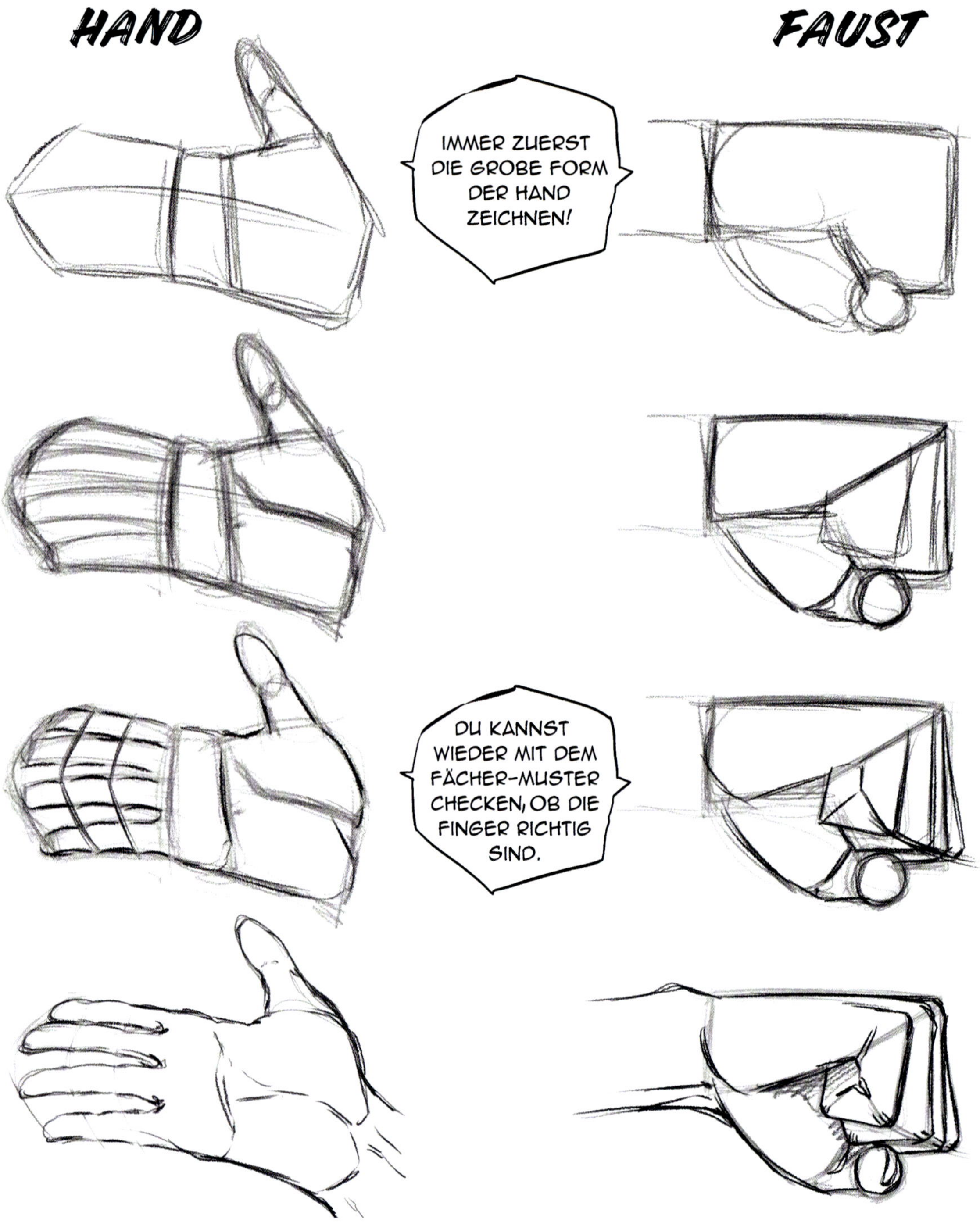

Die Finger sind über die **Knöchel** mit der Hand verbunden. Dieser Teil ist also ganz besonders dick. Auch die Sehnen, die auf den Knöcheln liegen, kann man gut erkennen.

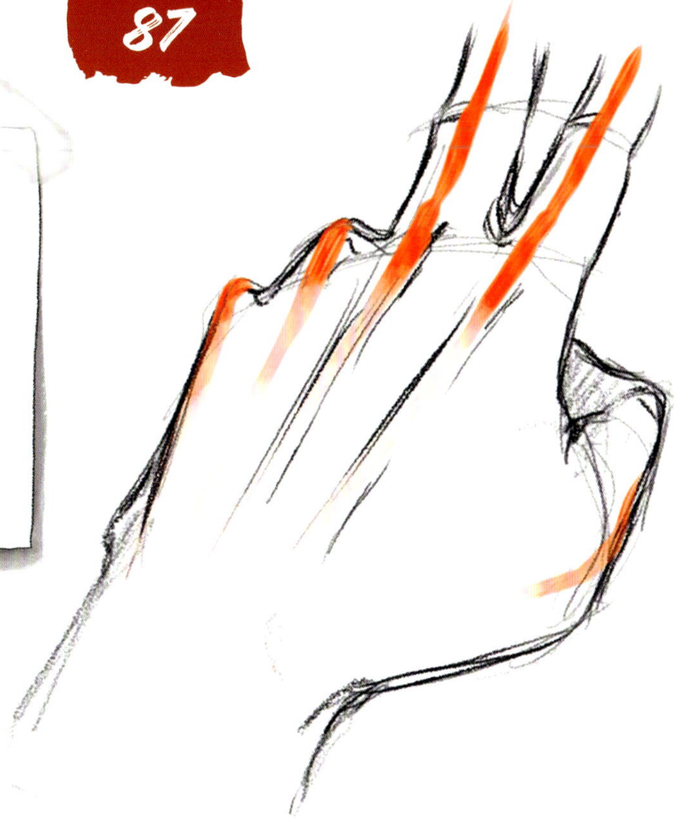

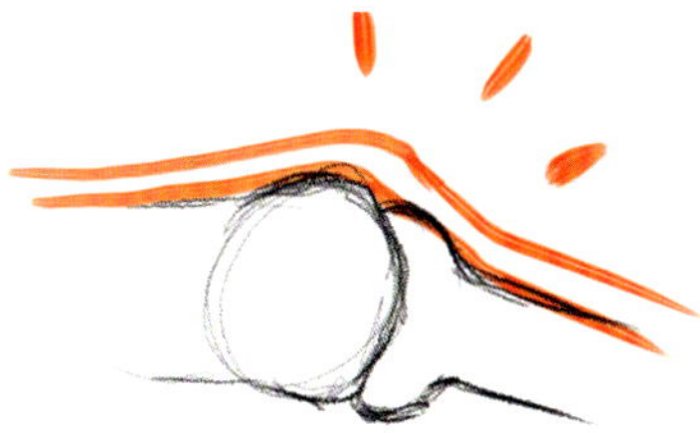

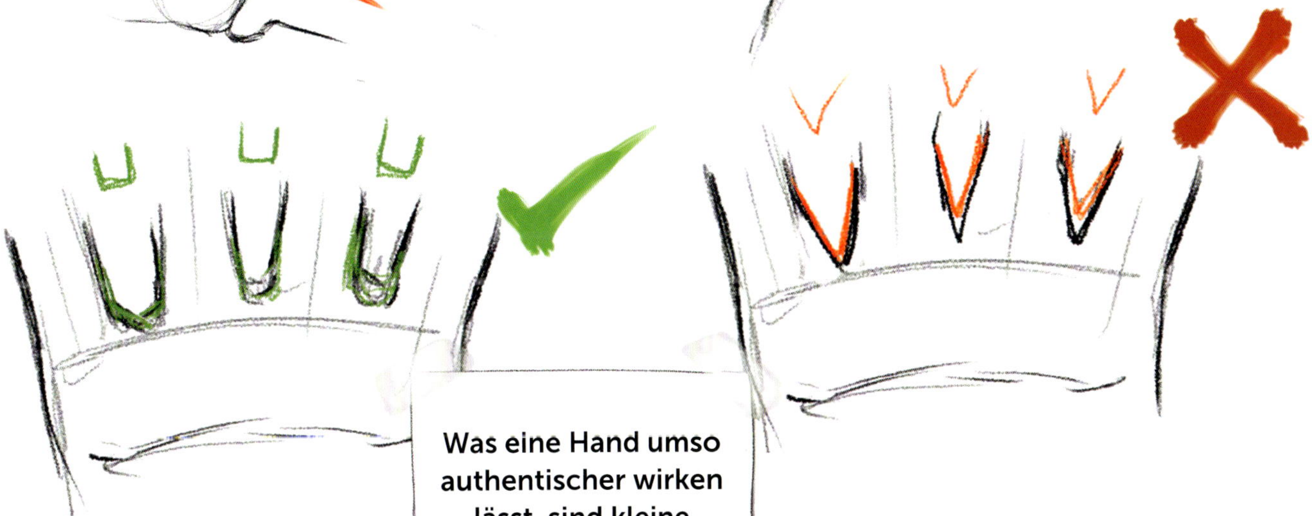

Was eine Hand umso authentischer wirken lässt, sind kleine Details, wie hier bei den Zwischen-räumen der Finger.

Wenn du noch Probleme beim Zeichnen von Händen hast, kannst du dir gerne meine Videos auf YouTube zu dem Thema anschauen und ein paar Übungen mitzeichnen.

Hier geht's zu den Videos

Hände zeichnen in 10 Minuten

Hände zeichnen üben

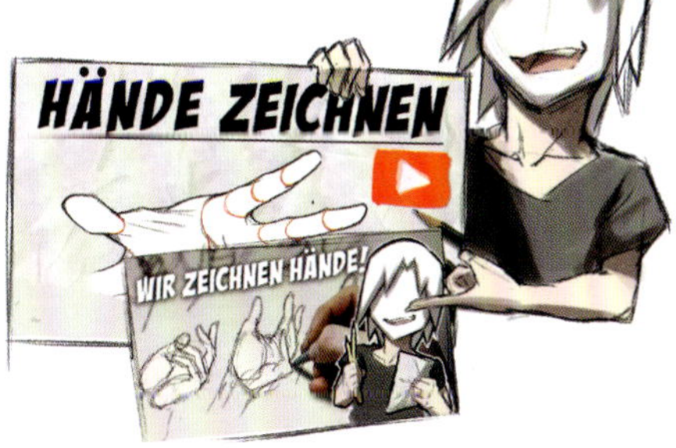

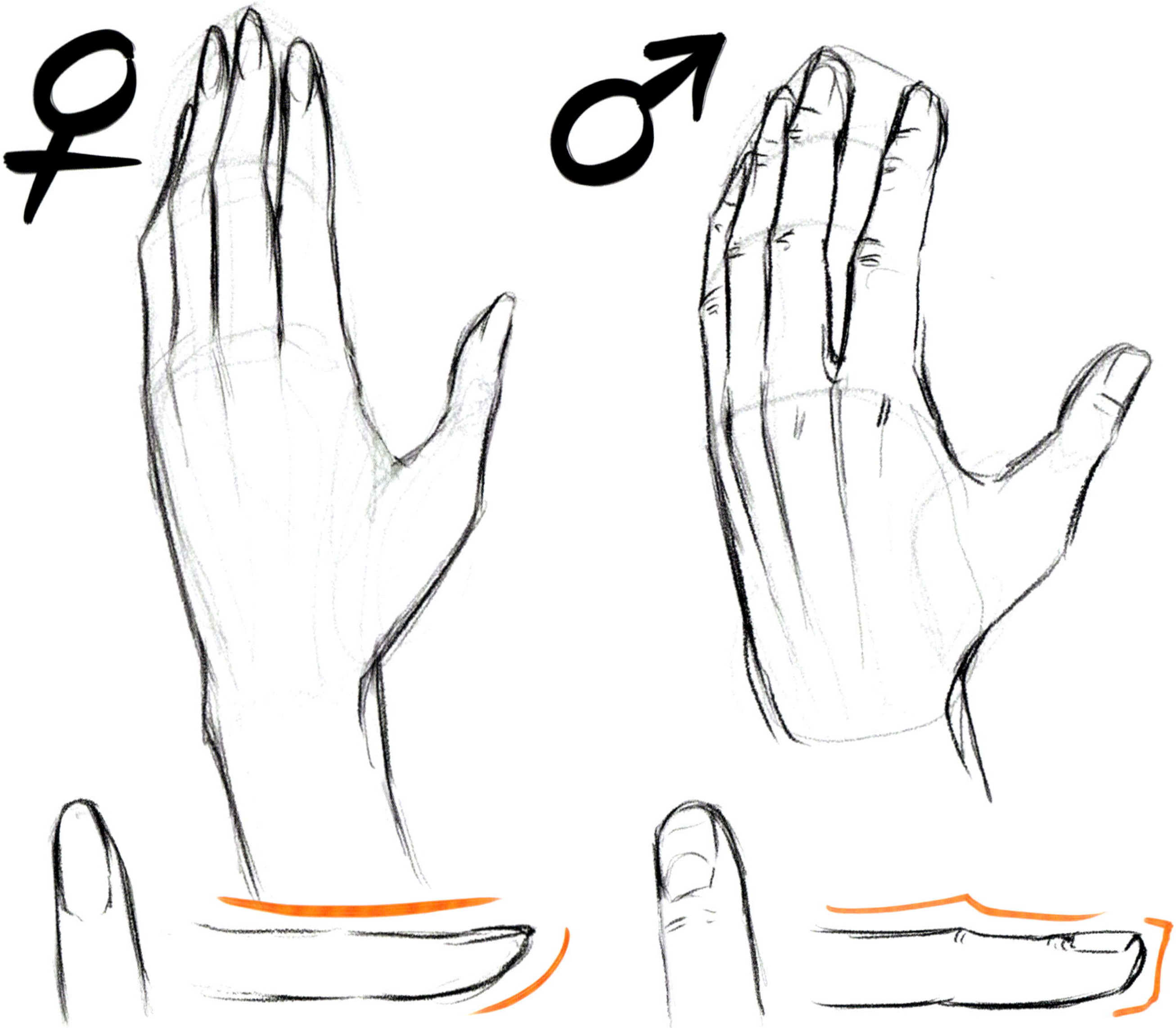

Was eine Hand
„typisch weiblich“
erscheinen lässt:

- runde Formen
- wenige Falten & Details
- ovale Fingernägel
- ovale Fingerkuppen

Was eine Hand
„typisch männlich“
erscheinen lässt:

- harte Formen
- Falten & Details
- eckige Fingernägel
- kantige Fingerkuppen

HAND ♂

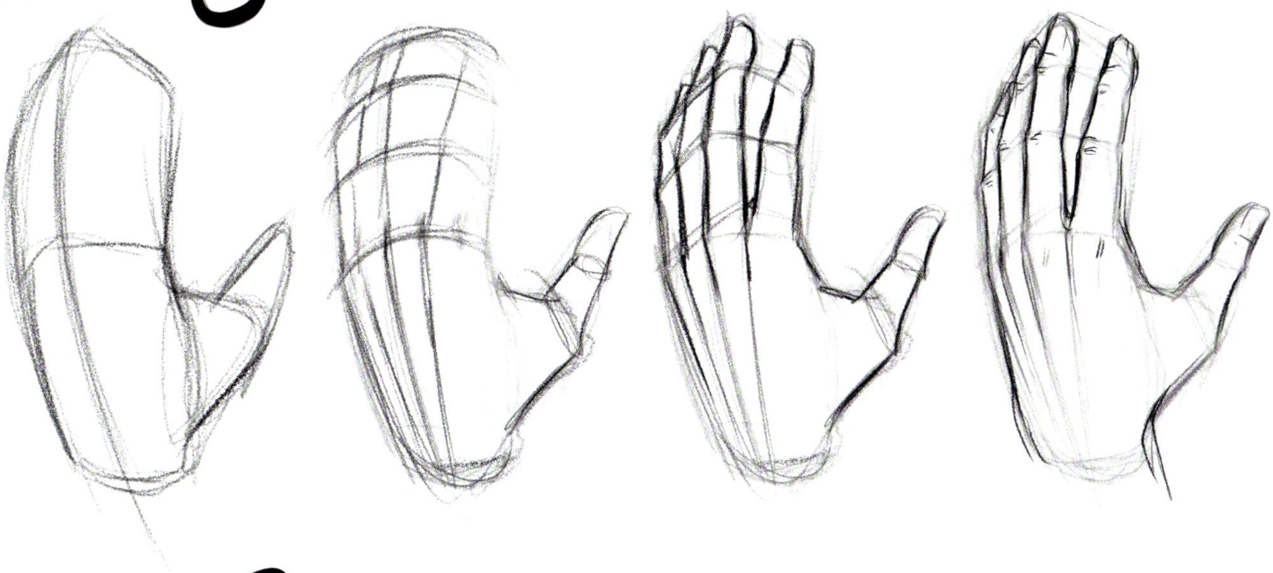

HAND ♀

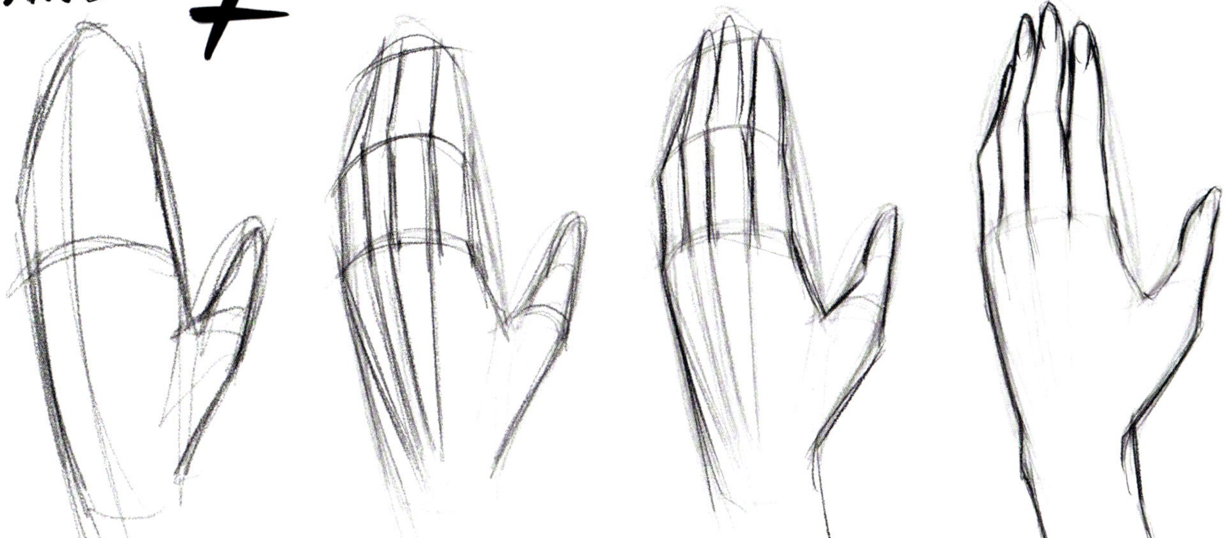

Um eine Hand weiblicher aussehen zu lassen, überspringe ich manchmal auch den letzten Knöchel am Fingerende. Das wirkt filigraner.

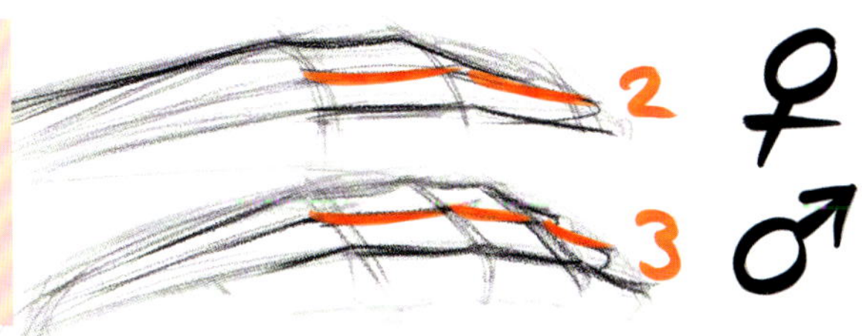

Füße

Weil ein Fuß wie eine „Feder" funktioniert, die für unsere Balance sorgt, ist er komplett anders aufgebaut als die bisher behandelten Körperteile. Am besten stellt man sich einen Fuß wie eine Konstruktion vor, die die Balance **vorne** und **hinten** hält.

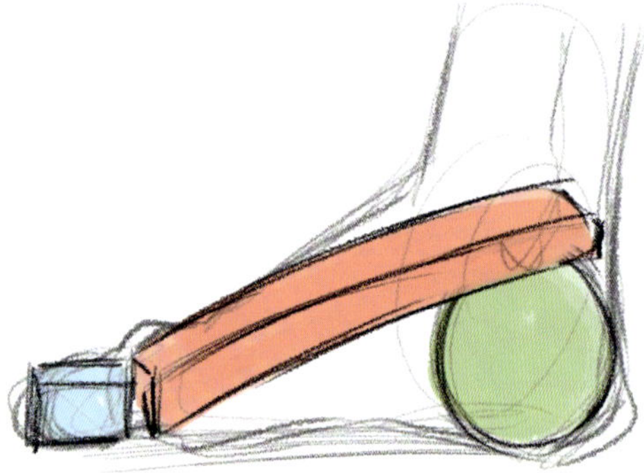

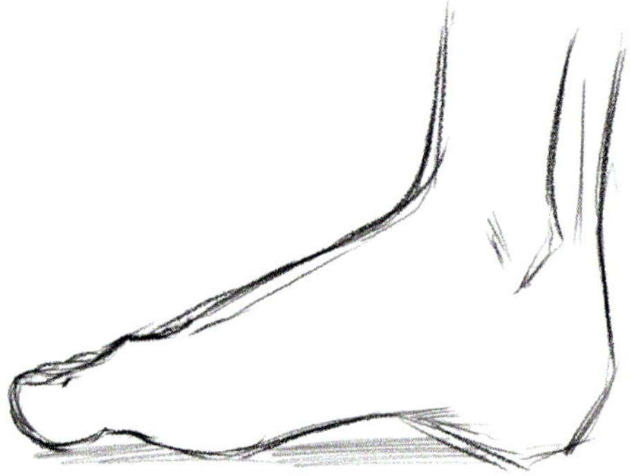

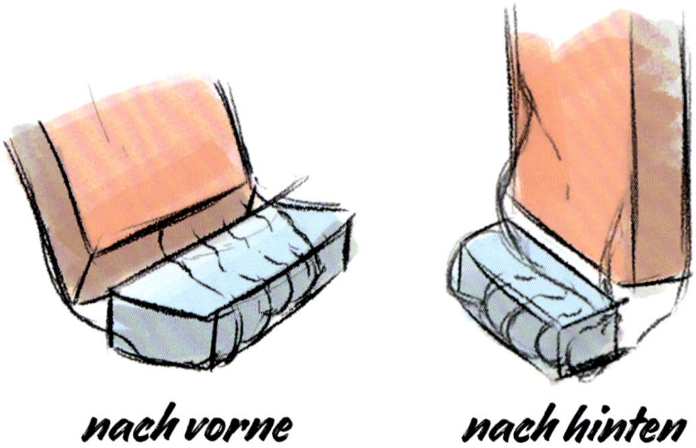

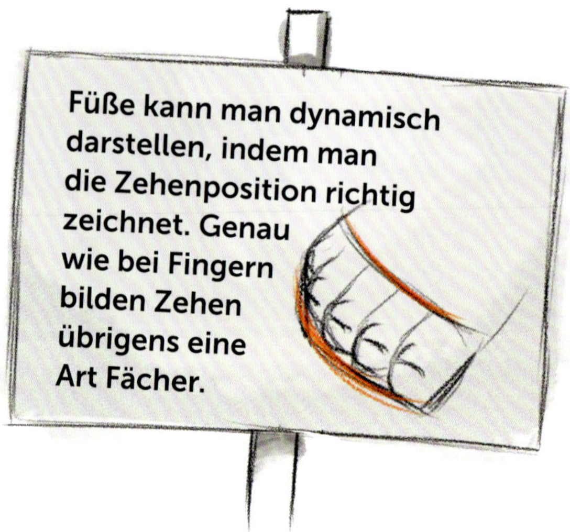

Auch wenn man Zehen genauso wie Finger mithilfe eines Fächers zeichnen kann, funktionieren sie etwas anders. Zum Beispiel laufen alle Zehen gemeinsam nach vorne etwas „spitz" zu:

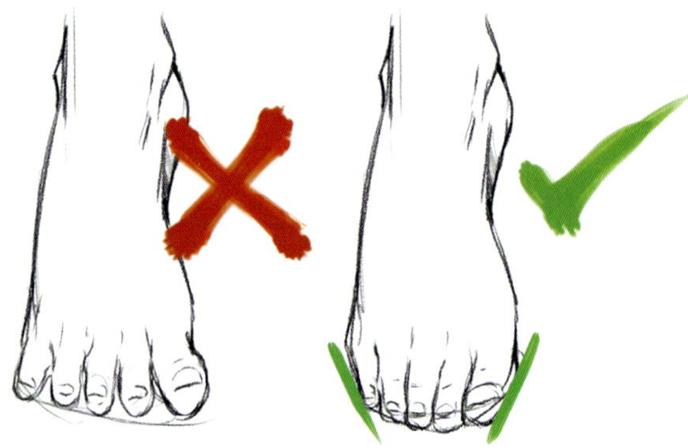

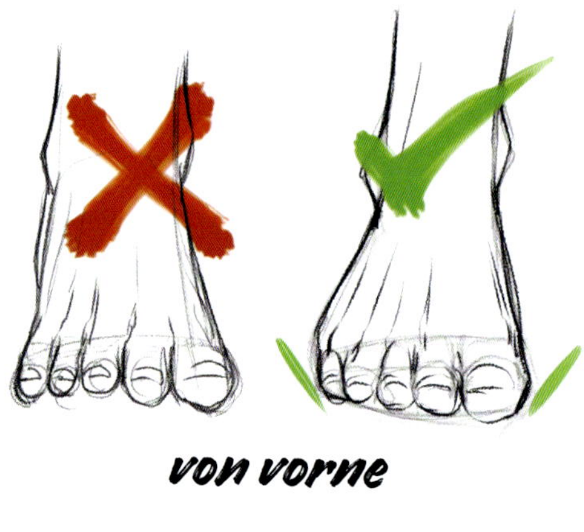

Ein Fuß ist nicht gerade, sondern immer zur Innenseite hin gekrümmt.

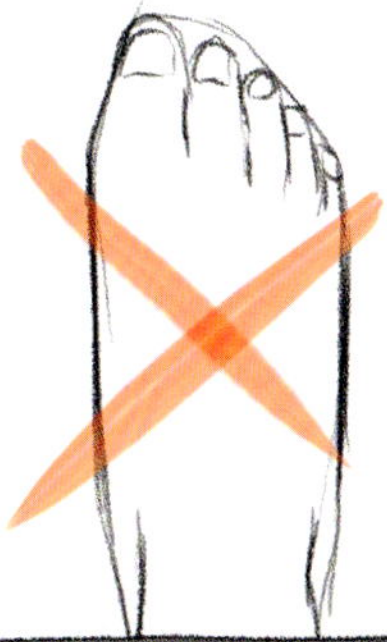

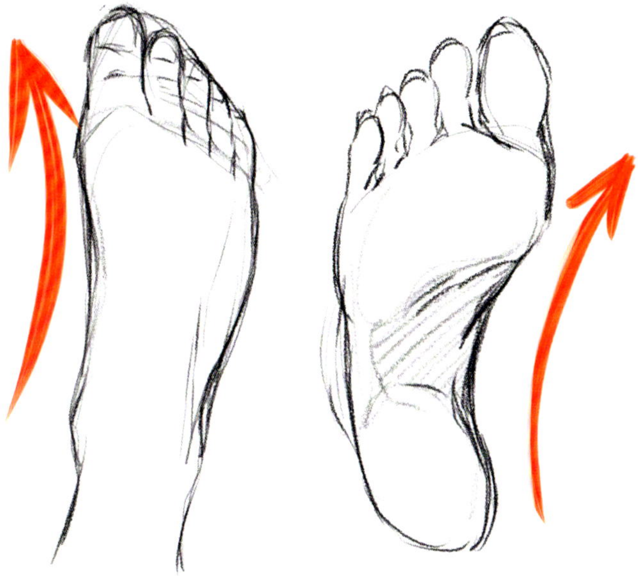

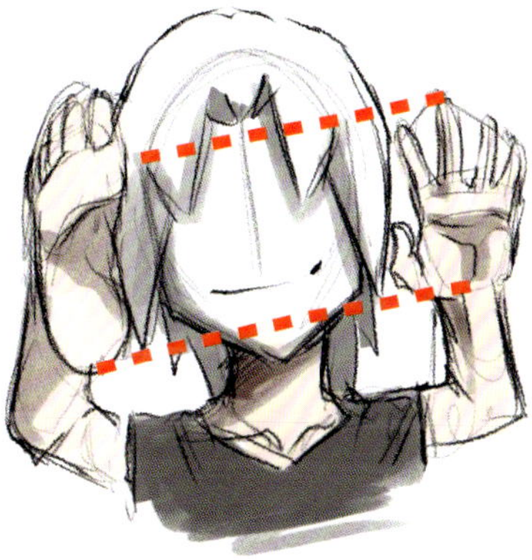

Deine Füße sind größer, als du denkst – tatsächlich sogar größer als deine Hände! Während deine Hände ungefähr so groß wie dein Gesicht sind (oder vielleicht ein wenig **kleiner**), ist dein Fuß definitiv **größer** als dein Gesicht.

... und das, obwohl ich nicht mal ein Gesicht habe!

zu klein

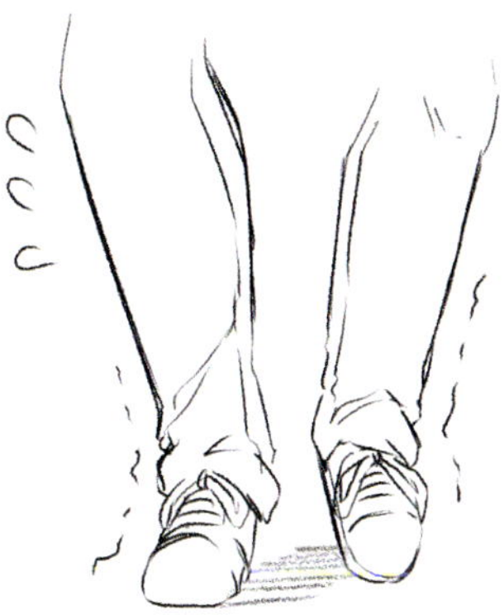

zu groß

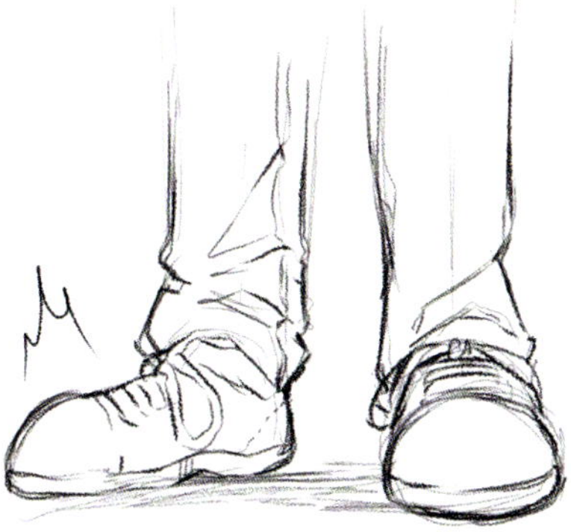

Sieht aber trotzdem nicht schlecht aus!

Auch wenn es auf den ersten Blick vielleicht „hübscher" aussieht, kleine Füße zu zeichnen, gilt bei Füßen eher die Regel „besser zu groß als zu klein", da der Charakter sonst unbalanciert erscheint.

Ein Zeh hat, wie auch ein Finger, eigentlich **drei Knochen**. Allerdings zeichnet man hier nicht alle drei Teile ein, wie bei der Hand, sondern unterteilt ihn nur in **zwei Teile**, weil der dritte Knochen sehr klein ist.

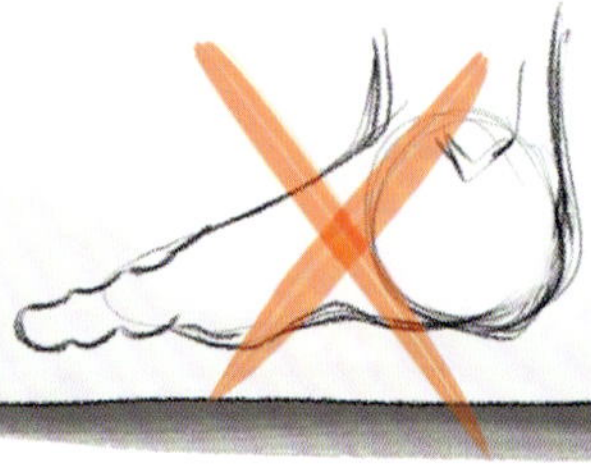

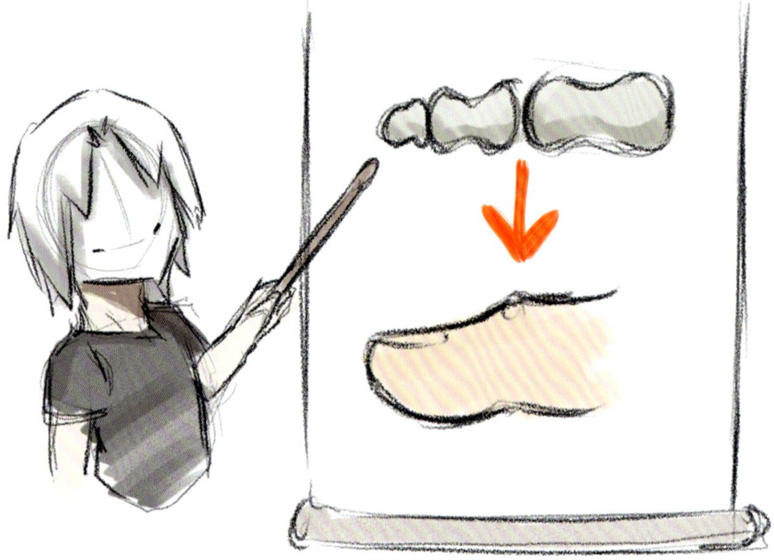

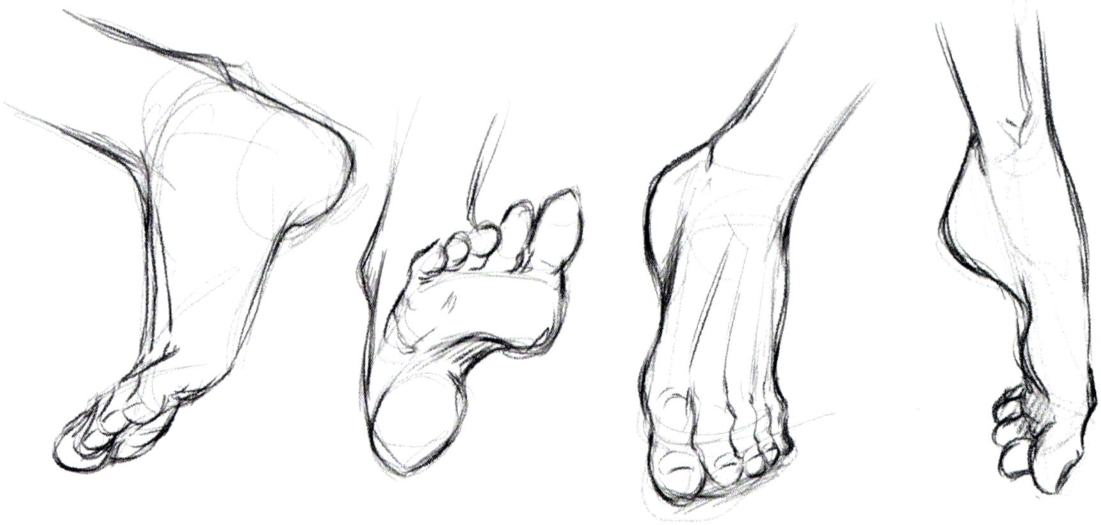

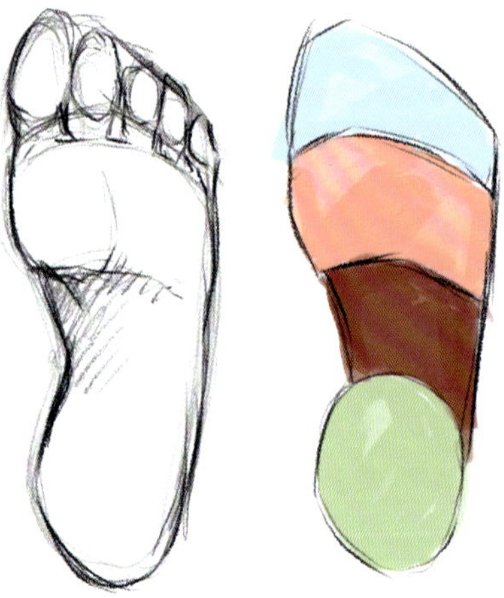

Wie auch die Hände kannst du Füße zuerst in einer sehr simplen, vereinfachten Form zeichnen.

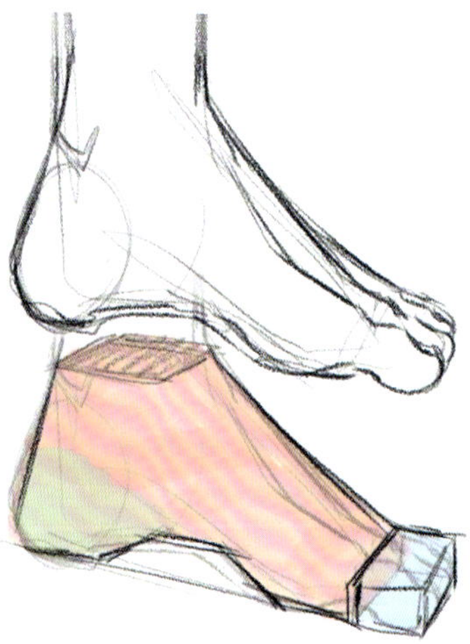

Seite

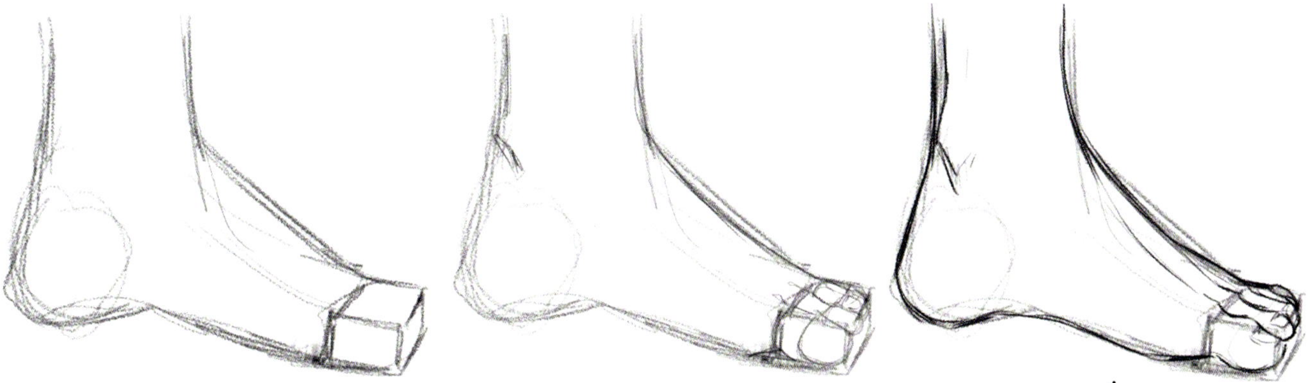

vorne

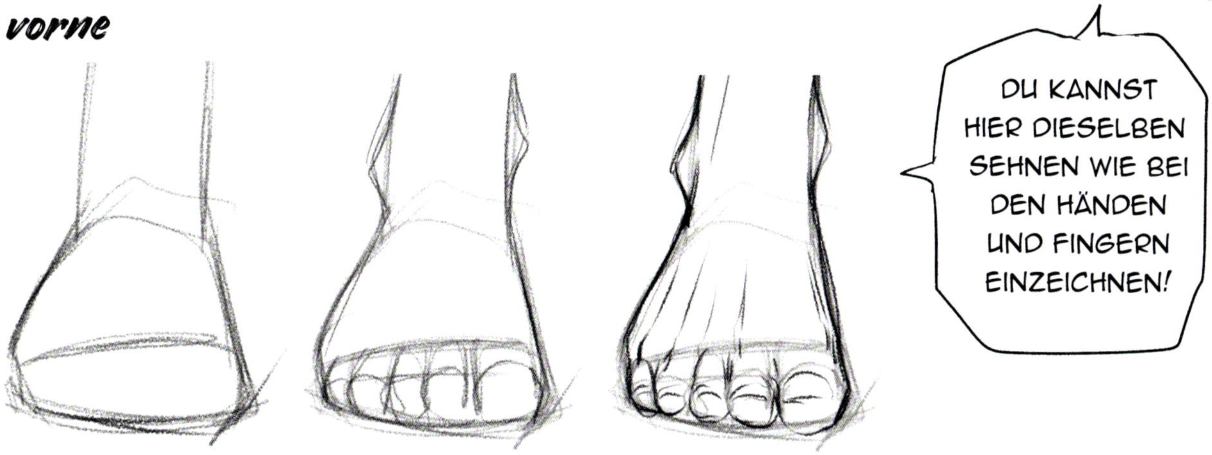

Bonus: Schuhe

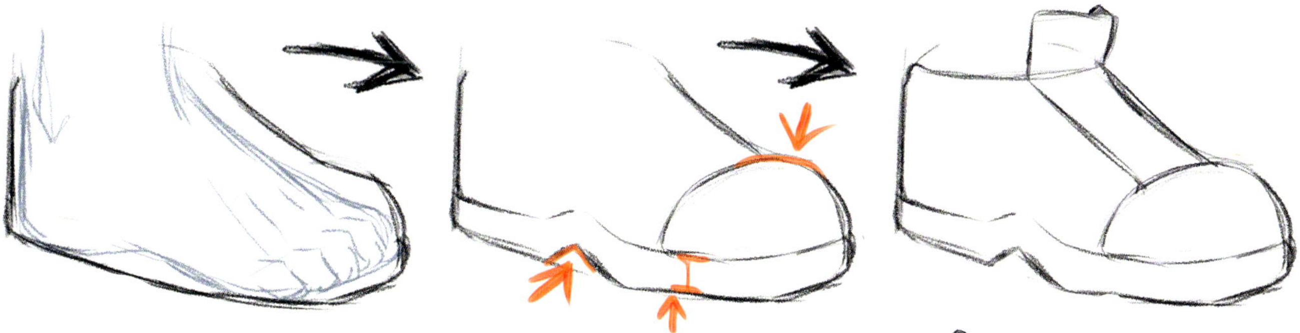

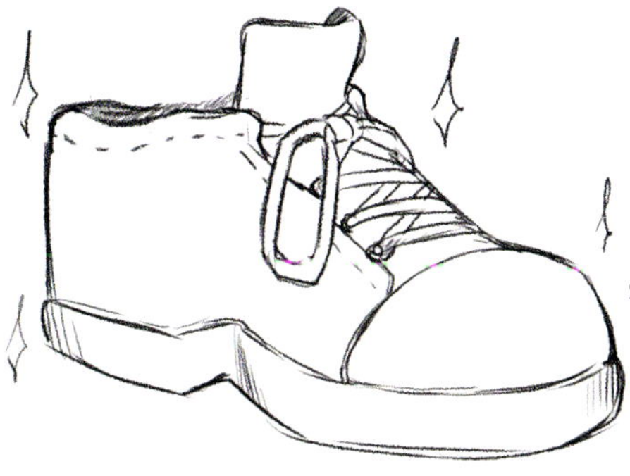

Ein Schuh hat die sehr **grobe Form** eines Fußes. Diese kannst du mit **Sohle, Zehenkappe** und dem **Knick** in der Mitte des Fußes verfeinern. Danach musst du den Schuh nur noch vervollständigen, zum Beispiel mit einer Schuhzunge, Schnürsenkeln und ein paar Nähten, damit der Schuh auch glaubhaft wirkt.

Das Becken und die Hüfte

Wichtig ist noch, den Unterschied zwischen Männern und Frauen zeichnen zu können! Frauen und Männer haben beide **dieselben Muskeln** und denselben generellen Körperaufbau. Allerdings gibt es **zwei** sehr große Unterschiede, die man beim Zeichnen berücksichtigen muss. Einer davon ist die Hüfte.

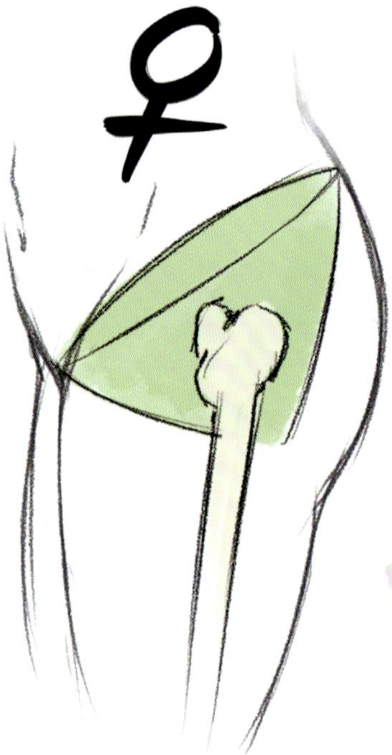

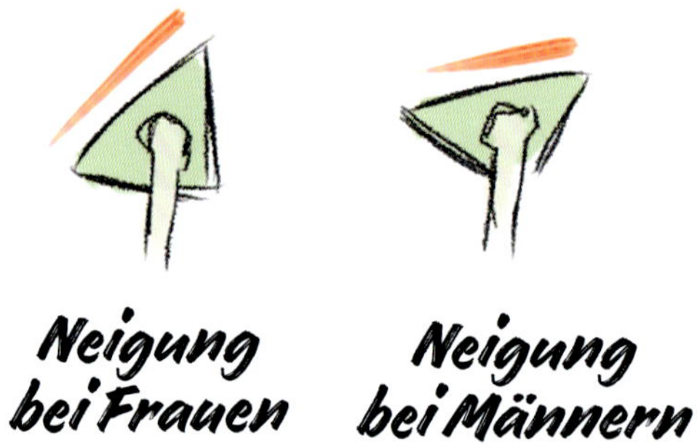

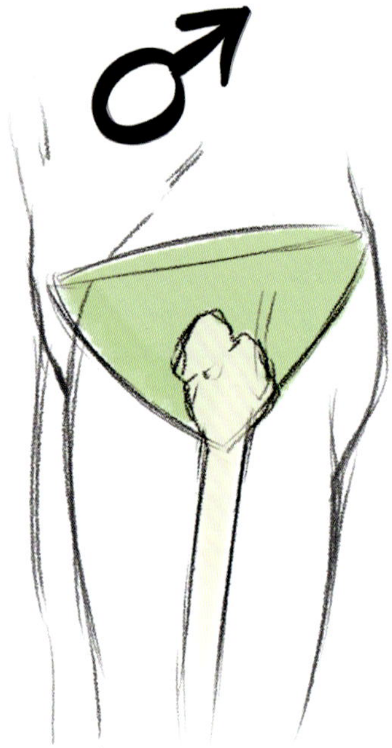

Bei **Frauen** ist das Becken **größer** und weiter **nach unten geneigt**. Das hat natürlich auch Auswirkungen auf die Rückseite. Der Hintern ist deshalb bei Frauen etwas **breiter** als bei Männern.

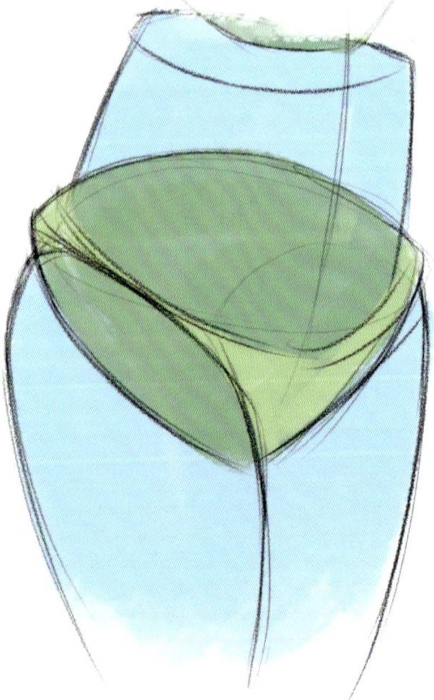

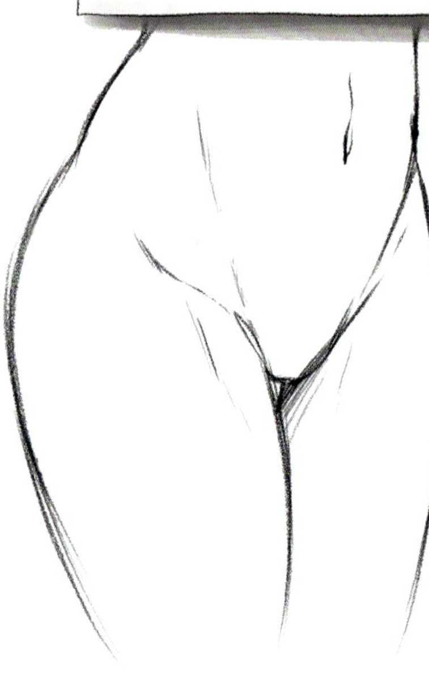

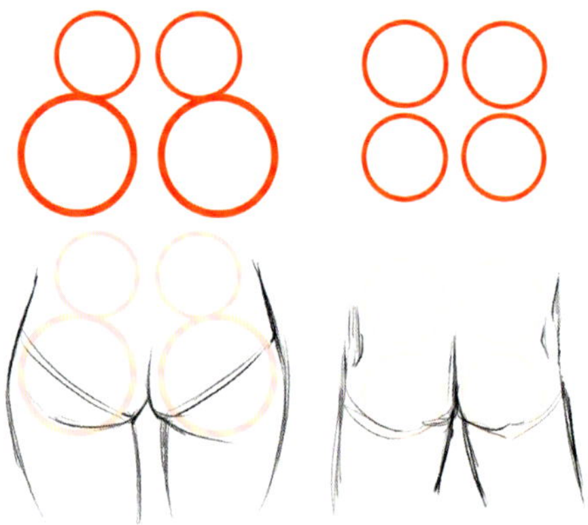

Da das Becken bei Frauen weiter ist, wirkt sich das auch auf die Stellung der Beine aus. Die Knie balancieren das Gewicht, indem sie näher beieinanderstehen. Dadurch wirken die Beine **geschlossener**.

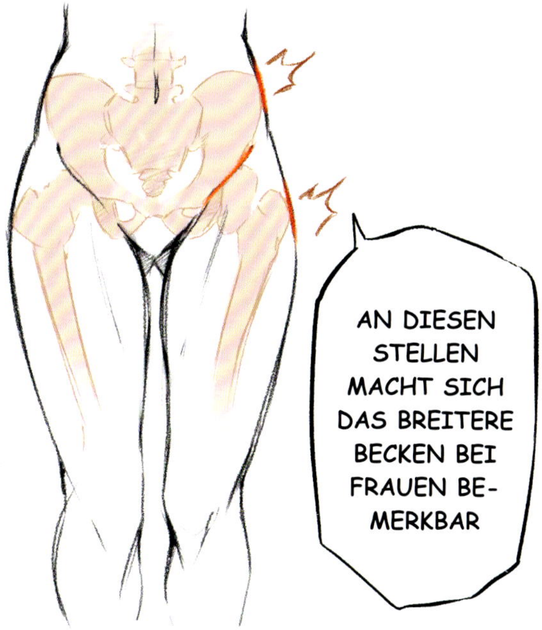

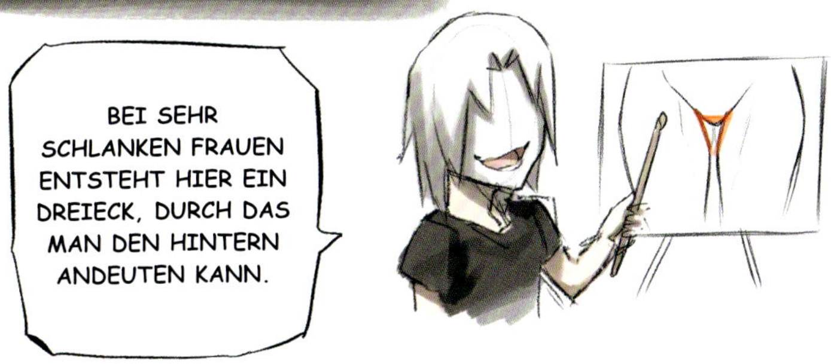

Behalte immer im Kopf, wie die Hüfte geneigt ist. Besonders weibliche Hüften können superdynamisch wirken, wenn man sie nicht stocksteif zeichnet, sondern ein klein wenig rotiert. Das hat Auswirkungen auf den kompletten Körper:

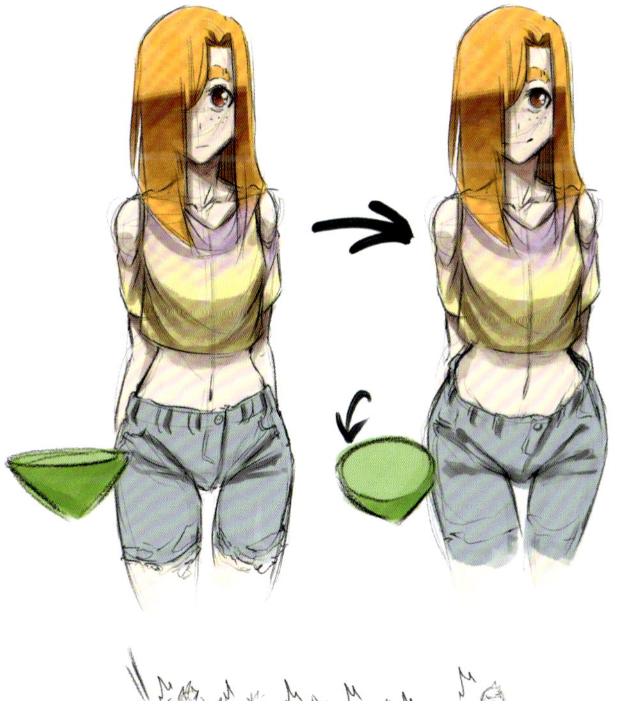

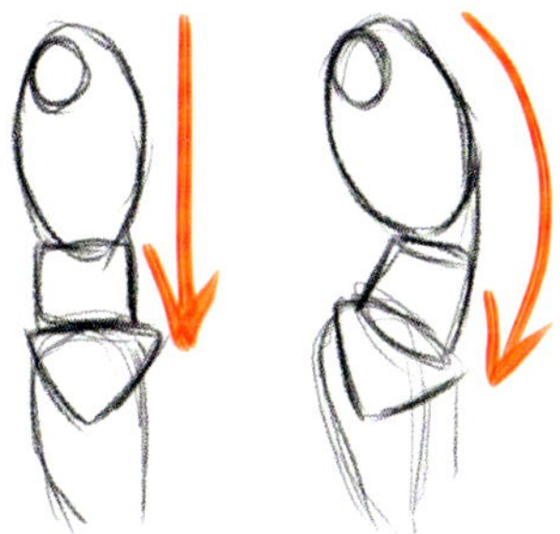

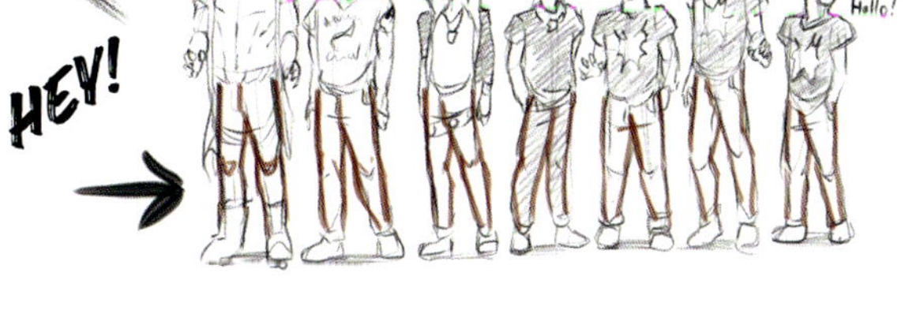

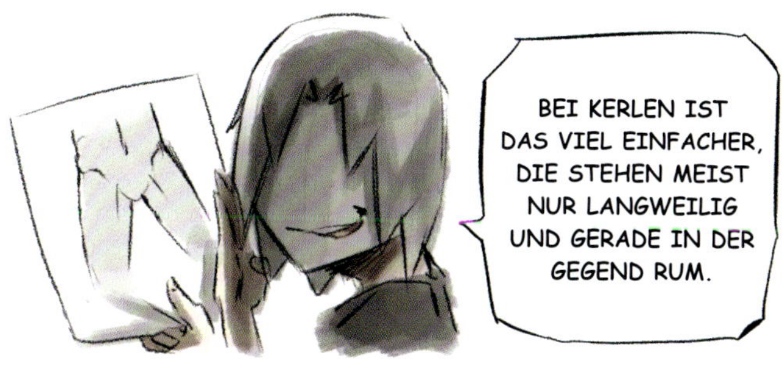

Brüste

Das andere große Merkmal (oder besser gesagt zwei), das die Körper von Männern und Frauen unterscheidet, sind **Brüste**. Das Hauptproblem bei den meisten Zeichner*innen ist, dass sie falsch verstehen, welche Konsistenz Brüste überhaupt haben:

Brüste bestehen zum Großteil aus Fett. Man zeichnet natürliche Brüste also nicht fest und kugelrund, wie zum Beispiel einen Ball, sondern eher weich wie einen Wasserballon.

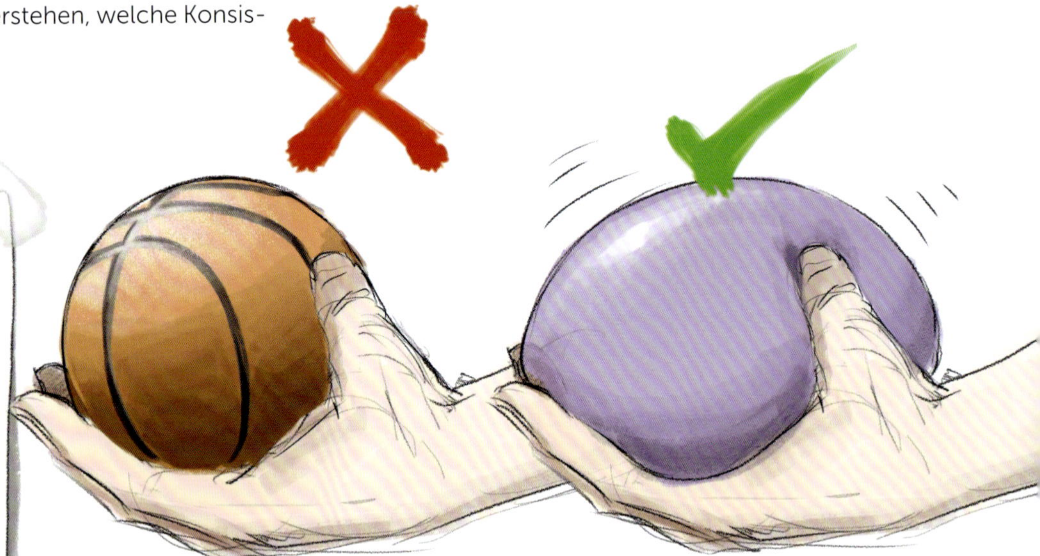

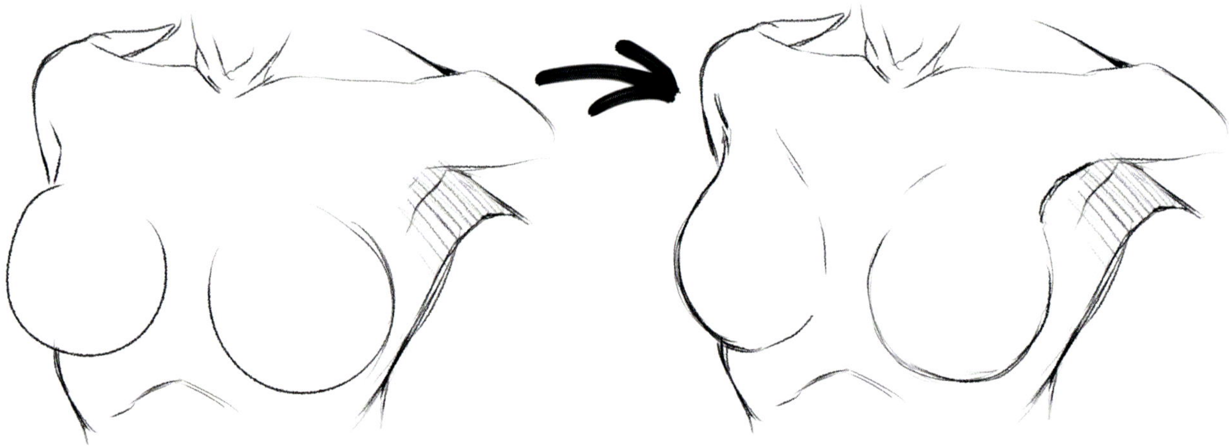

Das bedeutet also, dass Brüste nicht einfach Kreise sind, sondern Gewicht haben und nach unten sacken. Brüste hängen am **Brustmuskel** mit dran. Bewegt sich also der Brustmuskel, wirkt sich das auf die Brüste aus.

Ungefähr so:

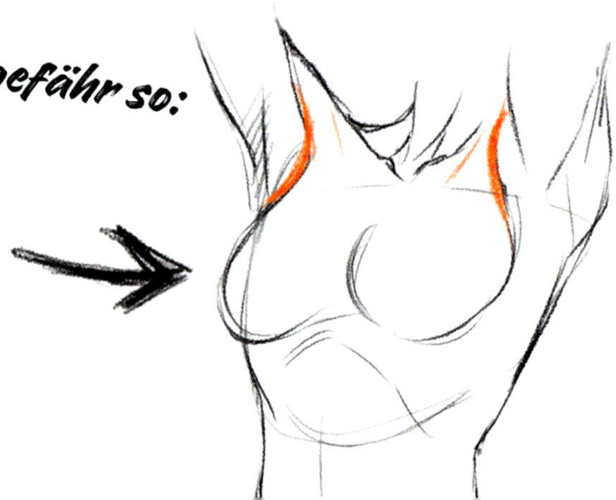

Das nächste große Missverständnis ist oft die **Position** der weiblichen Brust. Hierfür musst du wieder in 3D denken – denn der Brustkorb, auf dem die Brüste liegen, ist ebenfalls rund. Brüste sacken also nicht direkt nach unten, sondern fallen den Brustkorb entlang.

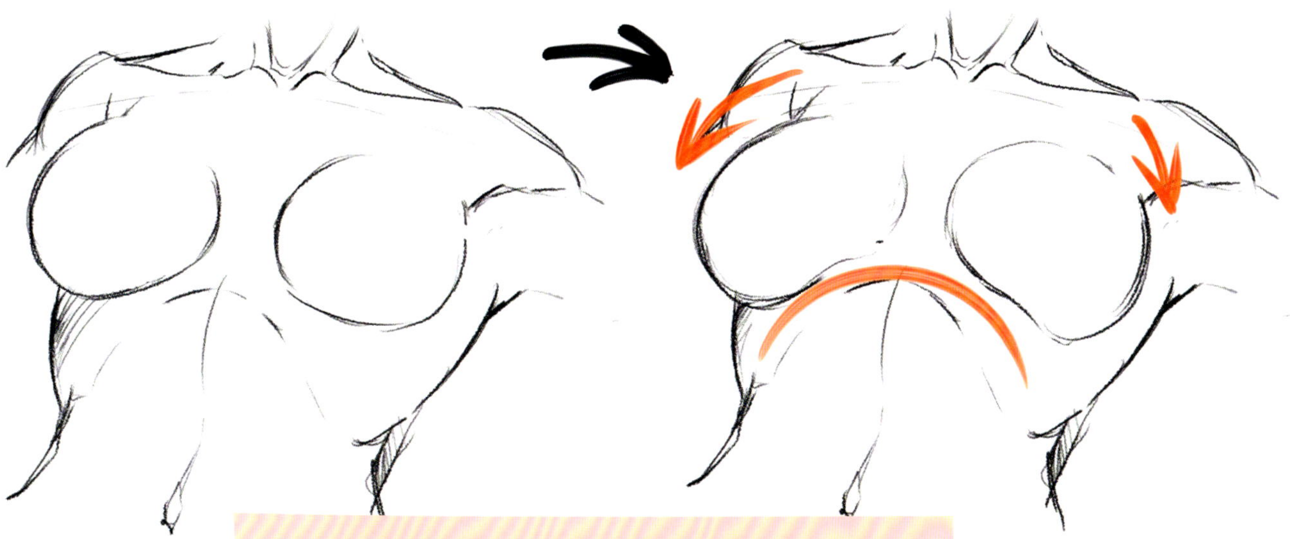

Das bedeutet auch, dass Brüste **nicht nach vorne**, sondern immer **zur Seite** zeigen – also in die Richtung, in die sie fallen.

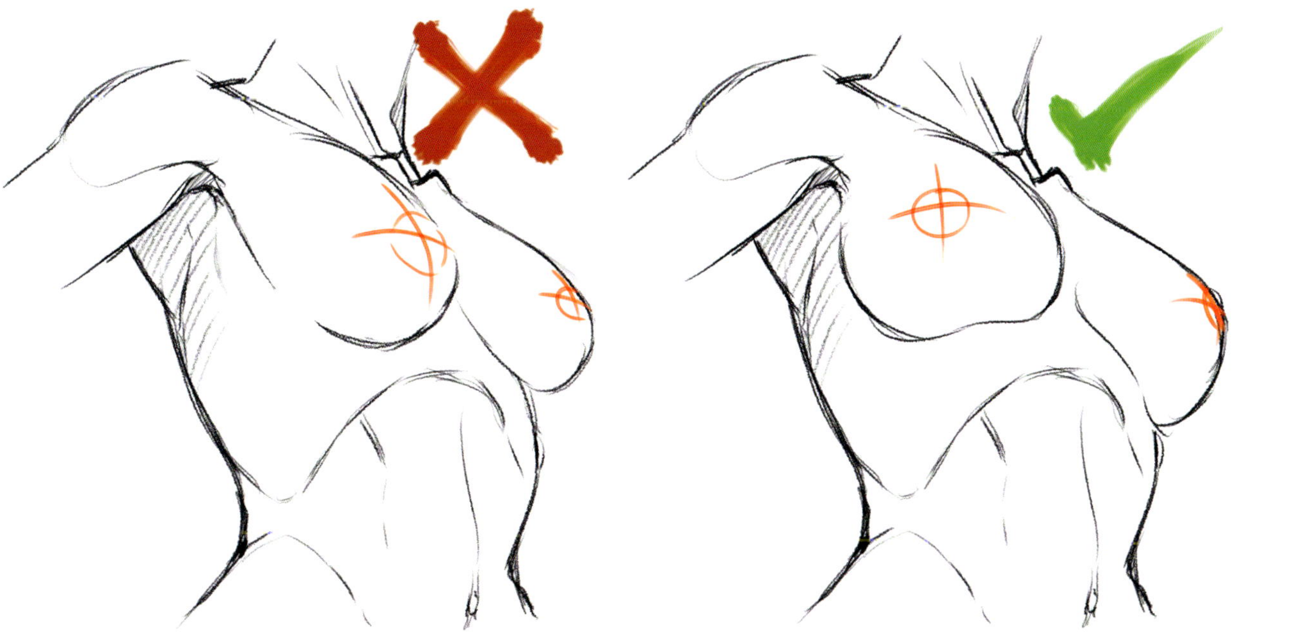

Körpertypen

Dickere Körper

Natürlich gibt es auch generell unterschiedlich gebaute Körper. Hier erkläre ich dir ein paar Varianten:

Fett zeichnest du genau wie Brüste – wie einen zusätzlichen Sandsack, der am Körper herunterhängt. Wenn du mehrere Fettschichten zeichnest, überlappen diese jedoch gerne, hier musst du nur noch die Falten andeuten. Fett bildet sich hauptsächlich am **Bauch** und an der **Brust**. Aber auch **Oberschenkel und Oberarme** können dicker werden.

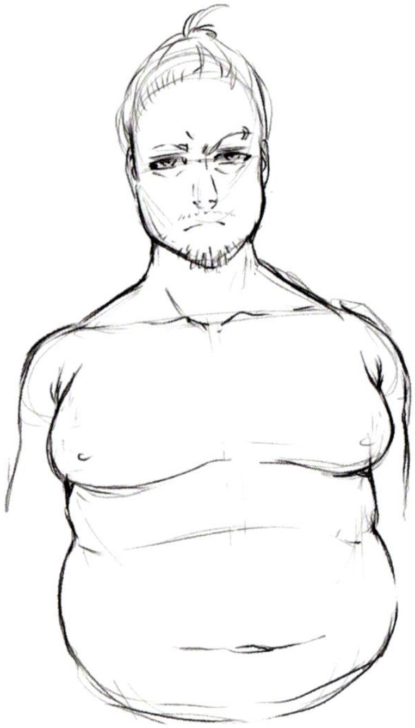

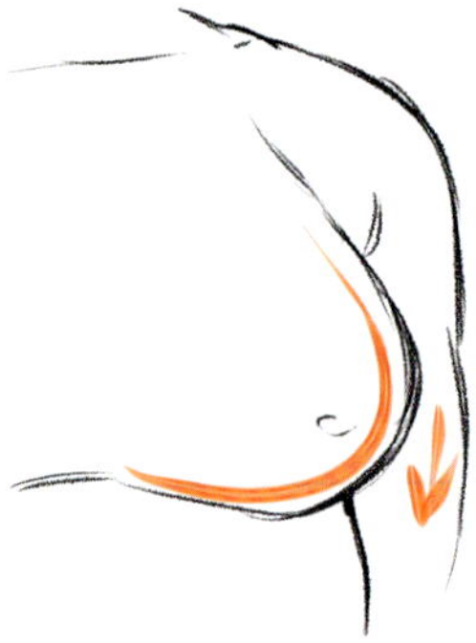

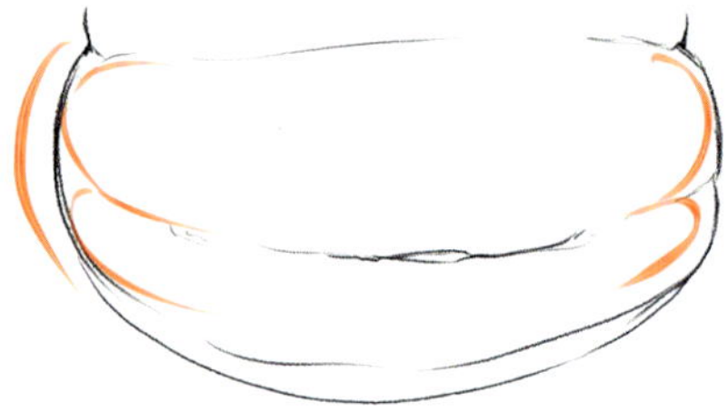

Alte Körper

Knochen, Sehnen und Muskeln sieht man bei alten Menschen besonders definiert – nicht, weil sie so durchtrainiert sind, sondern insbesondere wenn sie so dürr sind, dass man fast alles durch ihre Haut erkennen kann.

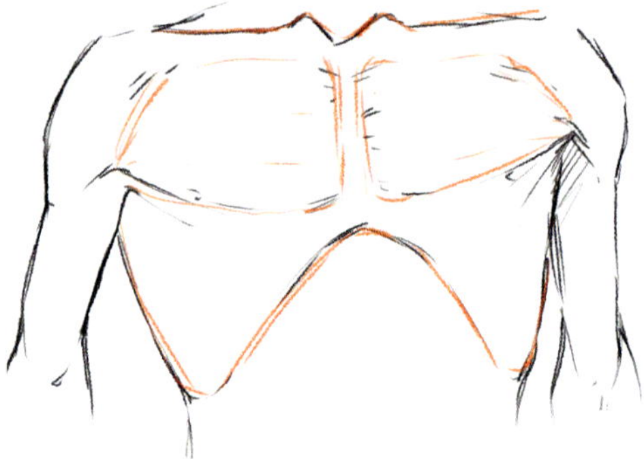

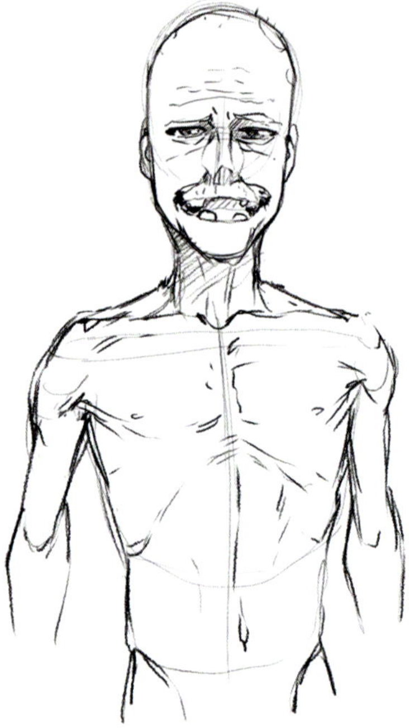

Junge Körper

Kinderkörper zeichnet man am besten ganz simpel. Es gibt keine Muskeldefinitionen, Details werden nur angedeutet und alle Formen sind rund und weich. Lediglich ein paar kleine Details wie das Schlüsselbein und vielleicht die Rippen kann man sehen.

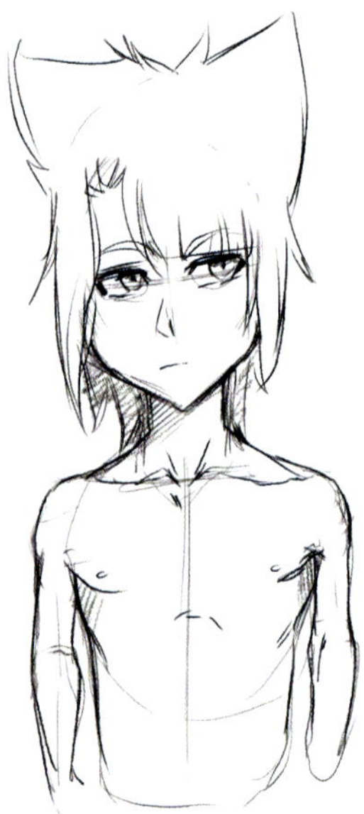

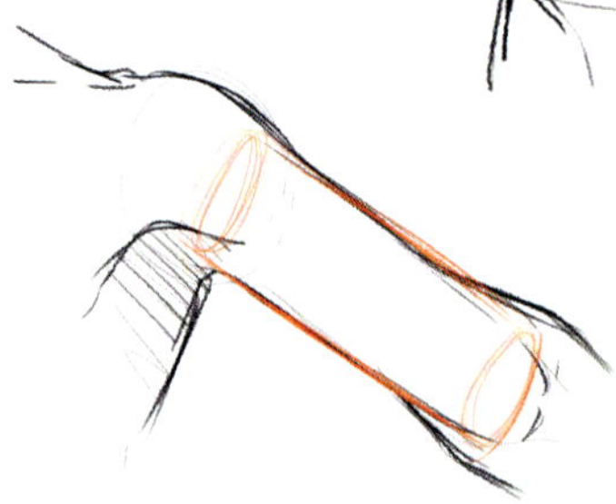

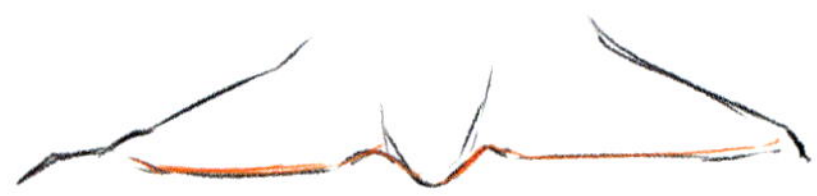

Muskeltypen

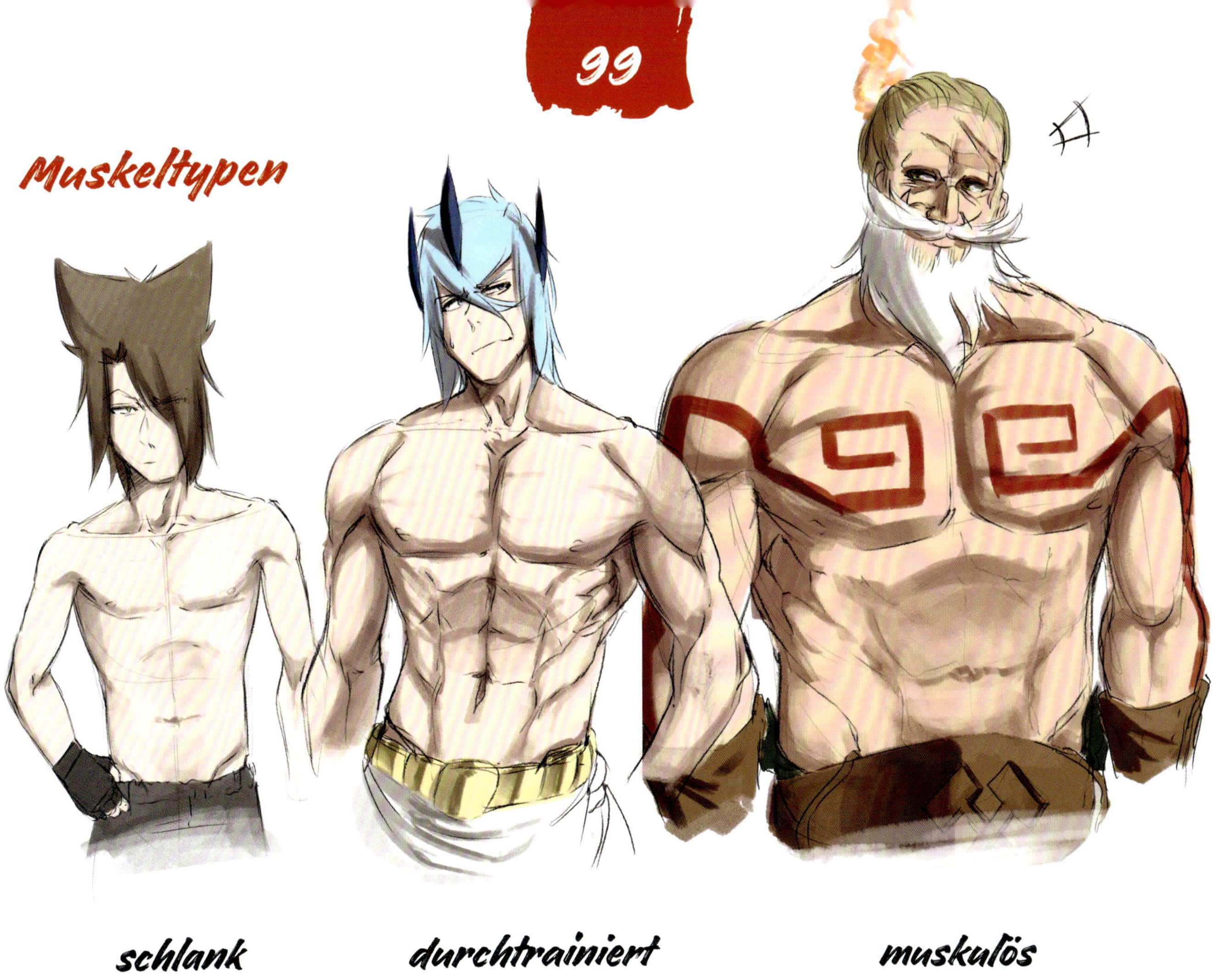

Hier wären noch drei Körpertypen im Bezug auf Muskeln: **Schlanke** Menschen ohne viele Muskeln zeichnet man am besten ohne großartige Definition; man lässt also meistens die Details bei den Muskeln komplett weg. Der **durchtrainierte** Körpertyp ist absolut unrealistisch für jeden normalen Menschen. Hierfür gilt: Je deutlicher du die einzelnen Muskeln einzeichnest, desto trainierter wirkt der Körper (eine Übersicht zu allen Muskeln findest du hierzu ab S. 102). **Muskulöse** Menschen haben in der Regel viel Masse und sind nicht sehr schlank – bei tatsächlichen Bodybuildern sieht man also nicht jeden einzelnen Muskel. Wegen der Masse nimmt man für diese Menschen aber breitere Bauteile beim Zeichnen:

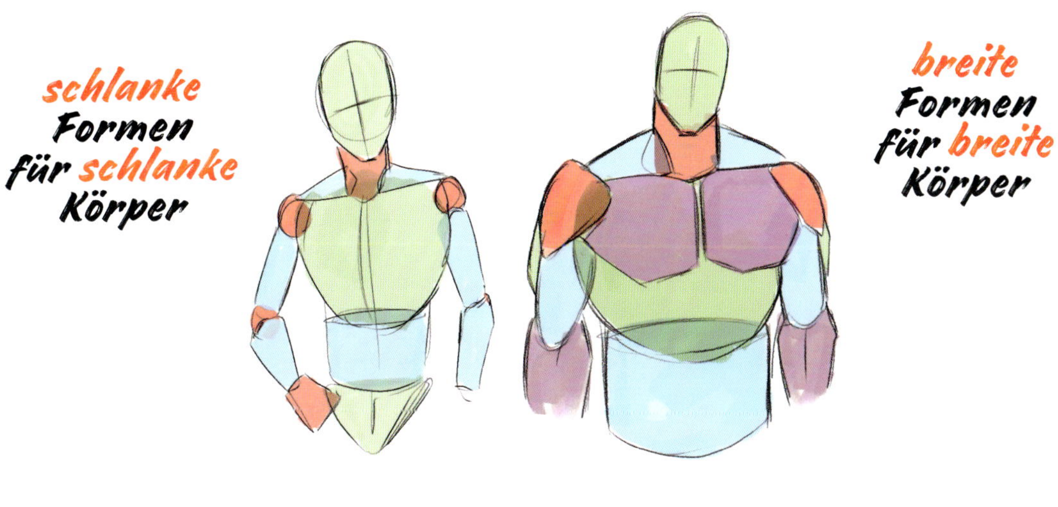

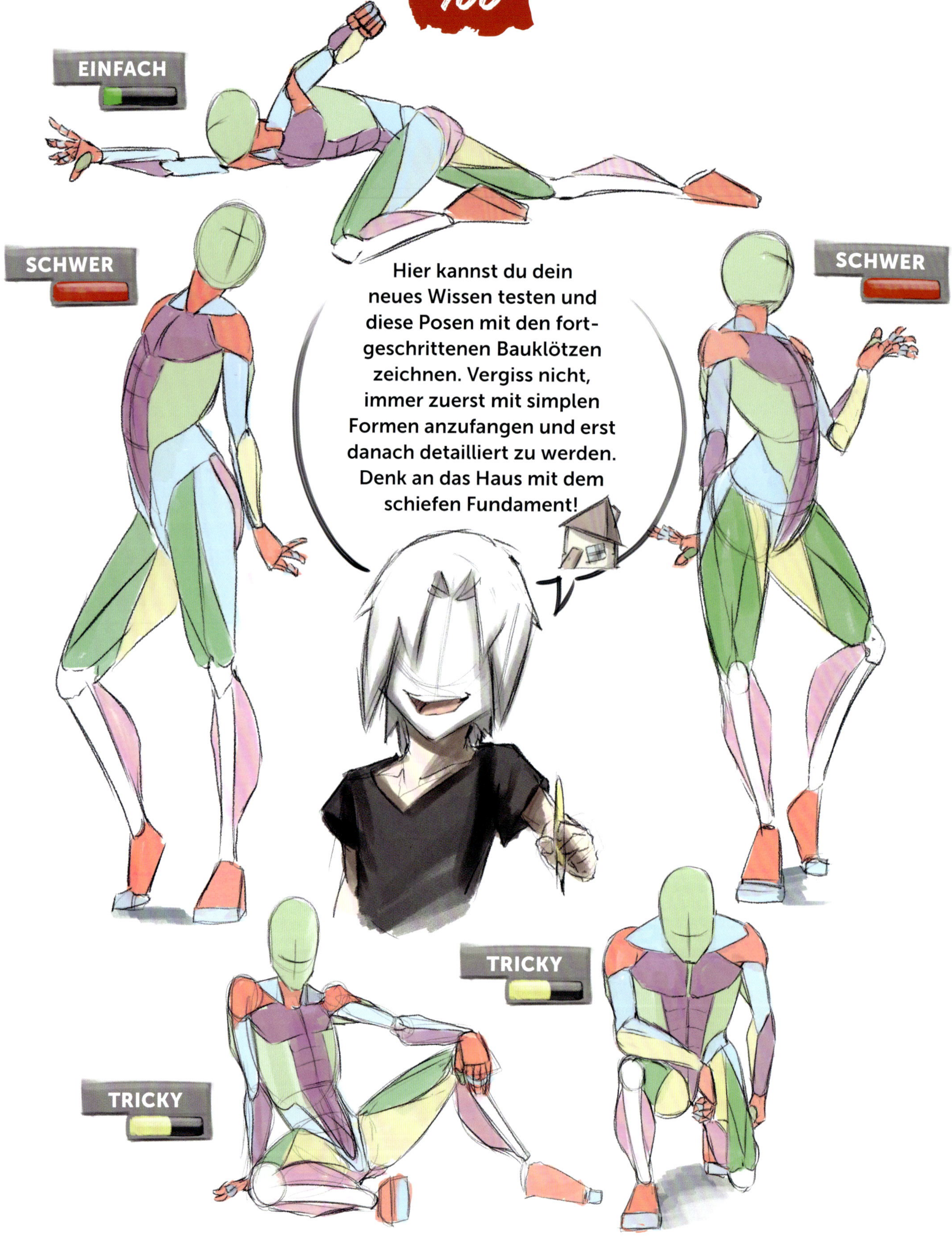
EINFACH
SCHWER
Hier kannst du dein neues Wissen testen und diese Posen mit den fortgeschrittenen Bauklötzen zeichnen. Vergiss nicht, immer zuerst mit simplen Formen anzufangen und erst danach detailliert zu werden. Denk an das Haus mit dem schiefen Fundament!
SCHWER
TRICKY
TRICKY

VON BAUKLÖTZEN ZU ANATOMIE

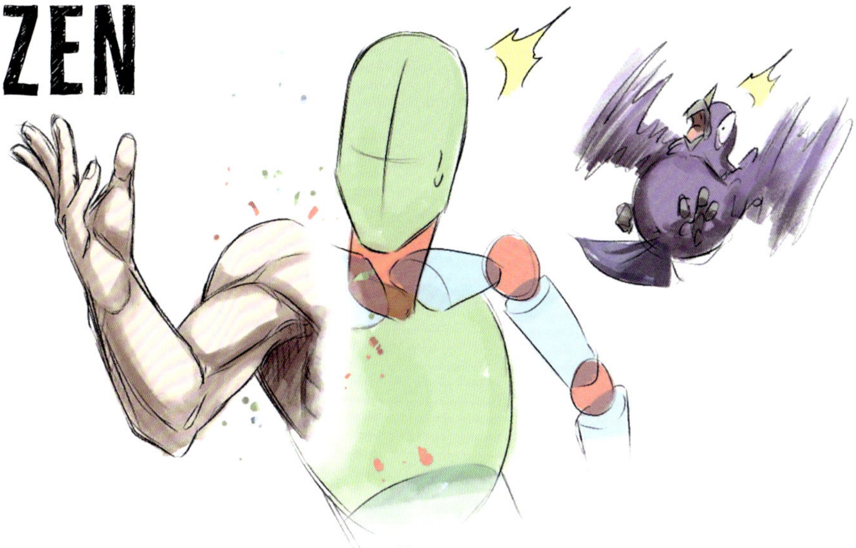

Um deine Zeichnungen zu perfektionieren, brauchst du **Wissen über Anatomie**. Das ist nicht nur für muskulöse Charaktere wichtig. Du musst auch wissen, wie welcher Muskel mit dem restlichen Körper verbunden ist, damit sich deine Charaktere richtig bewegen können. Ich würde dir das aber wirklich nur empfehlen, wenn du dir schon sehr **sicher** beim Zeichnen bist und bis hierhin alles verstanden hast. Ich habe dir zum genauen Studieren für jeden Körperteil aus jeder Ansicht eine komplette, detaillierte Übersicht der jeweiligen Muskeln gezeichnet. Viel Spaß!

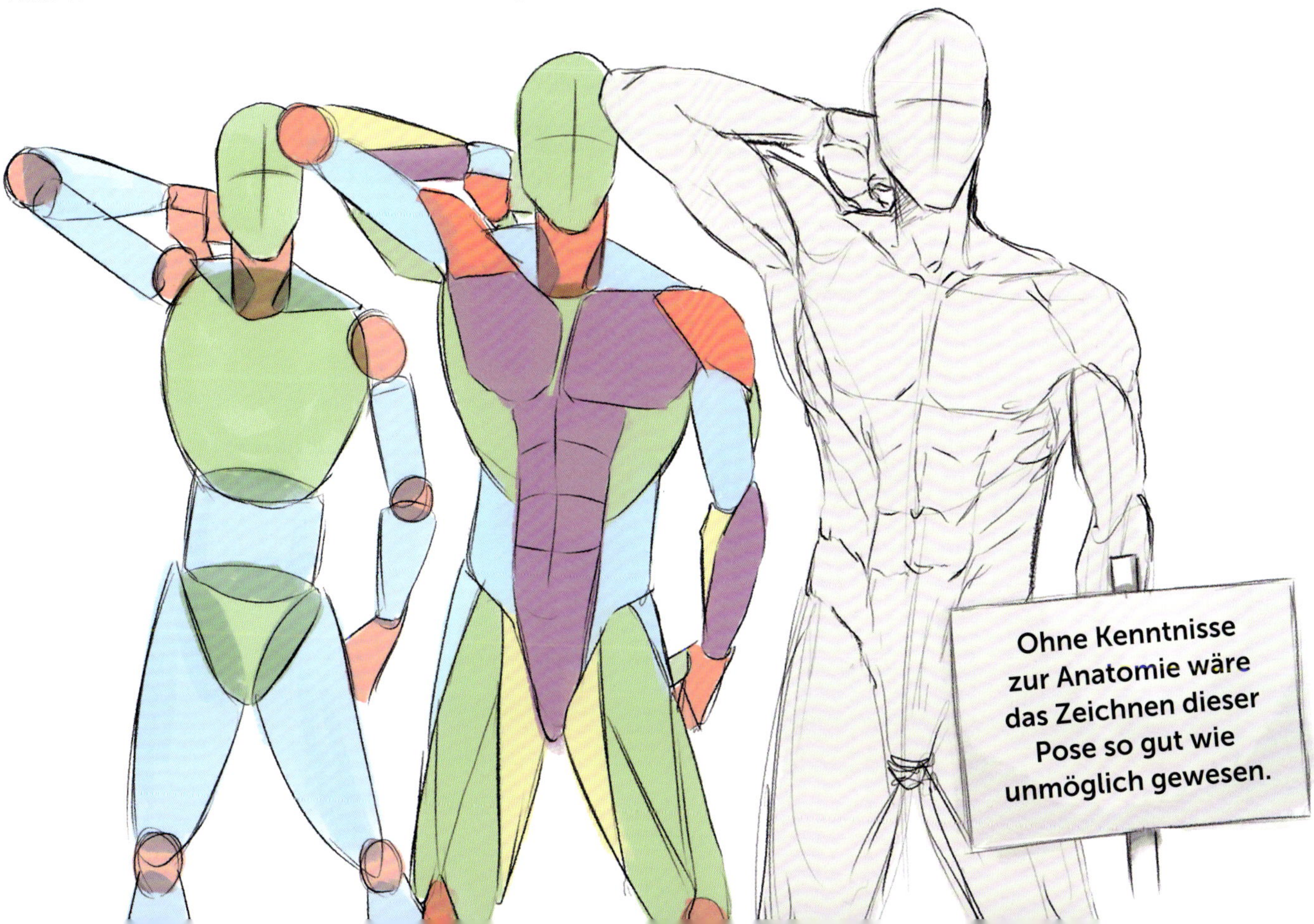

OBERKÖRPER (BRUST)

IM DETAIL

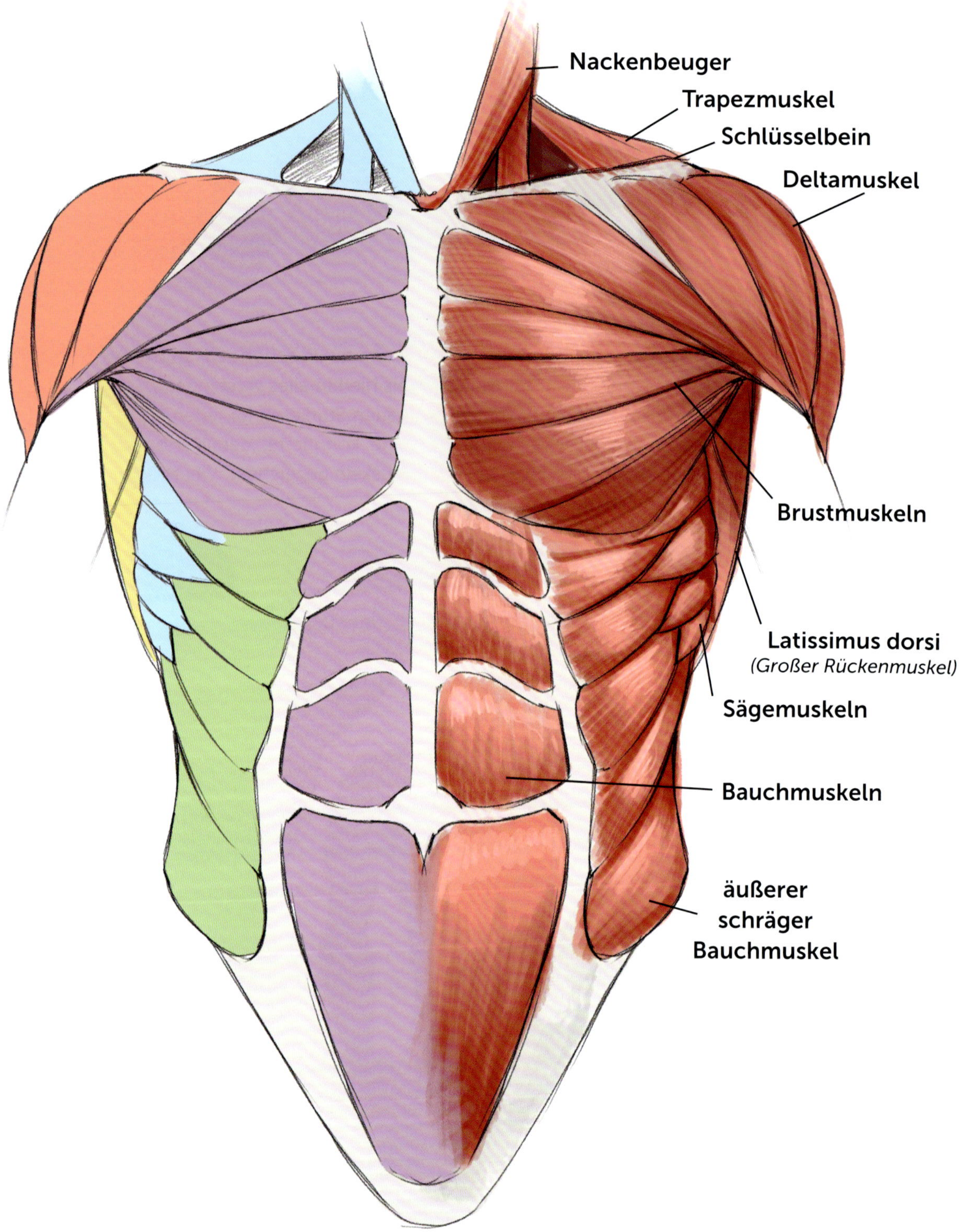

OBERKÖRPER (RÜCKEN)

IM DETAIL

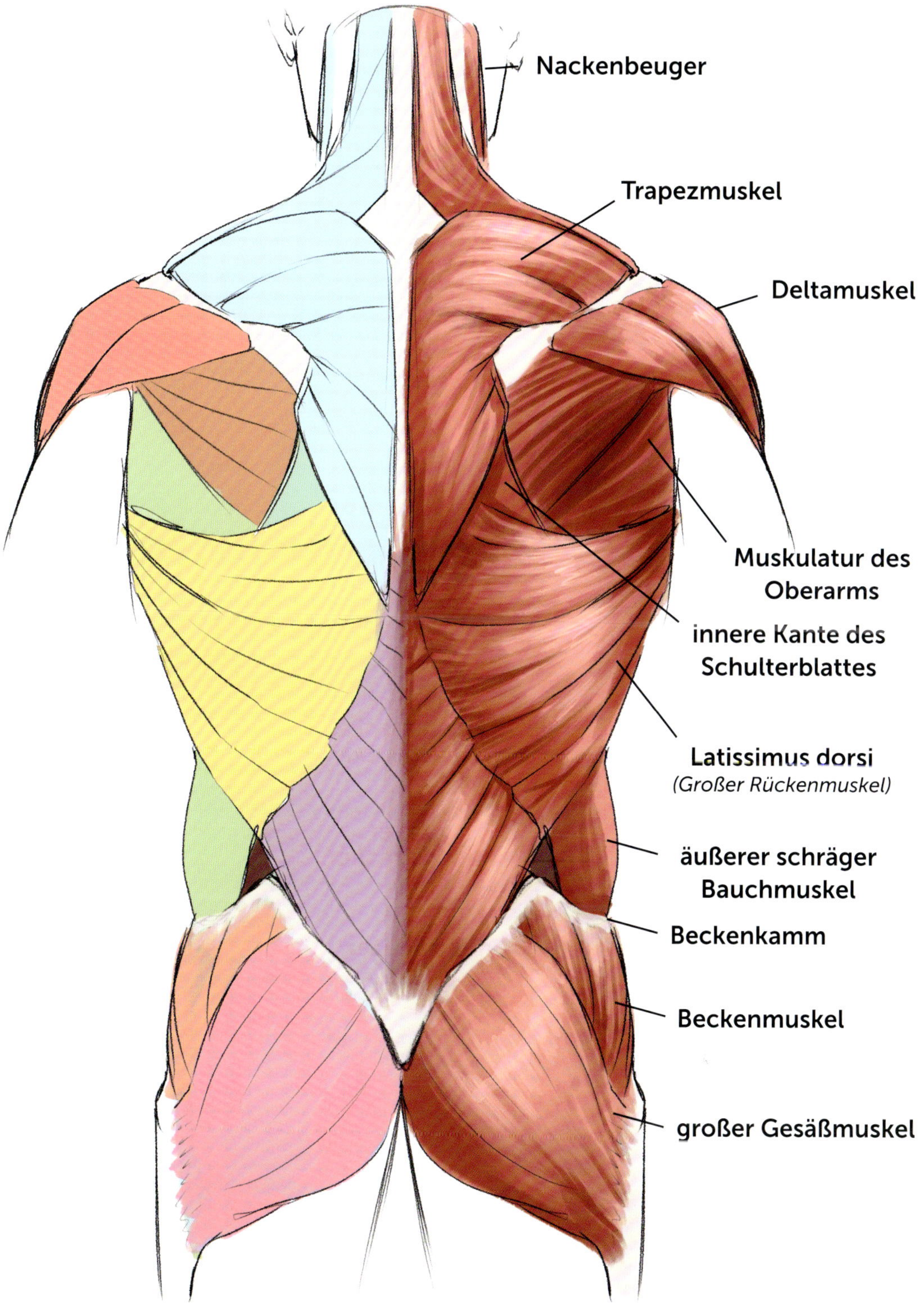

ARME (AUSSEN + VORNE)

IM DETAIL

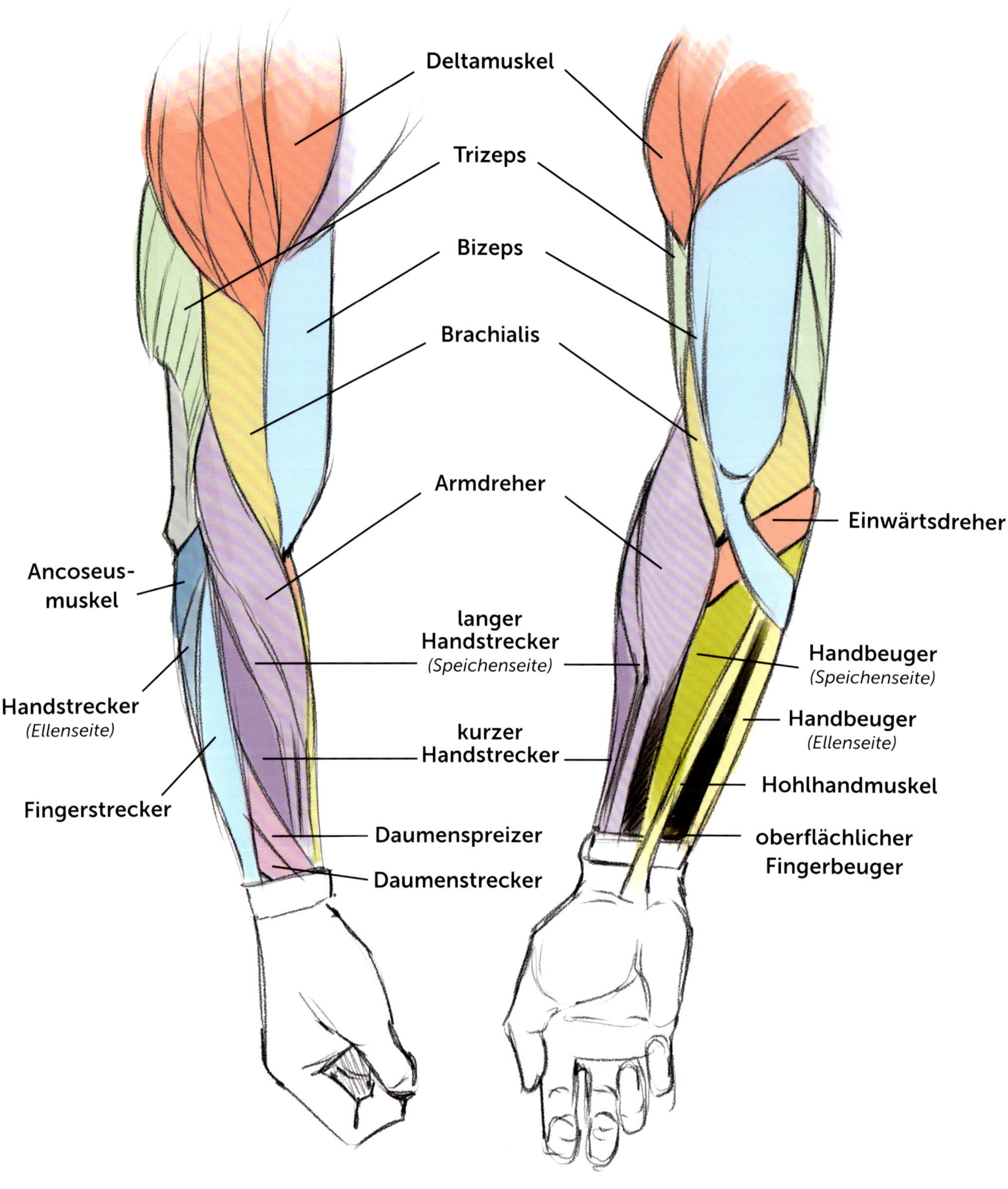

ARME (INNEN + HINTEN)

IM DETAIL

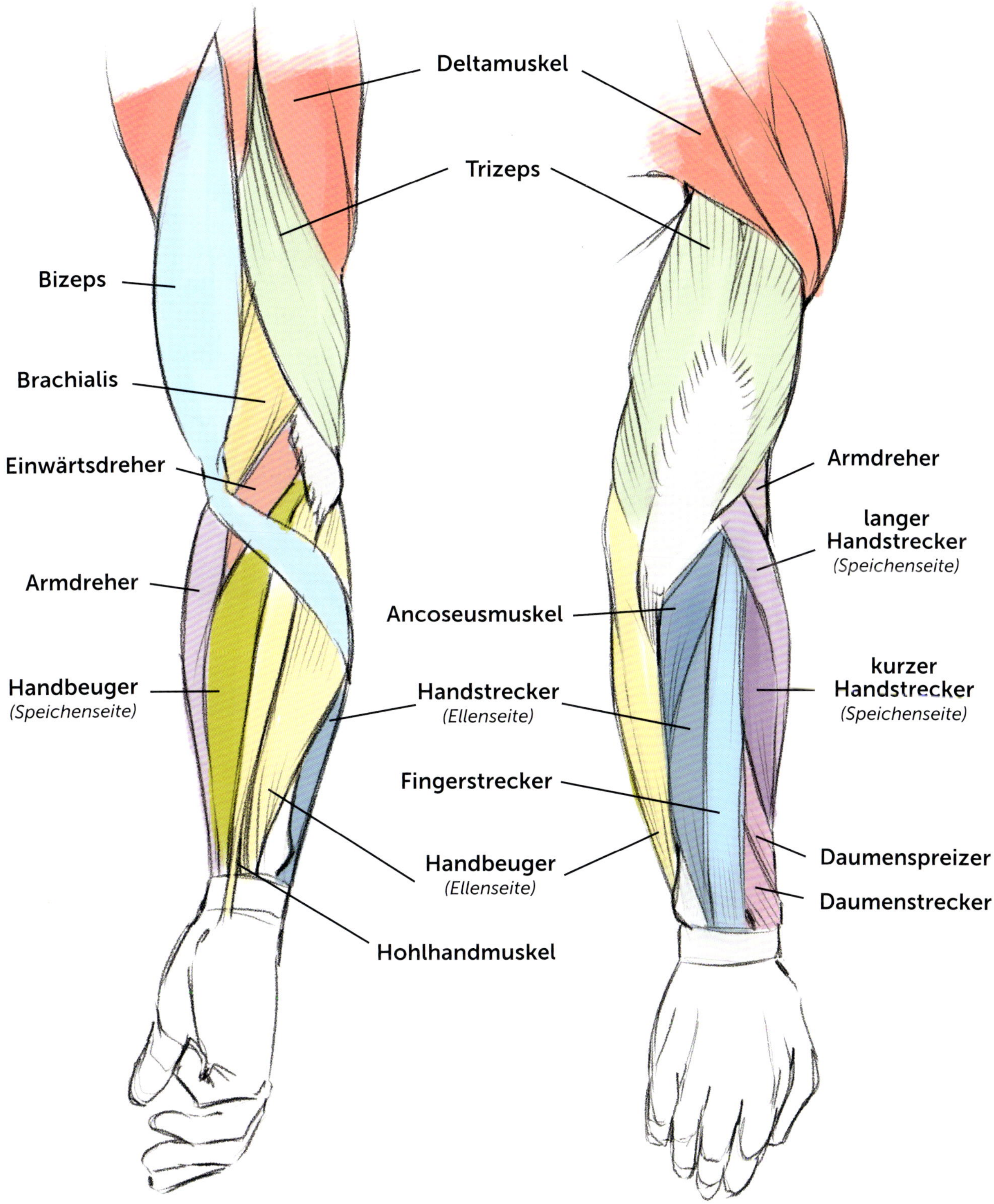

BEINE (AUSSEN + VORNE)

IM DETAIL

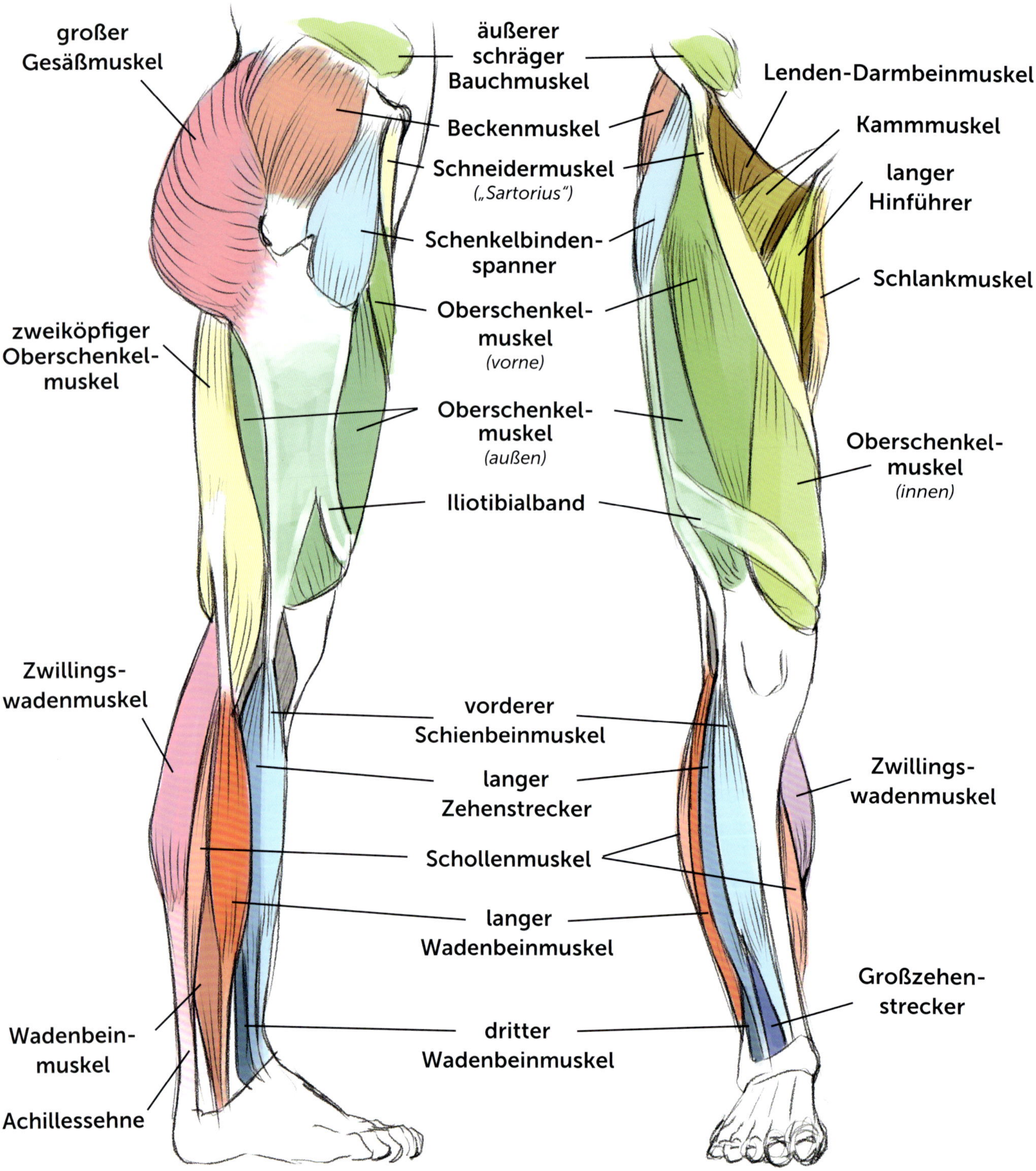

BEINE (INNEN + HINTEN)

IM DETAIL

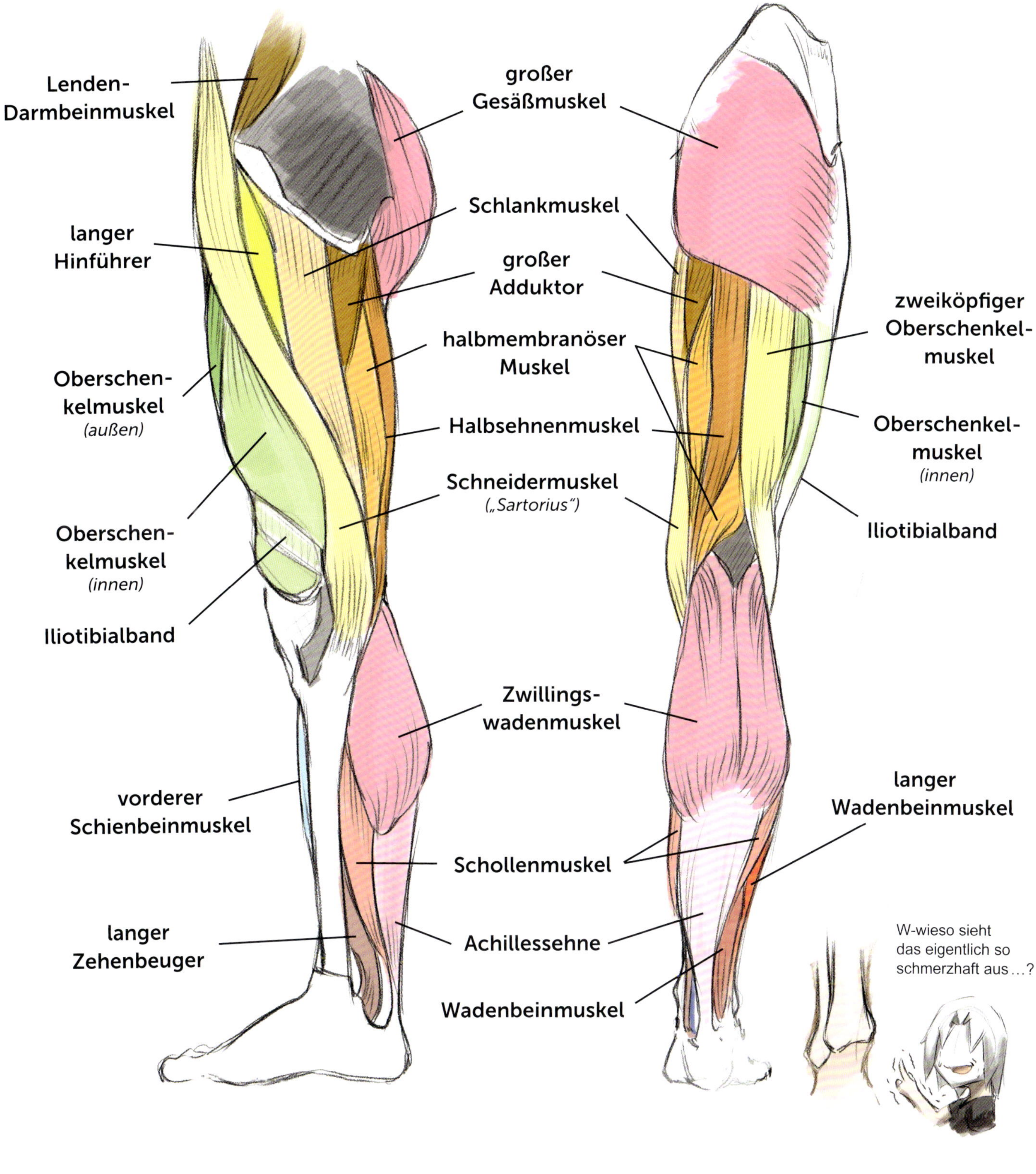

KÖRPER IN BEWEGUNG

IM DETAIL

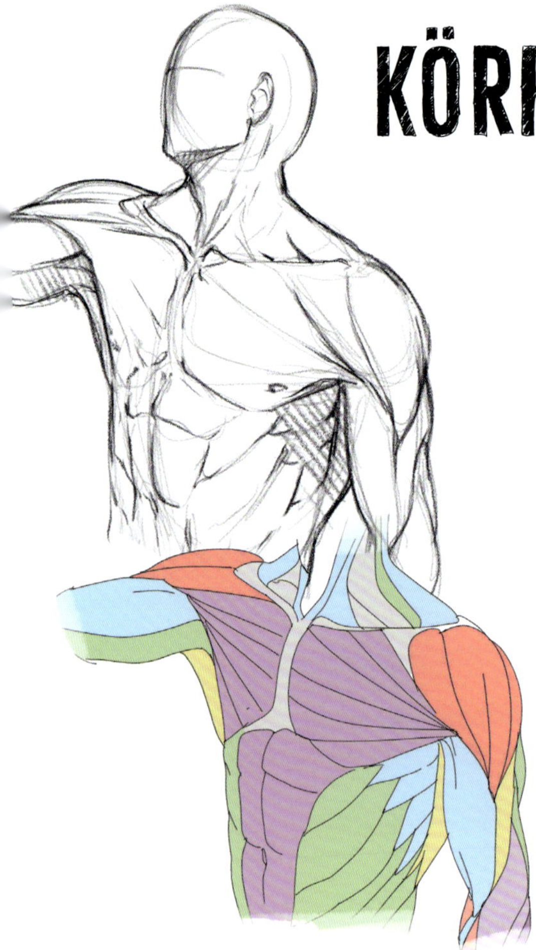

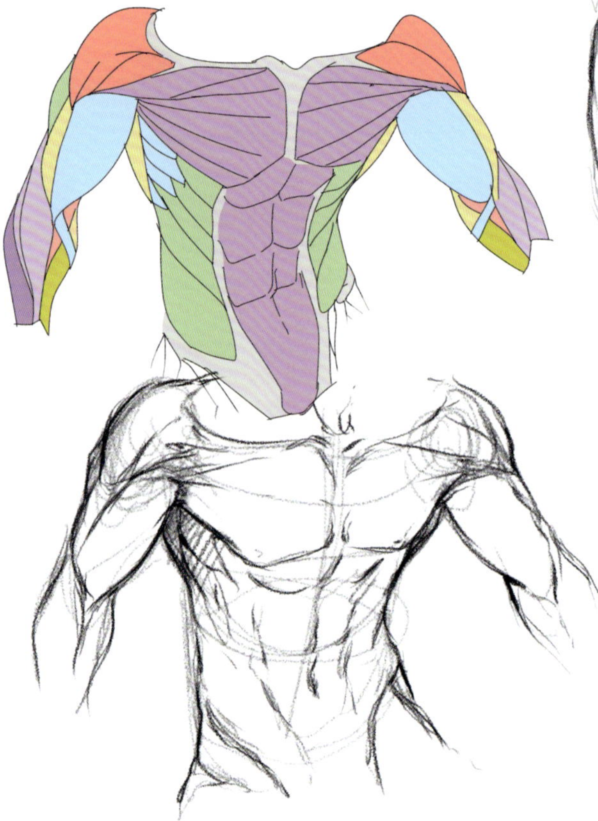

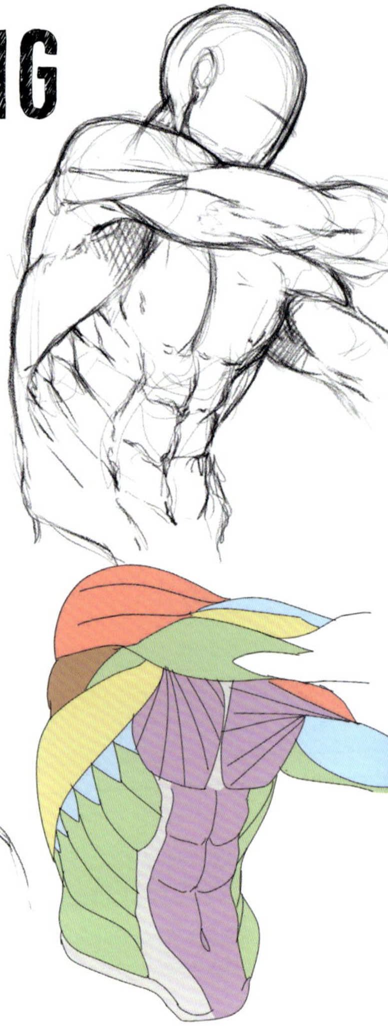

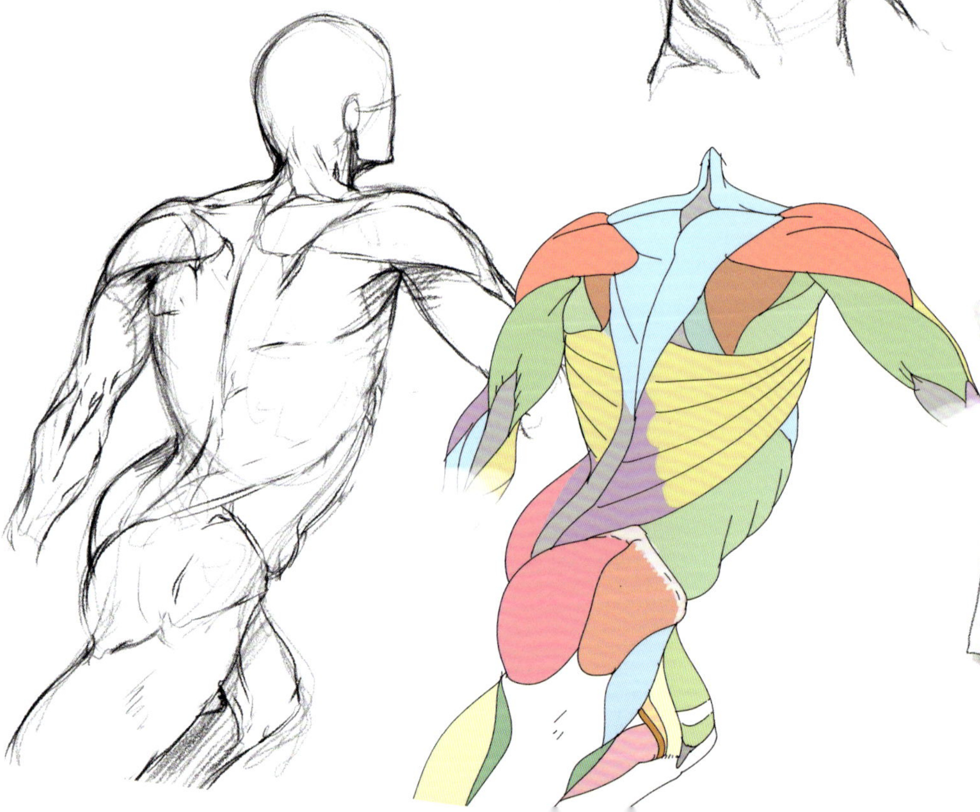

Hier kannst du alle Muskeln noch mal im Einsatz sehen – und vor allem, wie deren Positionen in einer fertigen Zeichnung aussehen würden.

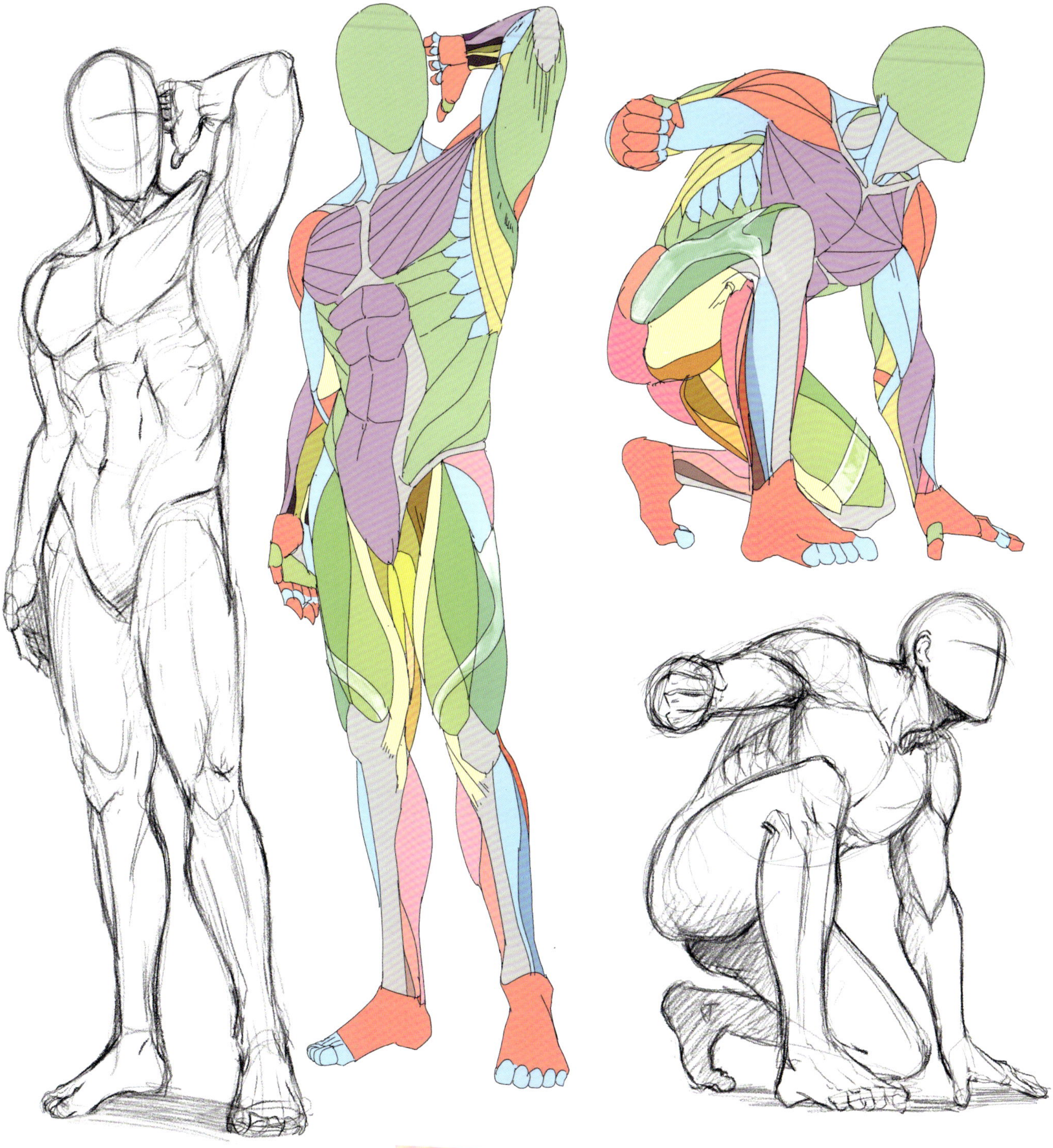

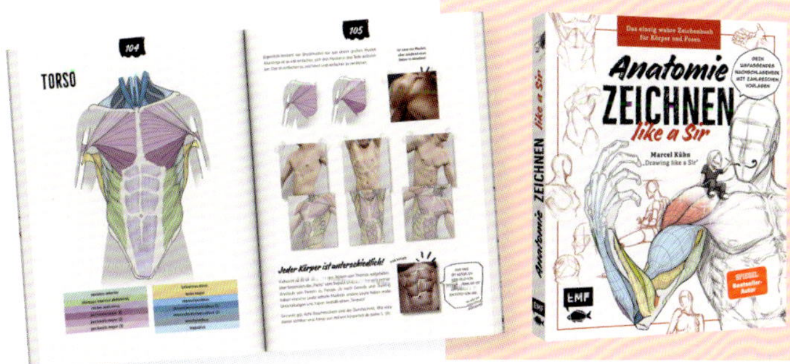

ISBN 978-3-7459-2408-4

KLEIDUNG UND FALTEN

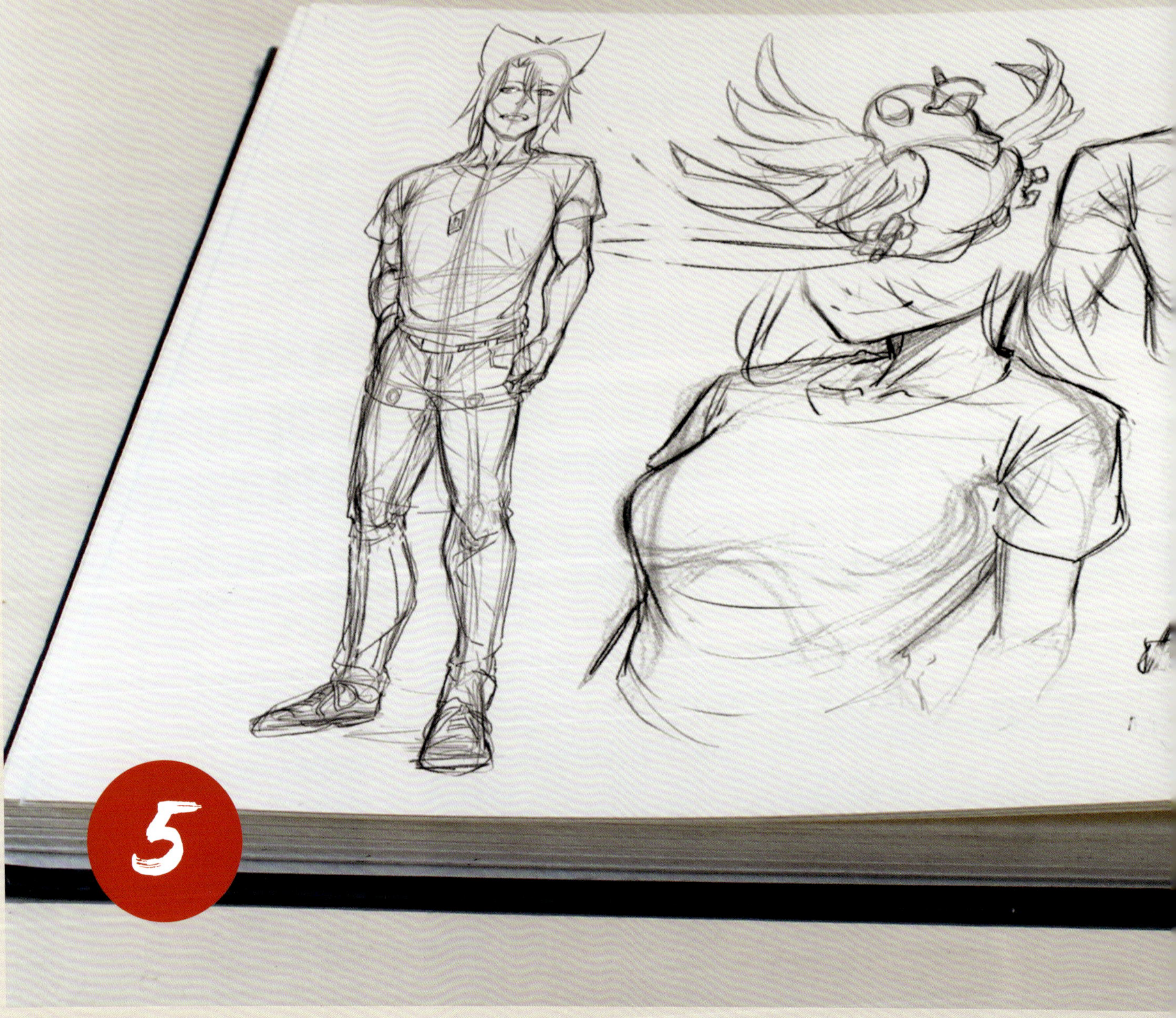

5

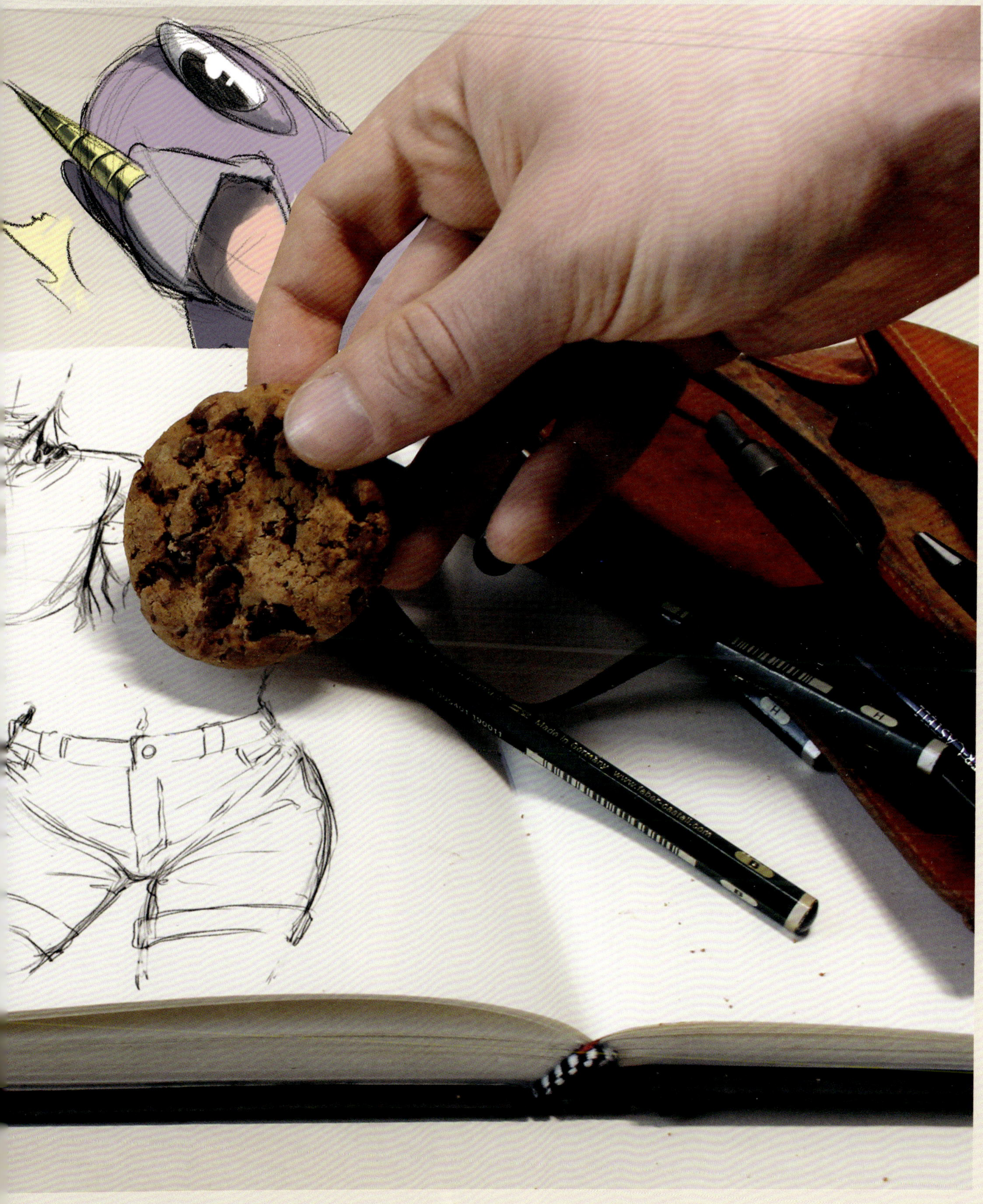

WIE FALTEN FUNKTIONIEREN

Kommen wir nun vom Körper zur Kleidung: Besonders wichtig beim Zeichnen von Outfits sind die Falten.

Die einfachsten Falten sind die, die von **einem Punkt** ausgehen. Stell dir diese Punkte wie Magnete vor, die die Falten zu sich saugen.

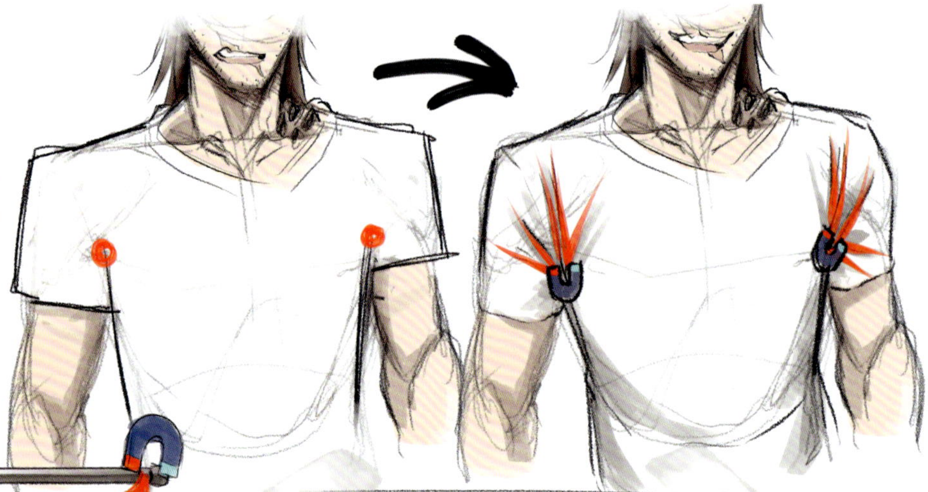

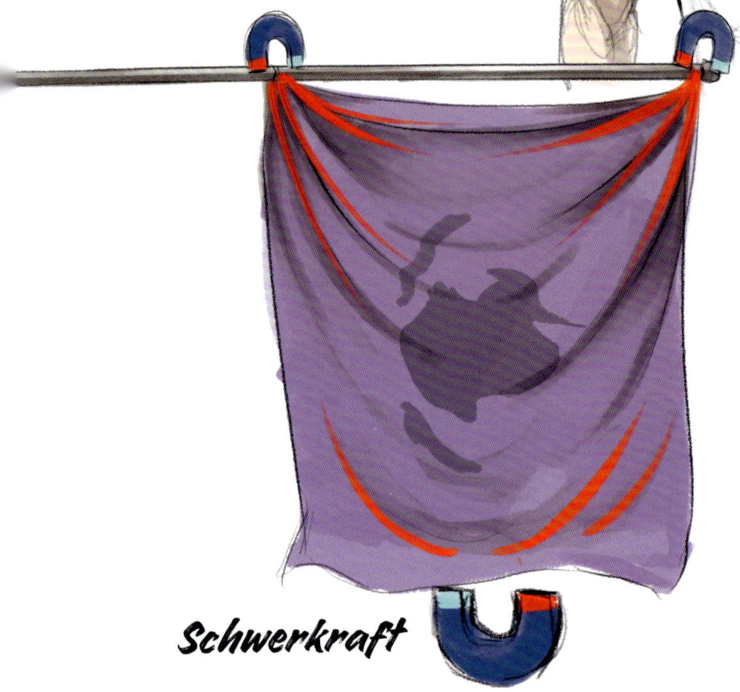

Ein weiterer „Magnet" wäre die **Schwerkraft**. Die obere Hälfte des Stoffs wird also **nach oben** gespannt, während die untere Hälfte von der Schwerkraft **nach unten** gezogen wird.

Wenn Klamotten **auf einer Fläche** liegen, entstehen darauf wenig bis keine Falten. Falten, die durch die Schwerkraft verursacht werden, entstehen eher auf **losen Flächen**.

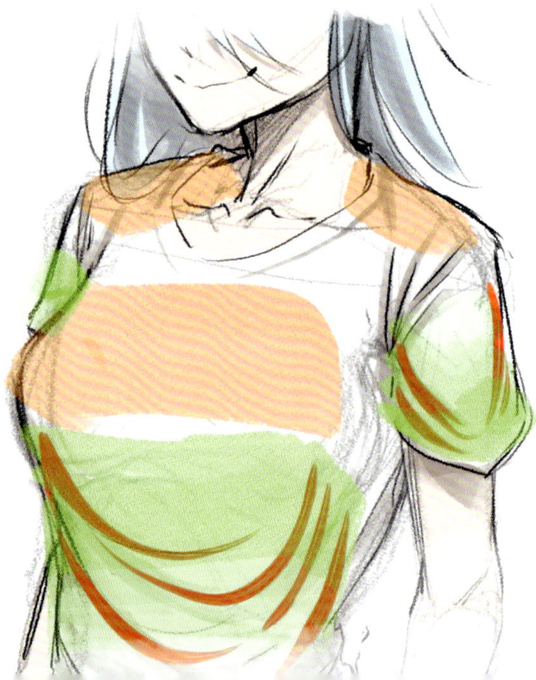

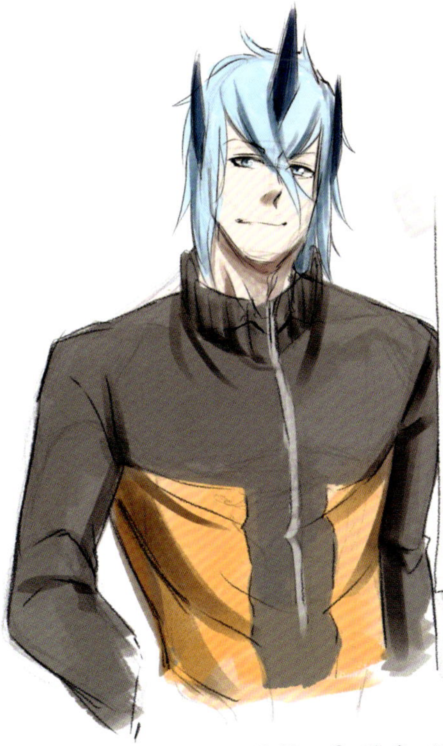

DICKER STOFF

Falten sagen auch viel über die Beschaffenheit der Kleidung aus. **Viele Falten** lassen die Kleidung **dünner** wirken. **Wenig Falten** lassen die Kleidung **dicker** wirken.

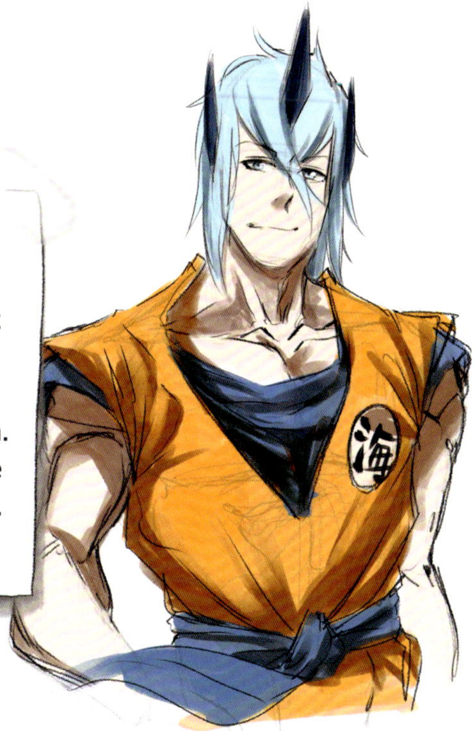

DÜNNER STOFF

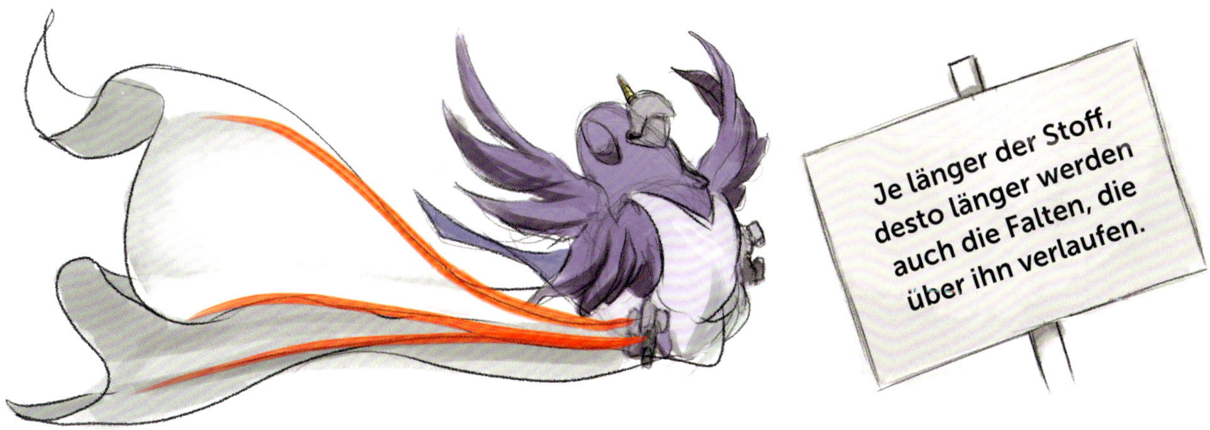

Falten funktionieren nicht nach einem Muster. Im Gegenteil: Wenn du Falten gleichmäßig zeichnest, sieht das sehr unnatürlich aus. Hierfür solltest du dich immer an Fotos von echter Kleidung orientieren, da es keine allgemeingültige Regel dafür gibt, wie Falten sich verhalten.

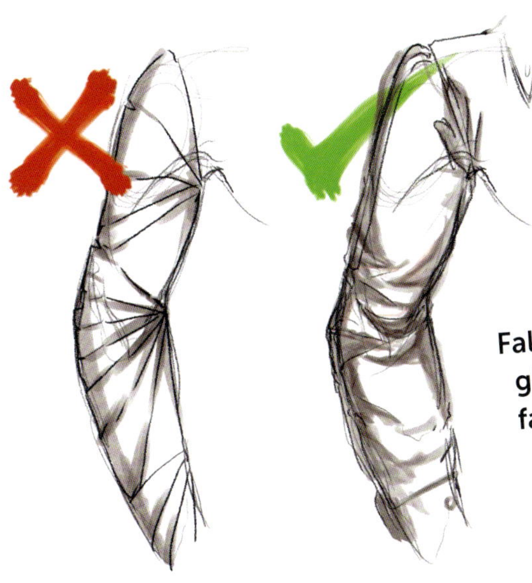

Falten sehen nie gleich aus, sie fallen fast wie willkürlich!

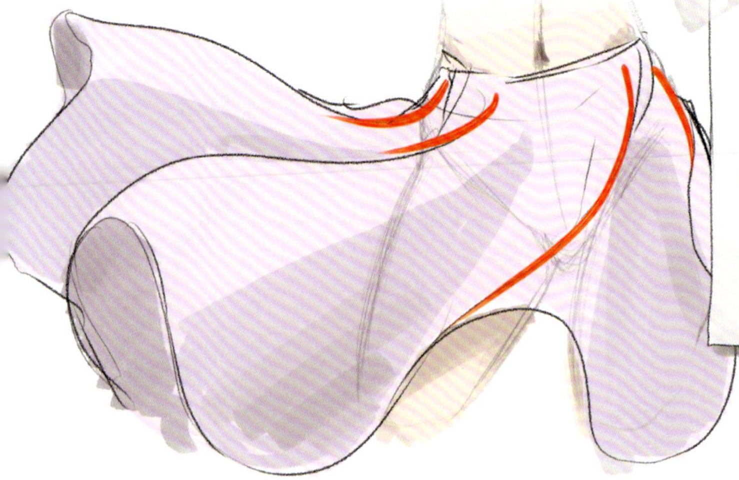

Falten, die durch den **Wind** oder die **Schwerkraft** entstehen, sind meist etwas **weiter**. Falten, die durch **Spannung** entstehen, sind **enger**.

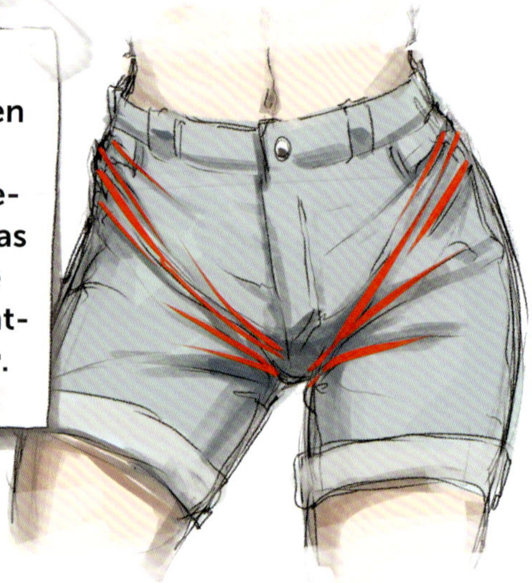

WEITE FALTEN

ENGE FALTEN

Scheu dich nicht, bei weiten Falten die Silhouette des Charakers zu verändern. Die Kleidung soll nicht an deinen Charakteren kleben. Immerhin willst du ja mit weiter Kleidung genau das vermeiden. Klebt die Kleidung an deinem Charakter, wirkt es eher so, als wäre sie nass...

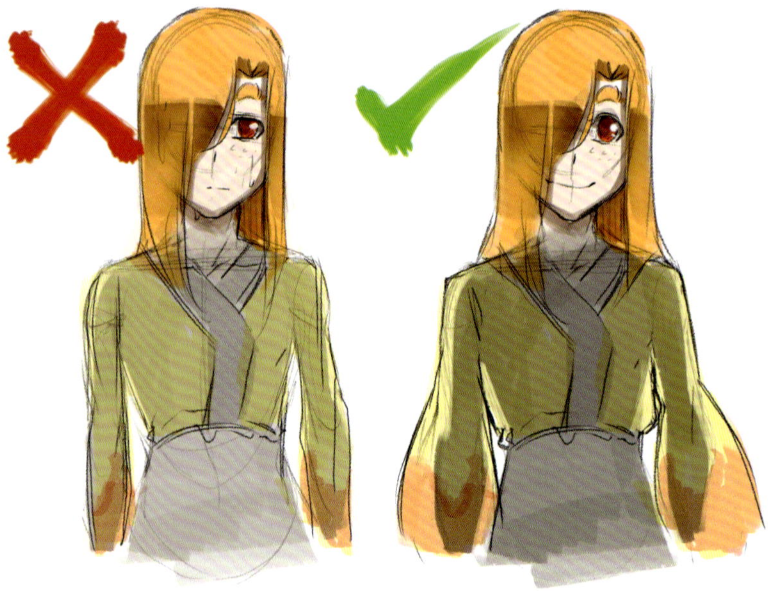

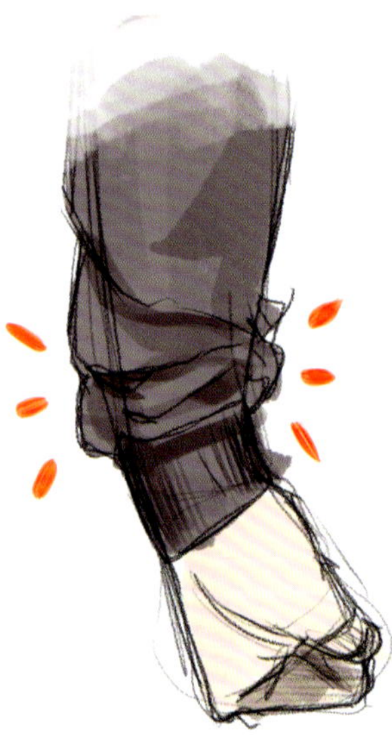

Weite Kleidung sammelt sich in der Regel am **untersten Punkt**.

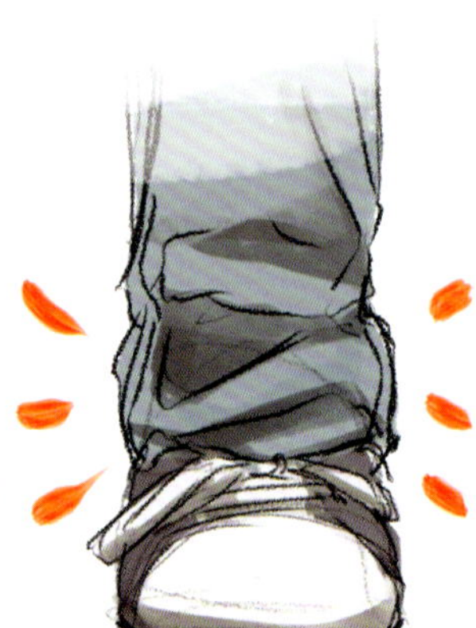

Der Wind trägt die Kleidung auf dieser Seite...

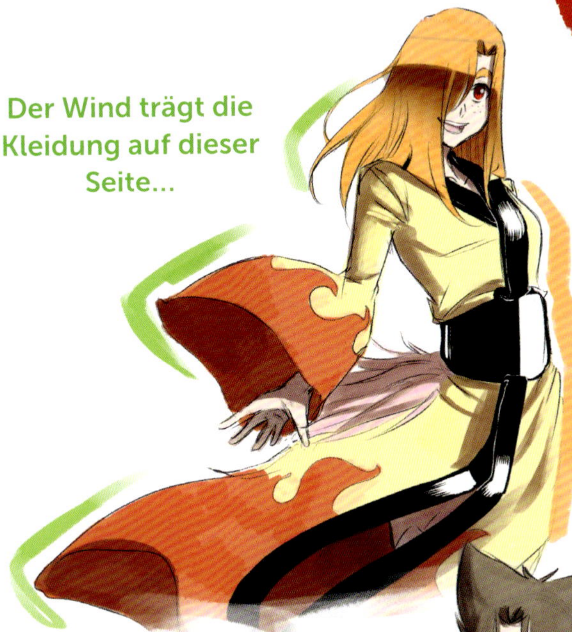

...und presst sie auf dieser Seite an den Körper.

Der Wind sorgt manchmal dafür, dass Kleidung an einem Körper klebt. Allerdings nur von einer Seite! Die andere Seite wird vom Wind getragen.

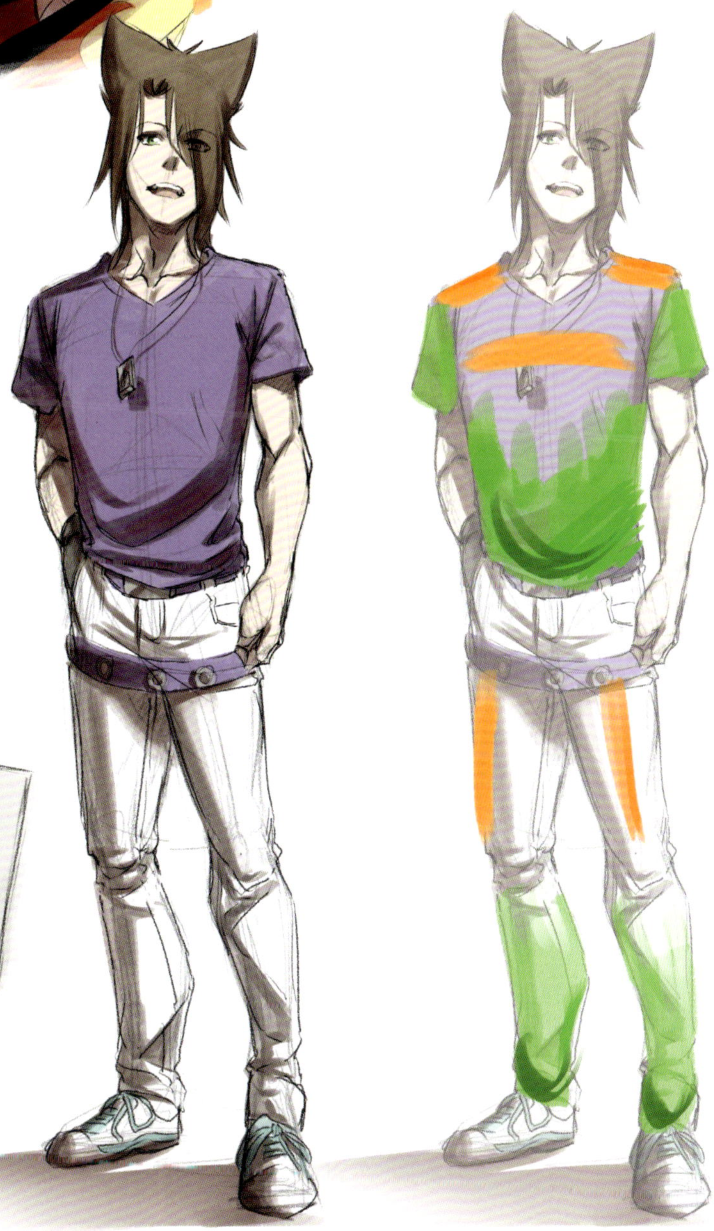

Bei normaler Kleidung ohne Wind musst du einfach nur darauf achten, wo der Stoff auf einer Fläche aufliegt und wo er lose ist.

POSEN UND DYNAMIK

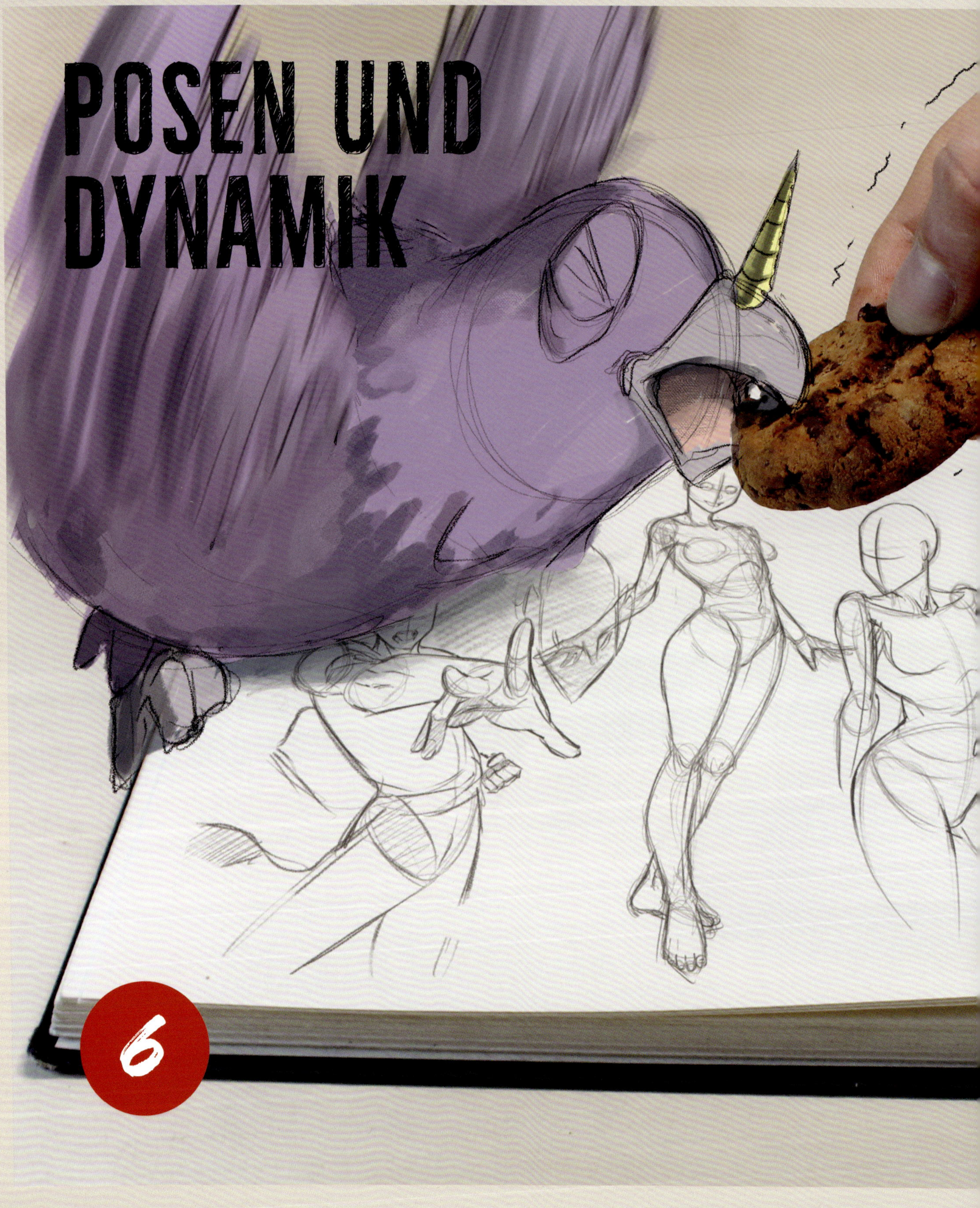

6

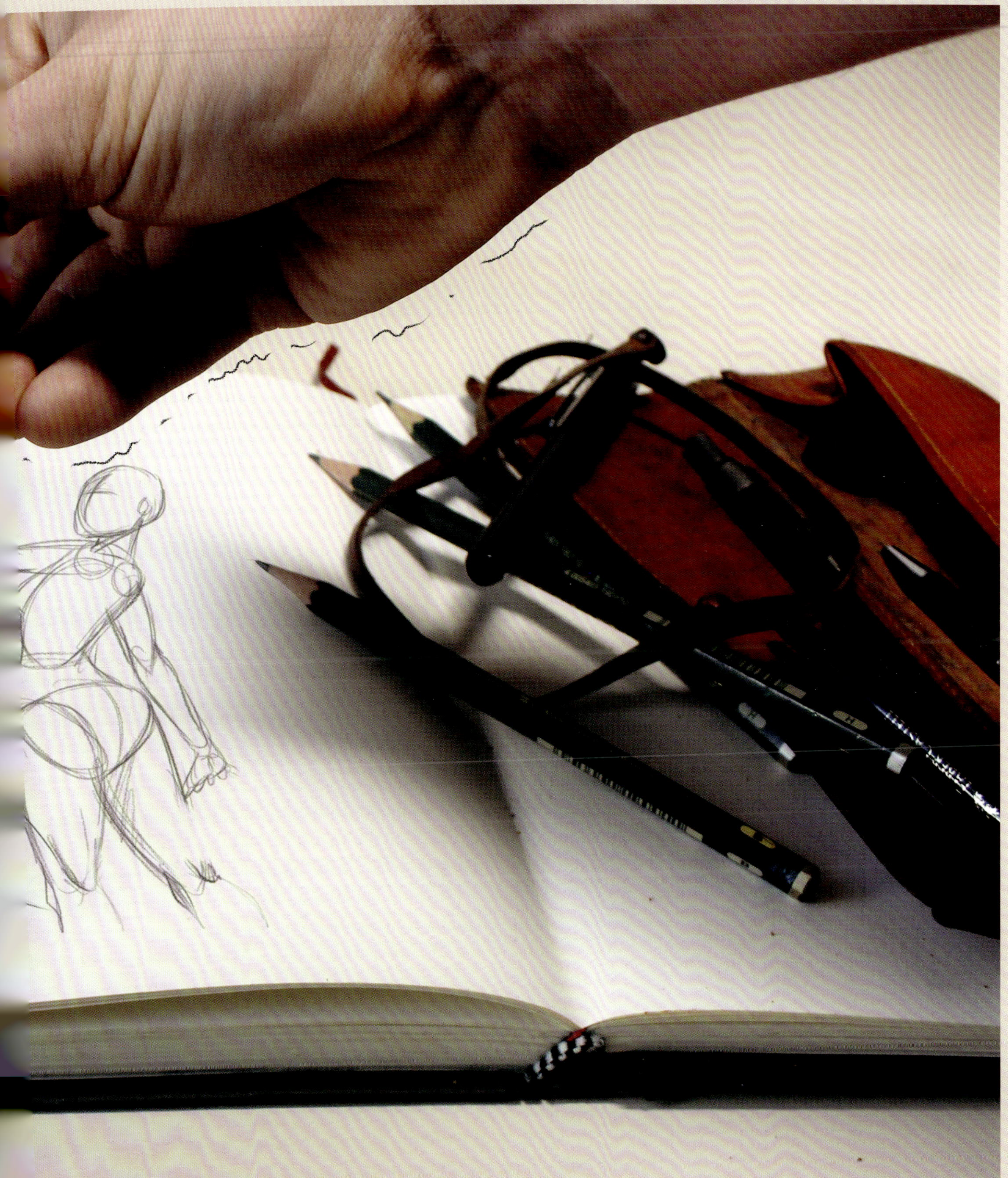

DYNAMIK

Dynamik unterscheidet eine gute Zeichnung von einer fantastischen Zeichung. Egal wie akkurat deine Anatomie oder Details sind – ohne eine lebhafte Darstellung deiner Charaktere sieht die Zeichnung langweilig aus.

Achte immer auf den **dynamischen Strich**! Anhand dessen kannst du erkennen, ob dein Charakter richtig Schwung in seiner Pose hat oder nicht.

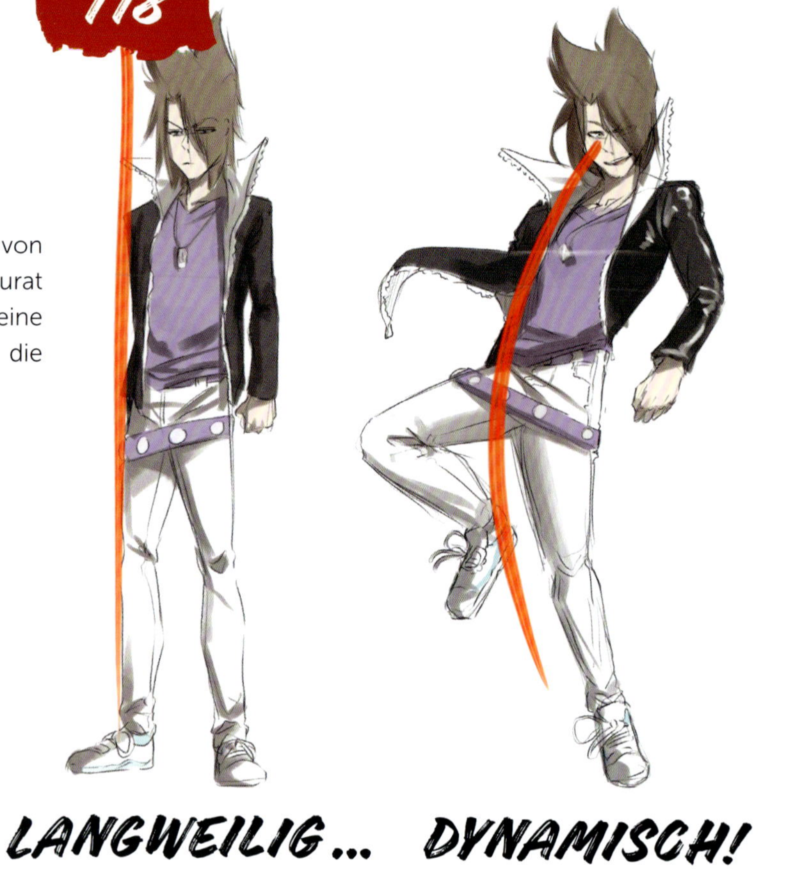

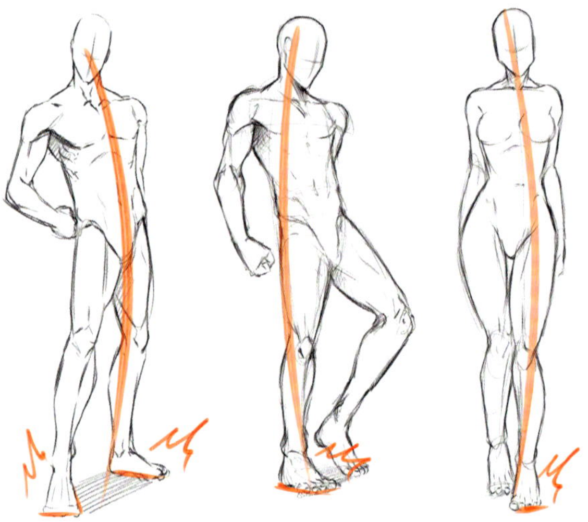

Damit dein Charakter dabei richtig stehen kann, muss der dynamische Strich immer mit den Füßen **ausbalanciert** werden. Ansonsten wirkt die Pose wackelig und unglaubwürdig.

Um die Balance zu halten, ist deine Wirbelsäule auch wie ein „**S**" gekrümmt. Der untere Teil balanciert den oberen Teil einfach aus. Deshalb sehen steife, gerade Posen so unnatürlich aus – weil sie unnatürlich sind!

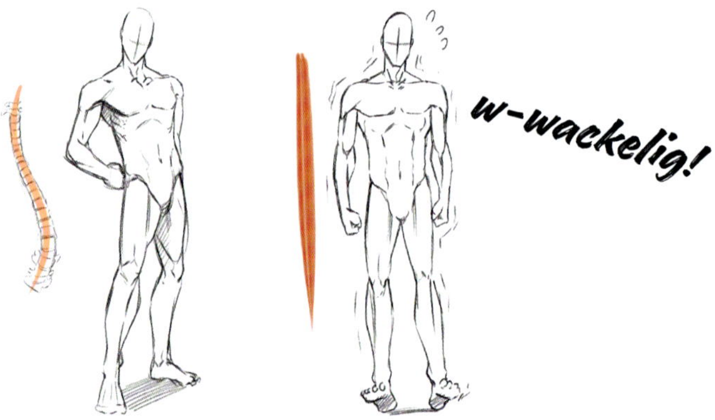

Contrapposto

Contrapposto ist keine Pizzasorte bei deinem Lieblingsitaliener (glaube ich ...), sondern eine Regel, die besagt, dass deine Schultern und dein Becken immer in die jeweils andere Richtung gekippt sein sollten (so zumindest mal sehr einfach ausgedrückt). Auch hier kommt wieder das Thema Balance ins Spiel: Eine symmetrische Pose wirkt weitaus weniger stabil als eine asymmetrische.

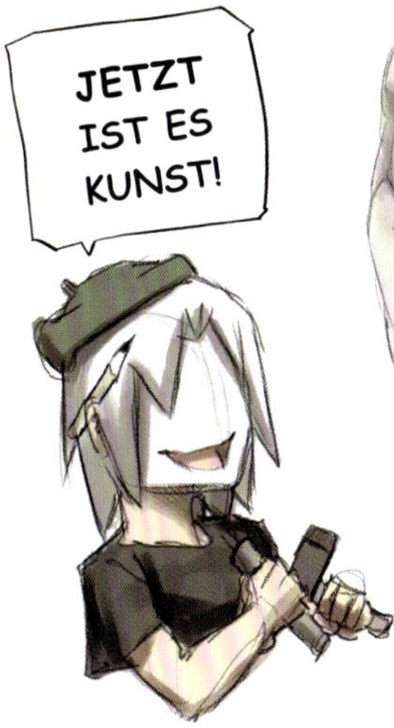

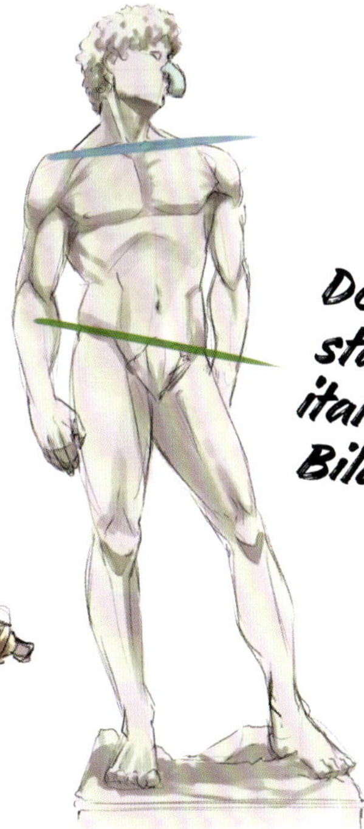

Der Begriff stammt von italienischen Bildhauern.

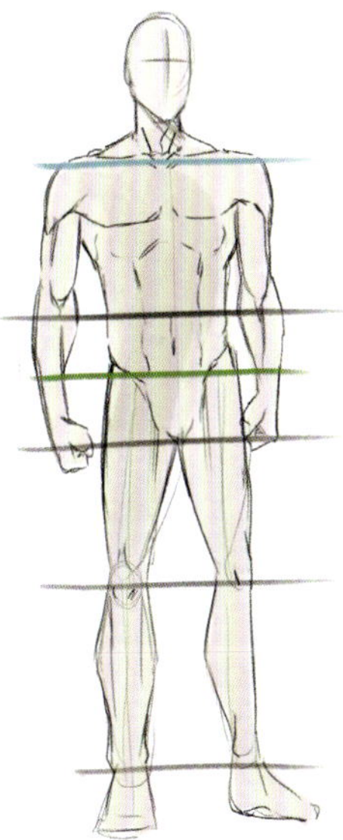

SYMMETRISCH

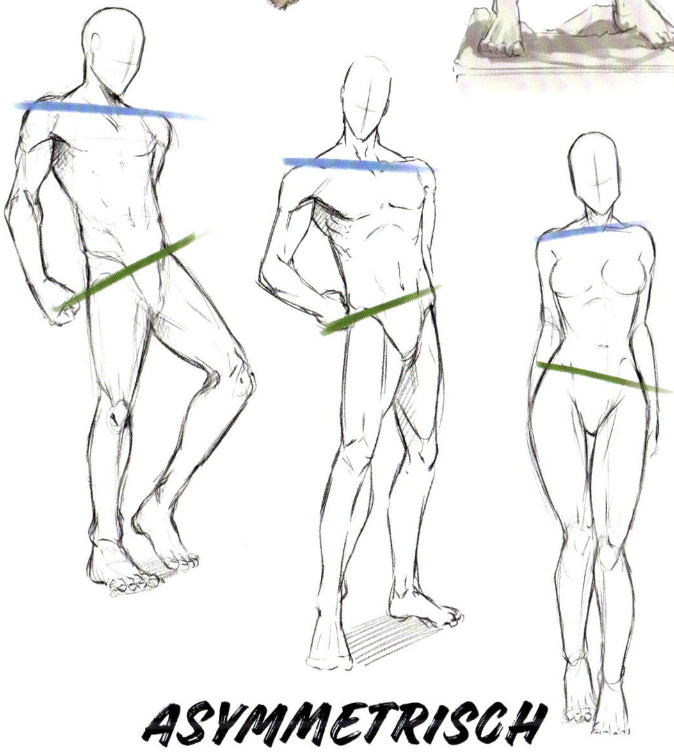

ASYMMETRISCH

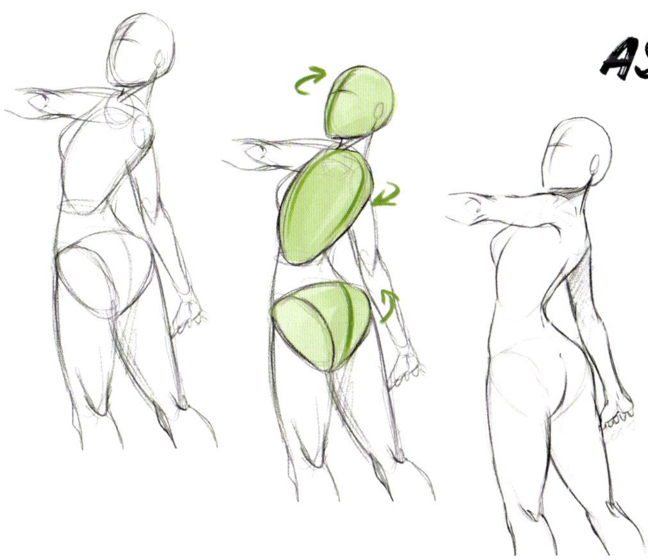

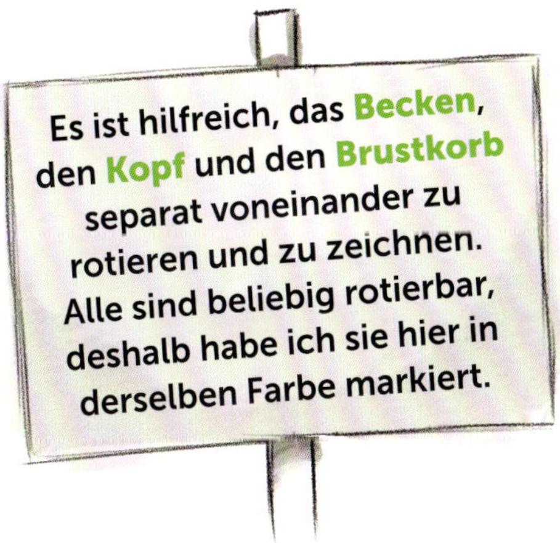

Wind & Schwung

Genauso dynamisch wie eine coole Pose kann auch der Schwung aus einer Bewegung oder der Wind in deinem Bild sein. Indem du Kleidung, Haare, Accessoires und alles andere in Bewegung bringst, kannst du dein Motiv noch dynamischer gestalten.

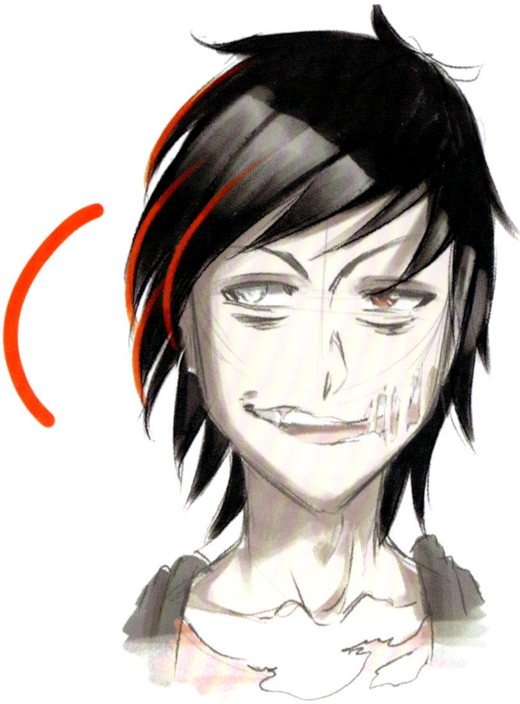

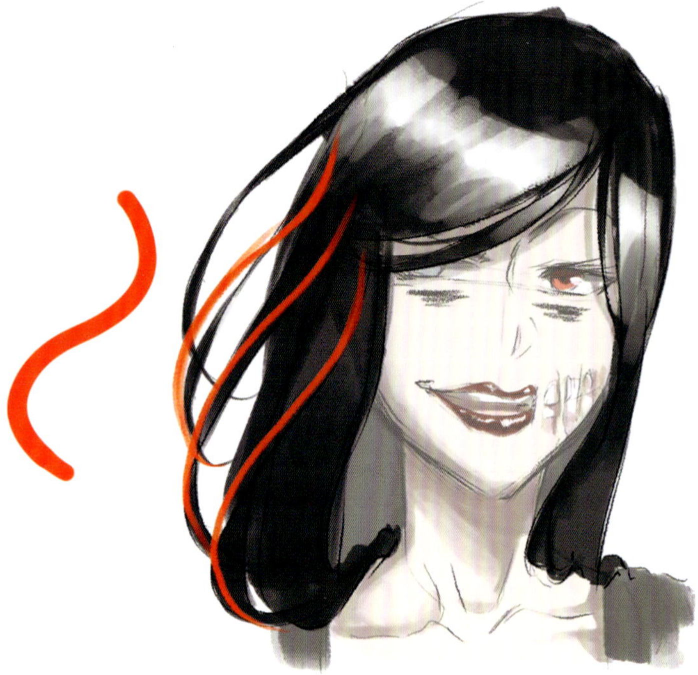

Hier kommt wieder die Regel ins Spiel, die besagt, dass kurze Haarsträhnen funktionieren wie ein **C**, während lange Haare die Form von einem **S** annehmen. Der Rest geht ganz einfach, du musst die Haare nur noch so einzeichnen, wie in Kapitel 3 (ab S. 54) gezeigt.

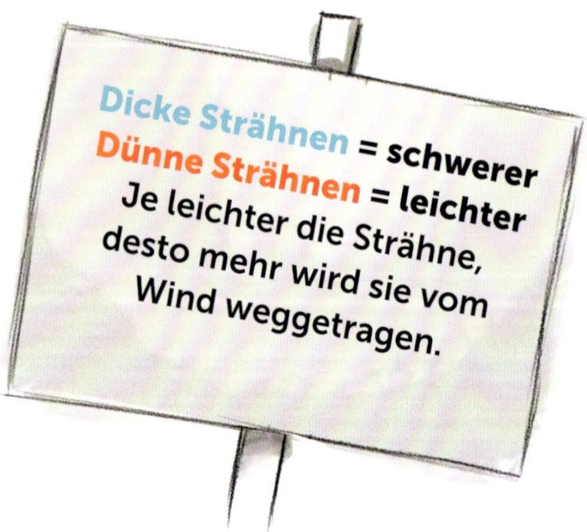

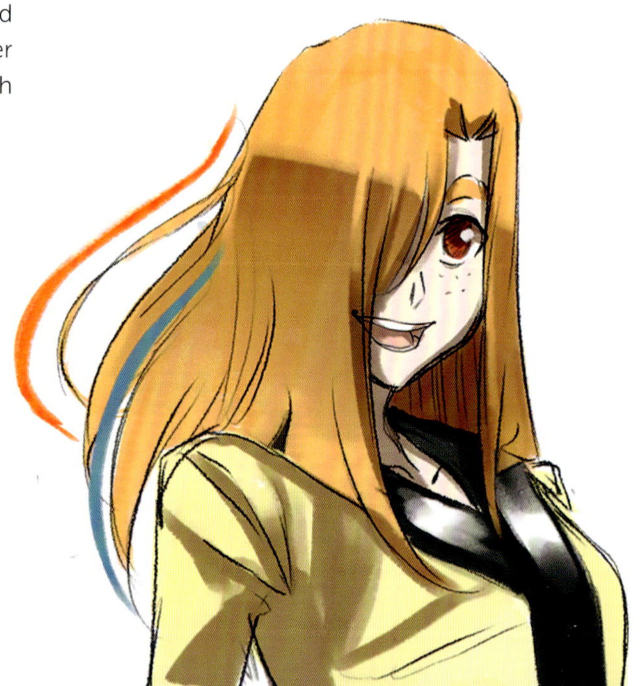

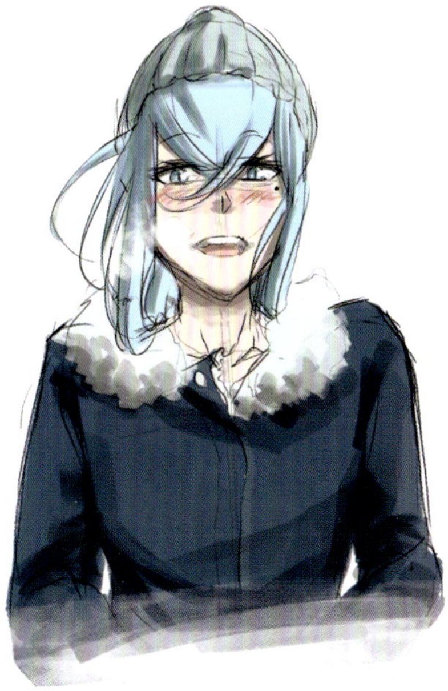

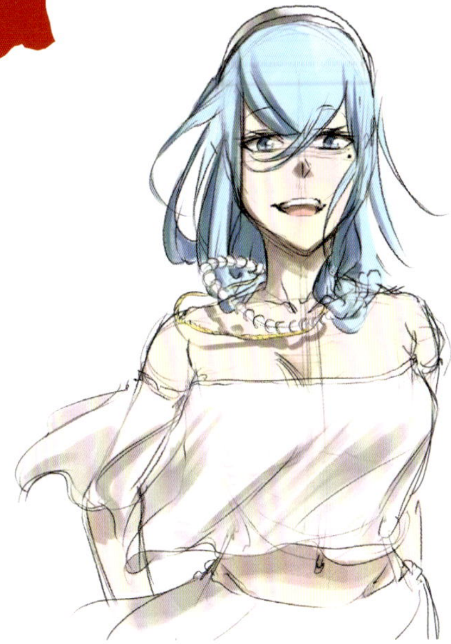

SCHWERE KLEIDUNG

LEICHTE KLEIDUNG

Dasselbe gilt auch für Kleidung! Je **leichter** die Kleidung ist, desto weiter und **stärker** flattert sie im Wind (wie zum Beispiel bei einem T-Shirt). Schwere Kleidung lässt sich so gut wie gar nicht vom Wind bewegen.

Indem man Kleidung viel oder wenig im Wind wehen lässt, kann man also auch verdeutlichen, wie schwer oder leicht das Kleidungsstück ist!

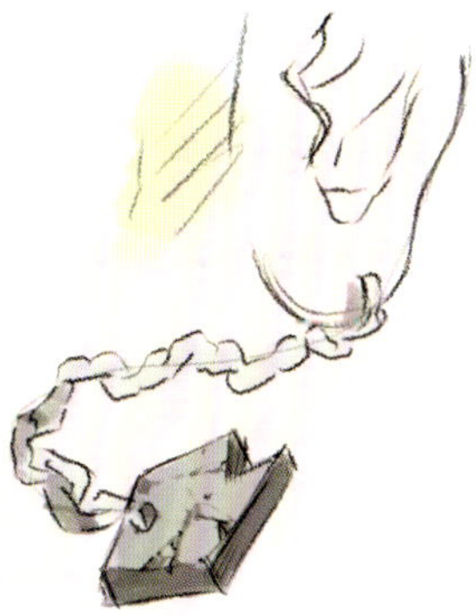

Vergiss auch einzelne Gegenstände nicht! Wenn Kleidung und Haare im Wind wehen und Accessoires wie Ohrringe nicht vom Wind bewegt werden, wirkt das Bild unglaubwürdig.

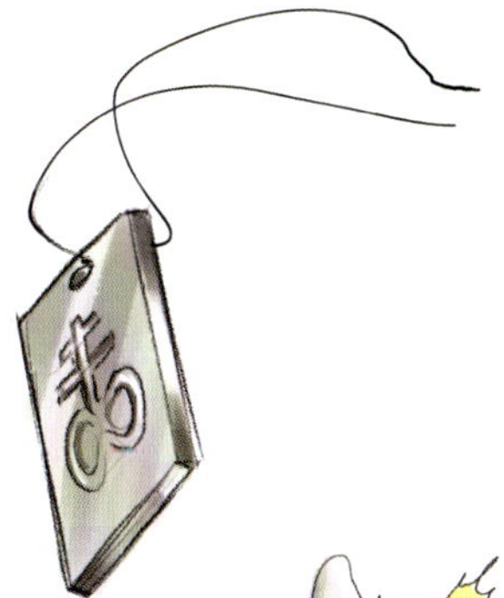

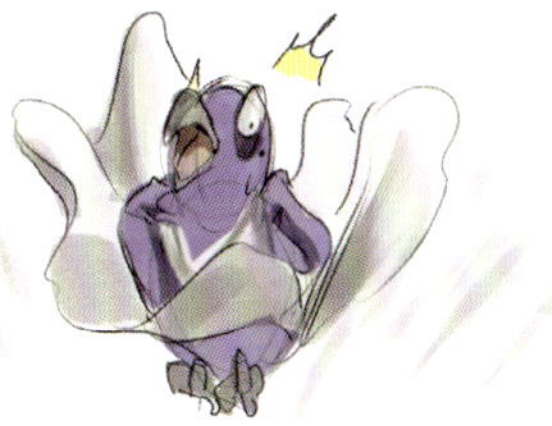

Der Wind sucht sich bei Kleidung selbst die kleinsten Lücken, in denen er etwas greifen kann. Egal ob Ärmel, Röcke oder Kragen, alle losen Teile flattern im Wind.

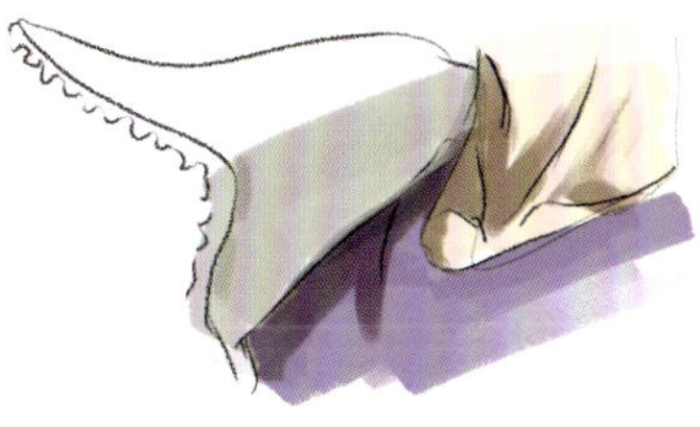

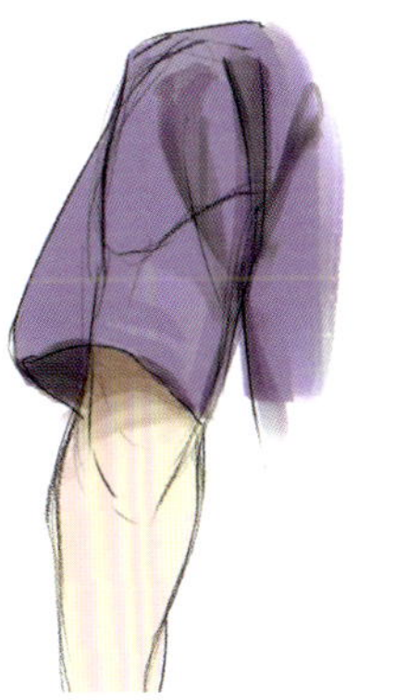

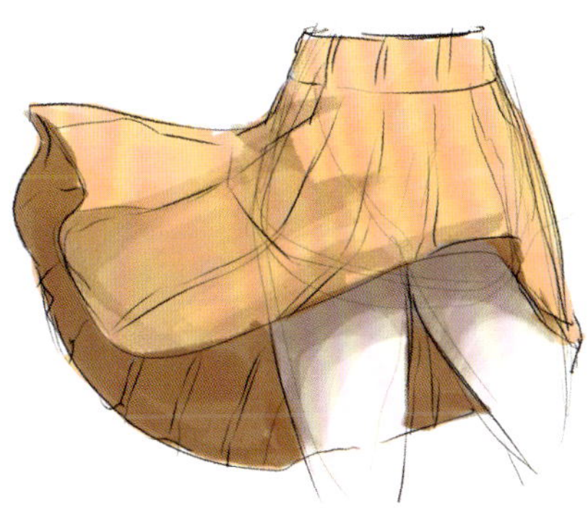

EINE POSE ENTWERFEN

Entwerfen wir mal zusammen eine Pose von Anfang bis Ende. Hier zeige ich dir, wie ich dabei vorgehe. Die Vorgehensweise finde ich so am sinnvollsten, aber du darfst natürlich auch gerne auf deine Weise zeichnen!

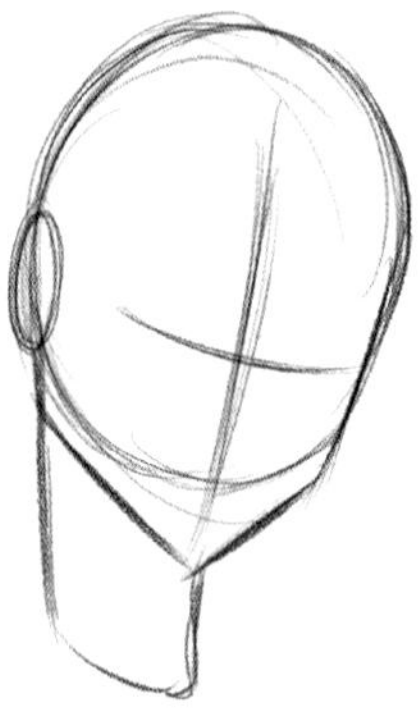

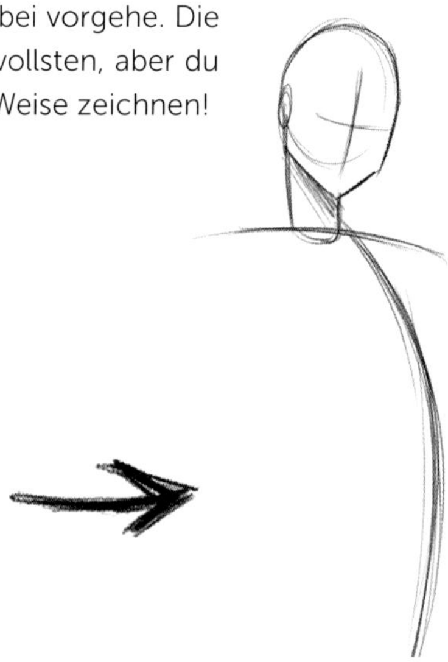

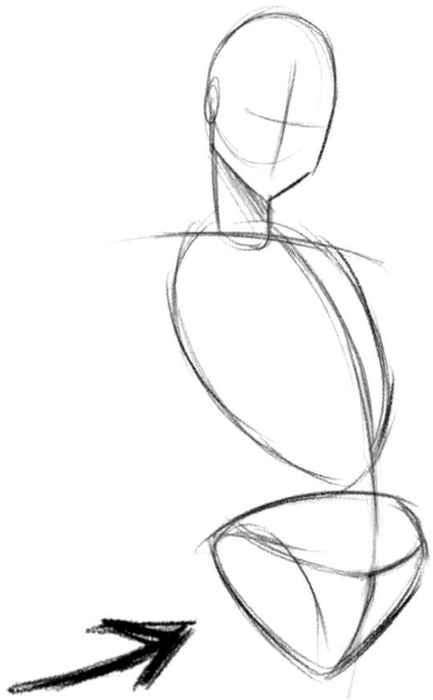

Zuerst fange ich immer mit dem Kopf und dem Hals an, damit ich bereits weiß, wohin der Charakter schaut und wie groß der Körper werden wird (denn die Körpergröße wird ja in Köpfen gemessen).

Danach lege ich mit dem dynamischen Strich und der Contrapposto-Linie für die Schultern die Körperposition fest.

Als Nächstes zeichne ich die beweglichen Teile ein, die ich bisher immer grün markiert habe, also Torso und Becken.

Nun musst du noch die restlichen Gelenke und Gliedmaßen einfügen, dann hast du den schwierigsten Teil hinter dir! Die Pose steht im Grunde schon fest, du musst dich ab sofort nur noch an die Regeln der Anatomie halten, die du bisher kennengelernt hast, und deine Zeichnung ausarbeiten.

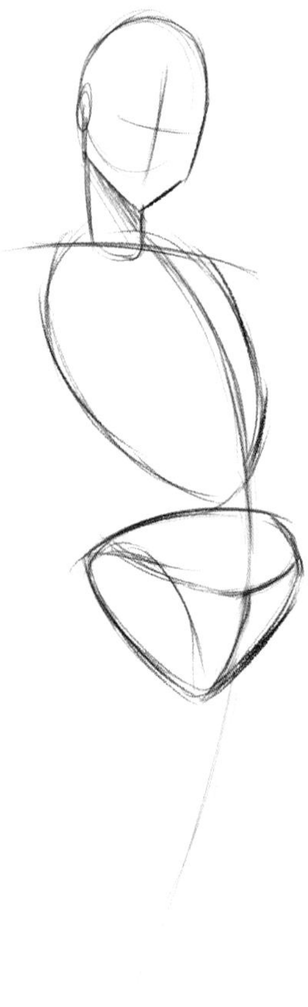

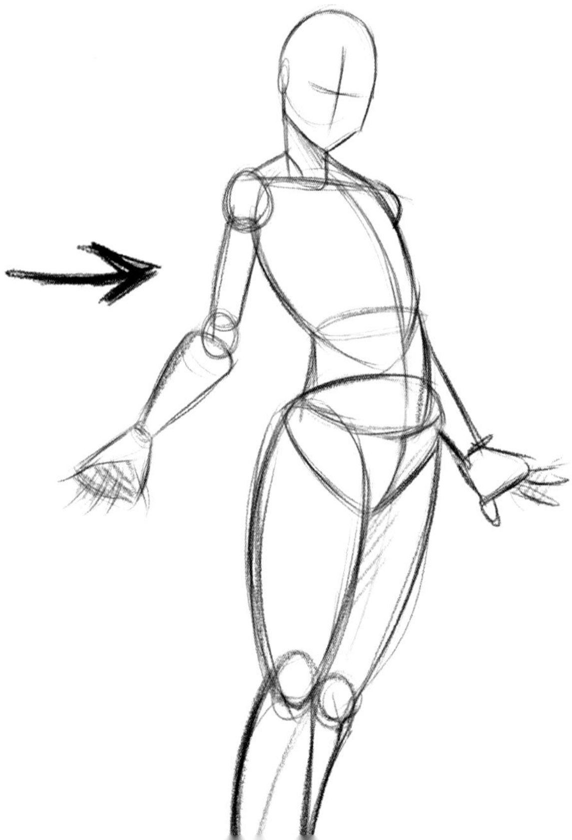

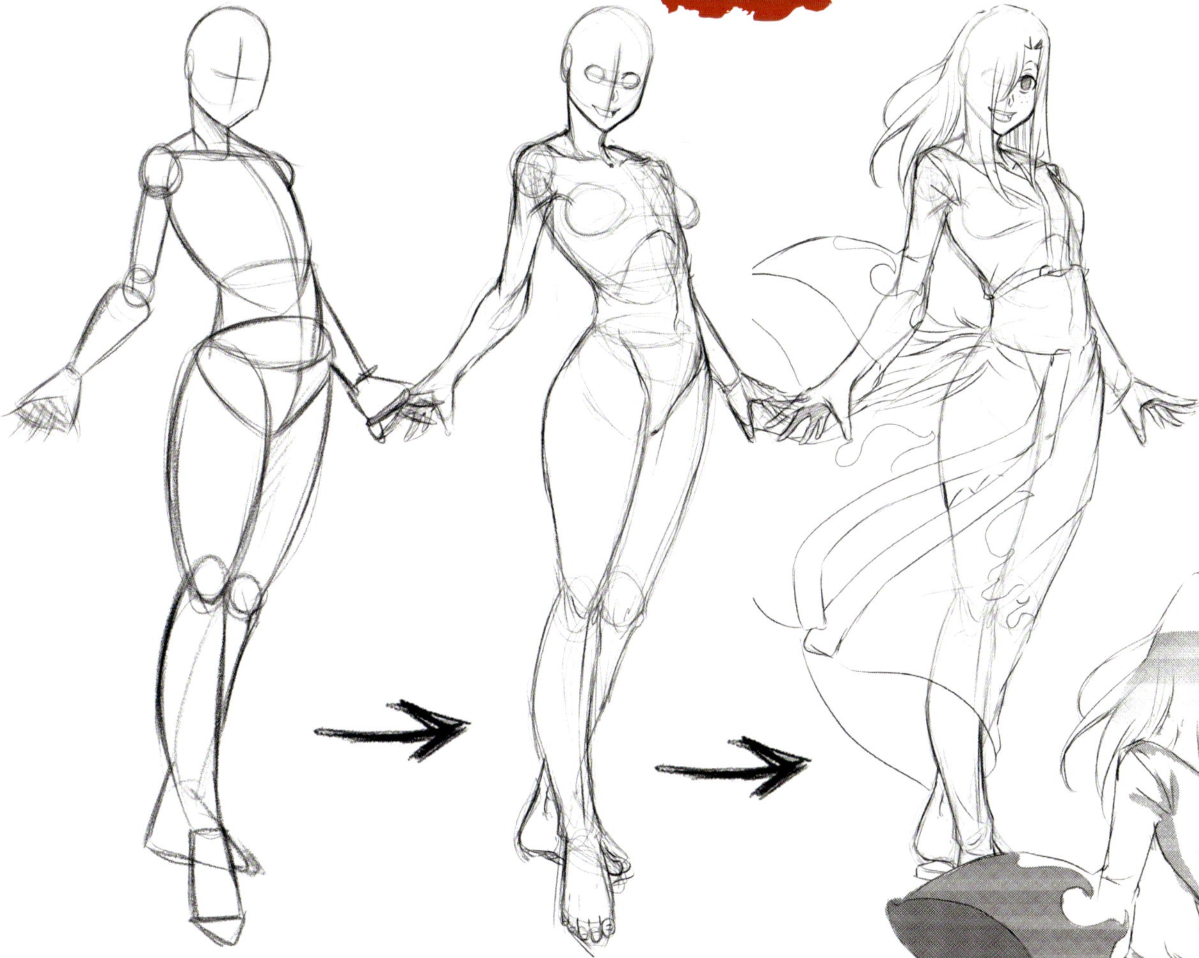

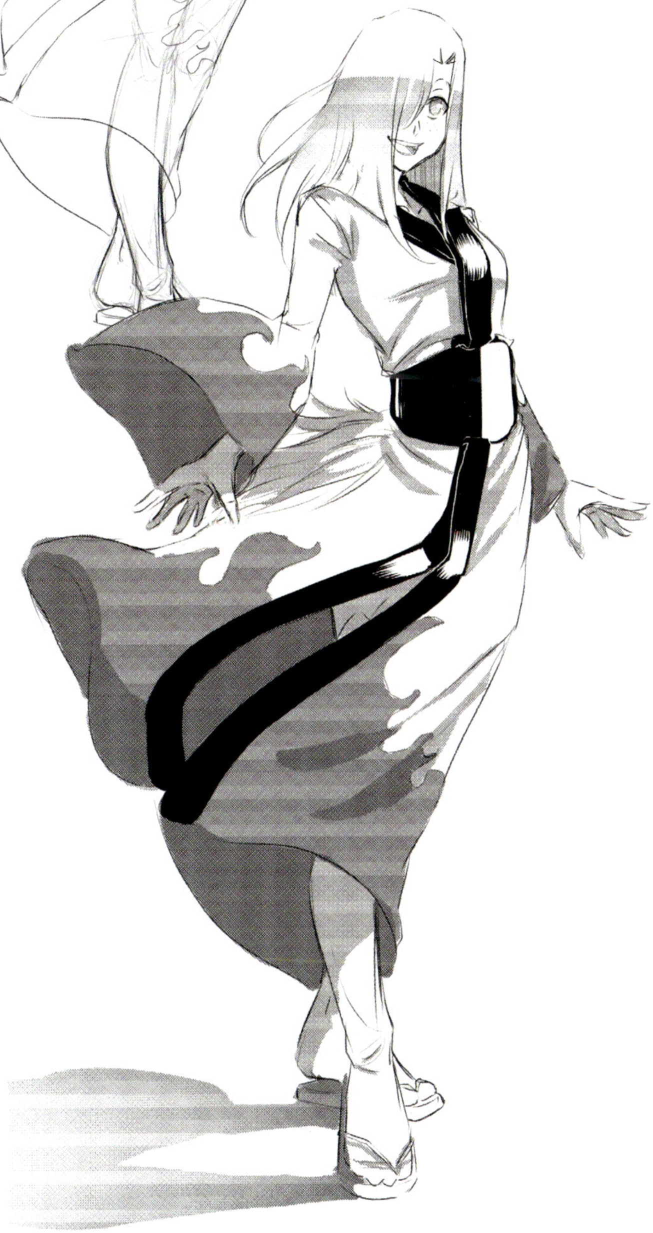

Wenn du den Körper anatomisch ausgearbeitet hast, kannst du auch schon die Haare und die Kleidung darauf zeichnen.

Auch hier zählt wieder:
Der Aufbau ist das A und O!
Wären die Bauteile ganz am Anfang fehlplatziert, würde meine Zeichnung am Ende ebenfalls schief aussehen. Hier passt wieder das Beispiel mit dem Haus gut, das auf schiefem Fundament gebaut wurde.

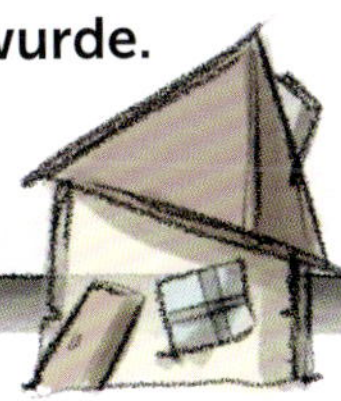

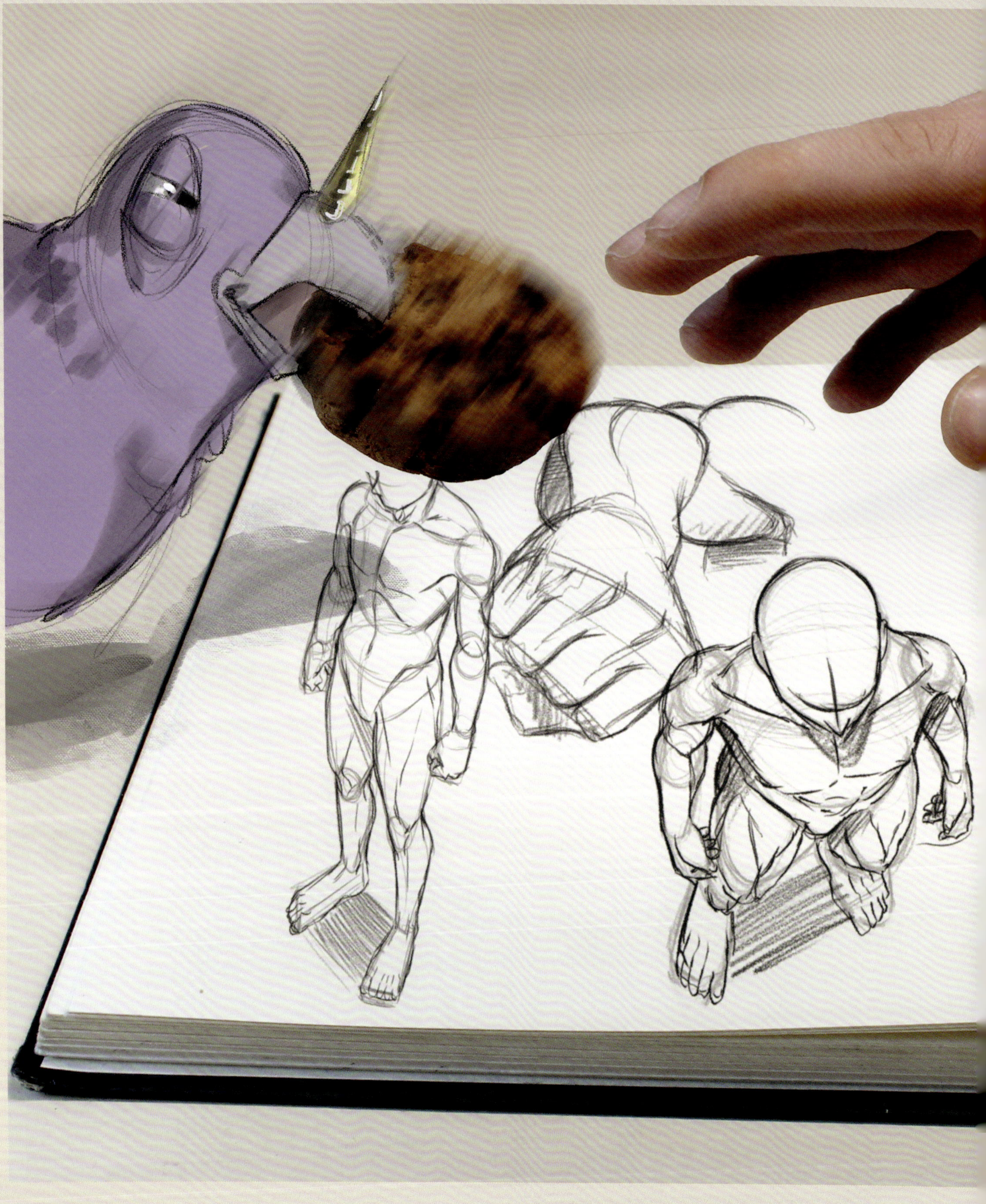

PERSPEKTIVE UND RAUM

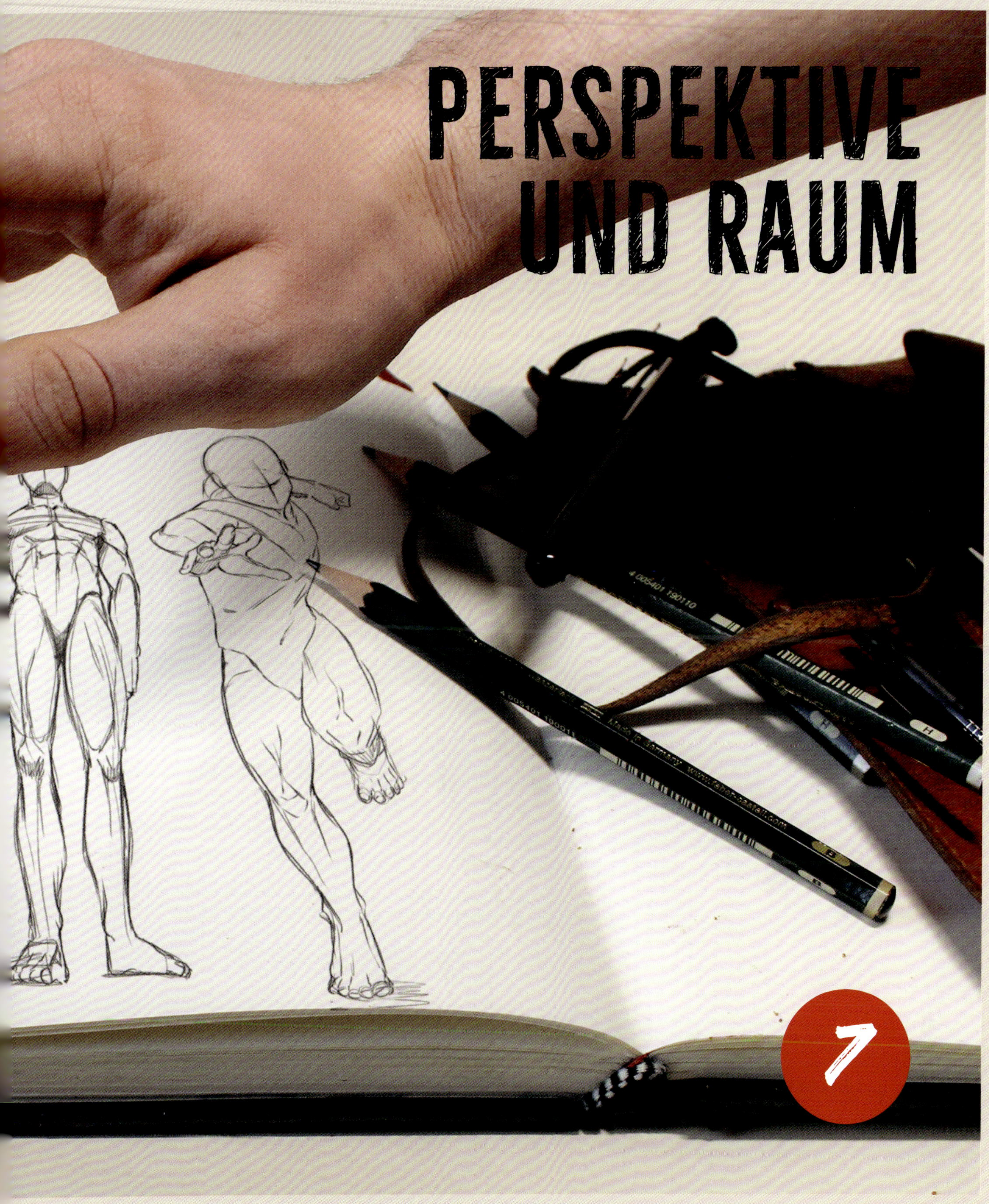

7

PERSPEKTIVISCH ZEICHNEN

Du kannst mittlerweile so einiges, aber die Königsdisziplin ist es, in Perspektive zu zeichnen. Ohne Perspektive kannst du nämlich nicht mehr als eine Person gleichzeitig darstellen.

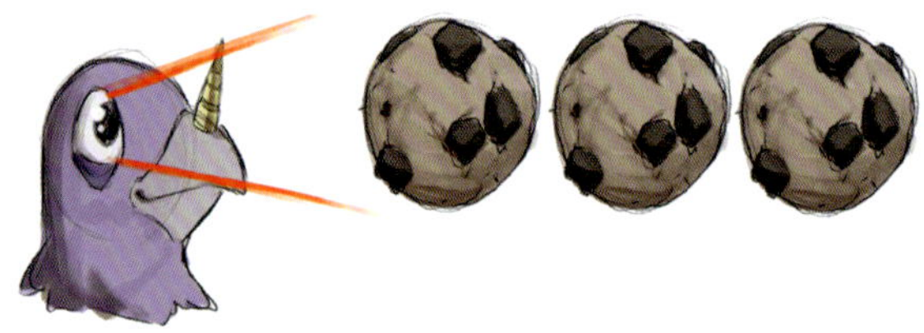

Ansicht von der Seite

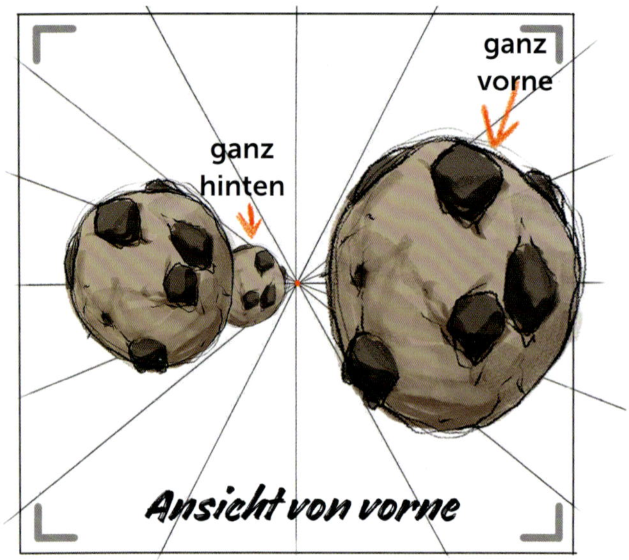

Was jede*r wissen sollte: In der **Ferne** werden Gegenstände **kleiner**. Je **näher** sich der Gegenstand am Betrachter befindet, desto **größer** wird er. Außerdem **verdecken sich Gegenstände** je nach Blickwinkel gegenseitig, wie z.B. hier links die Kekse.

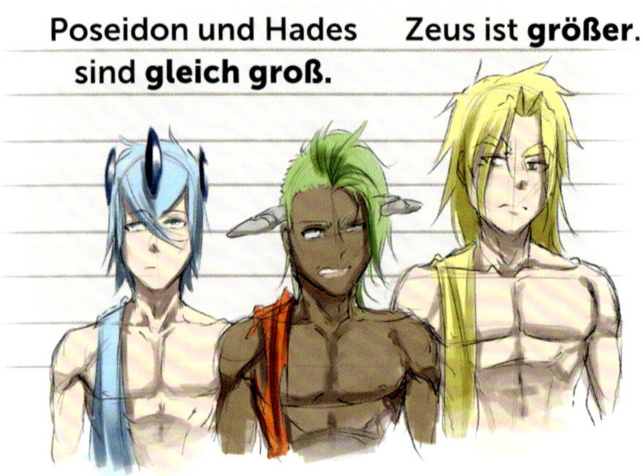

Gleich große Charaktere stehen auf **derselben perspektivischen Linie**. Zeus' Kopf geht daher über die Linie hinaus.

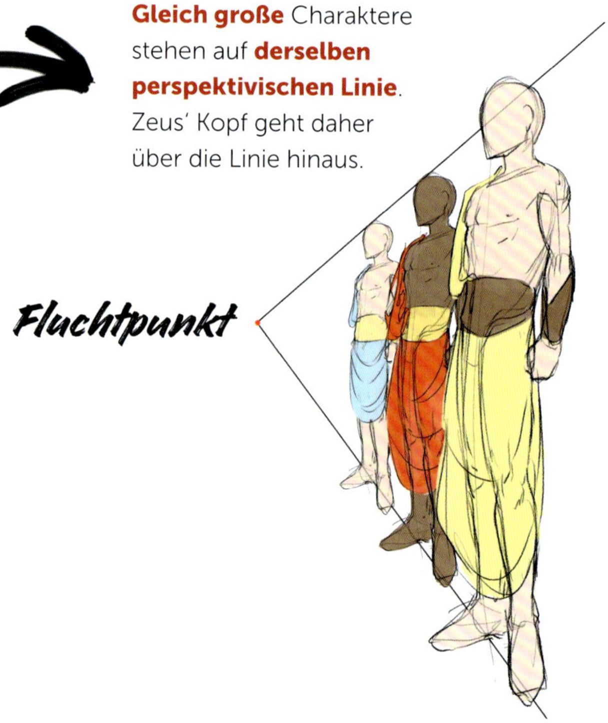

Wenn du mehrere Charaktere oder Objekte zeichnest, kannst du mit einem Fluchtpunkt, von dem aus du perspektivische Linien ziehst, immer checken, ob die Größe richtig ist. Alles auf derselben Linie ist **gleich groß**. So kann man auch Gegenstände und alles andere auf dem Bild messen.

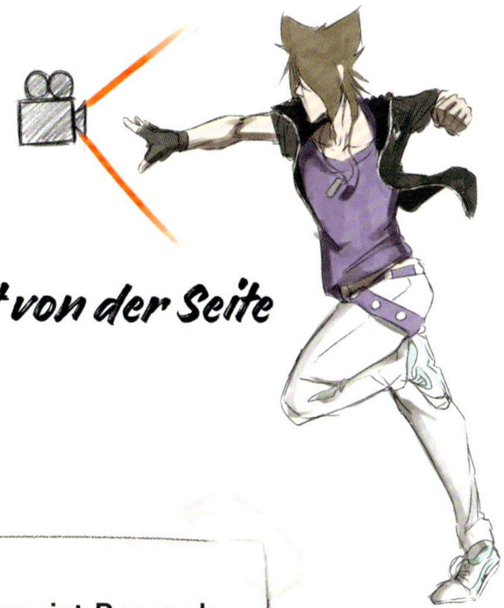

Ansicht von der Seite

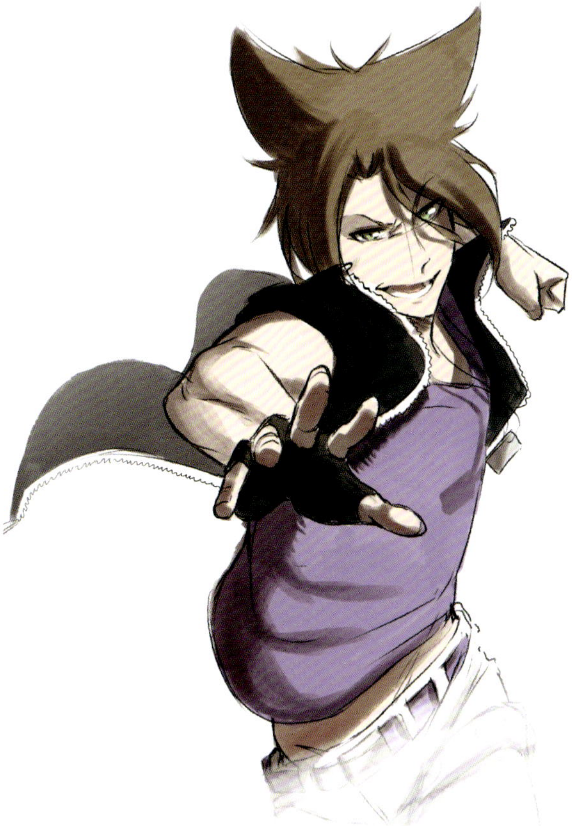

Perspektive der Kamera

Außerdem ist Perspektive auch unglaublich nützlich, um Charaktere aus verschiedenen Blickwinkeln zu zeichnen. Das wirkt extrem dynamisch.

Der Anfängerfehler schlechthin ist dabei, alles nebeneinander aufs Bild zu quetschen. Vergiss nicht, was auf der vorherigen Seite stand: **Gegenstände verdecken sich gegenseitig**. In diesem Fall würde also die Hand einige Teile des Arms verdecken:

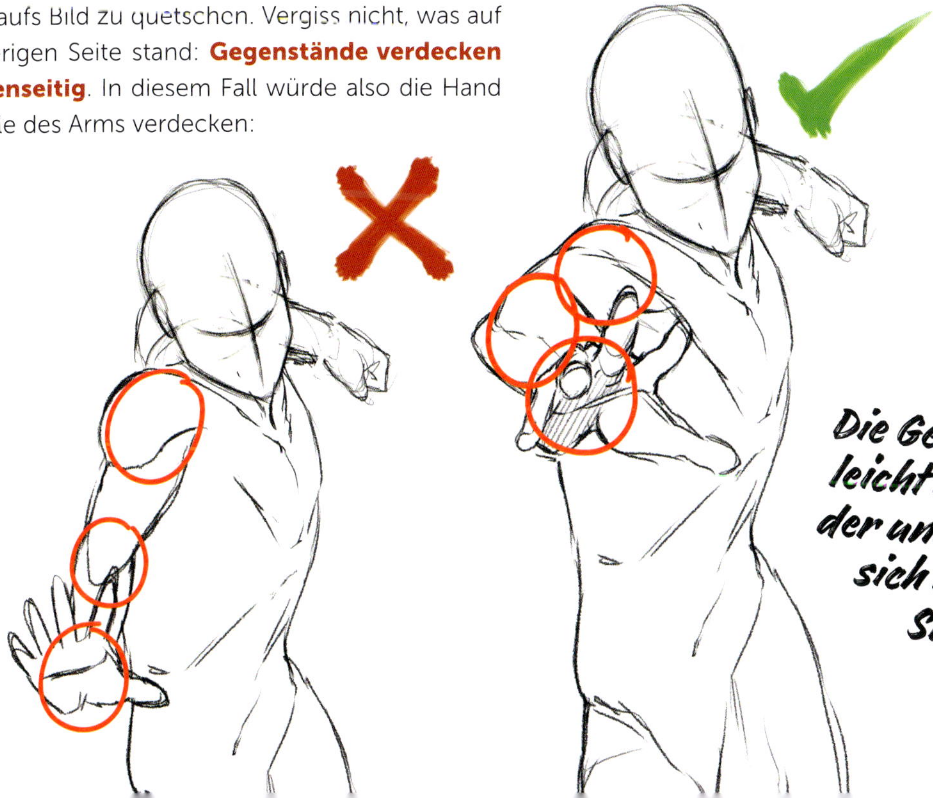

Die Gelenke liegen leicht übereinander und verdecken sich an diesen Stellen!

In einem solchen Fall arbeitet man am besten so simpel wie möglich. Deshalb hast du am Anfang mit den einfachen Bauklötzen geübt; damit du sie hier wieder nutzen kannst.

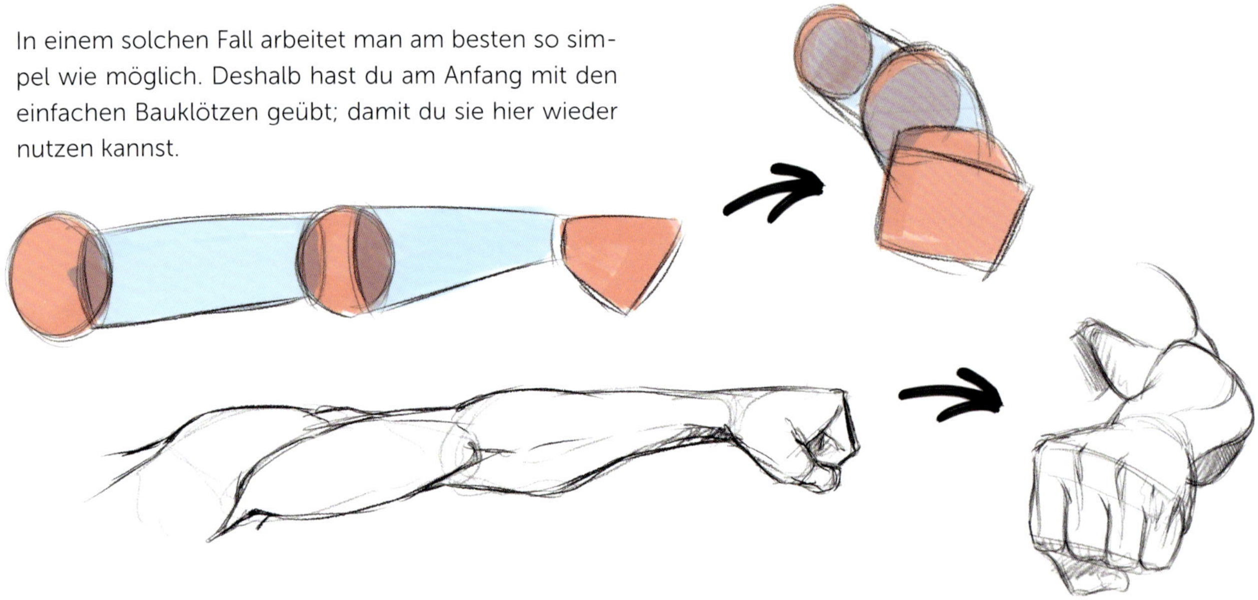

Hier unten habe ich dir das Beispiel der vorigen Seite Schritt für Schritt gezeichnet. Du kannst gerne mal versuchen, die Pose nachzuzeichnen! Und denk immer daran: Je **näher** sich der Gegenstand am Betrachter befindet, desto **größer** wird er – in diesem Fall zum Beispiel die Hand. Perspektive ist anfangs nicht sehr leicht, lass dich also nicht entmutigen, wenn es nicht sofort so gut funktioniert.

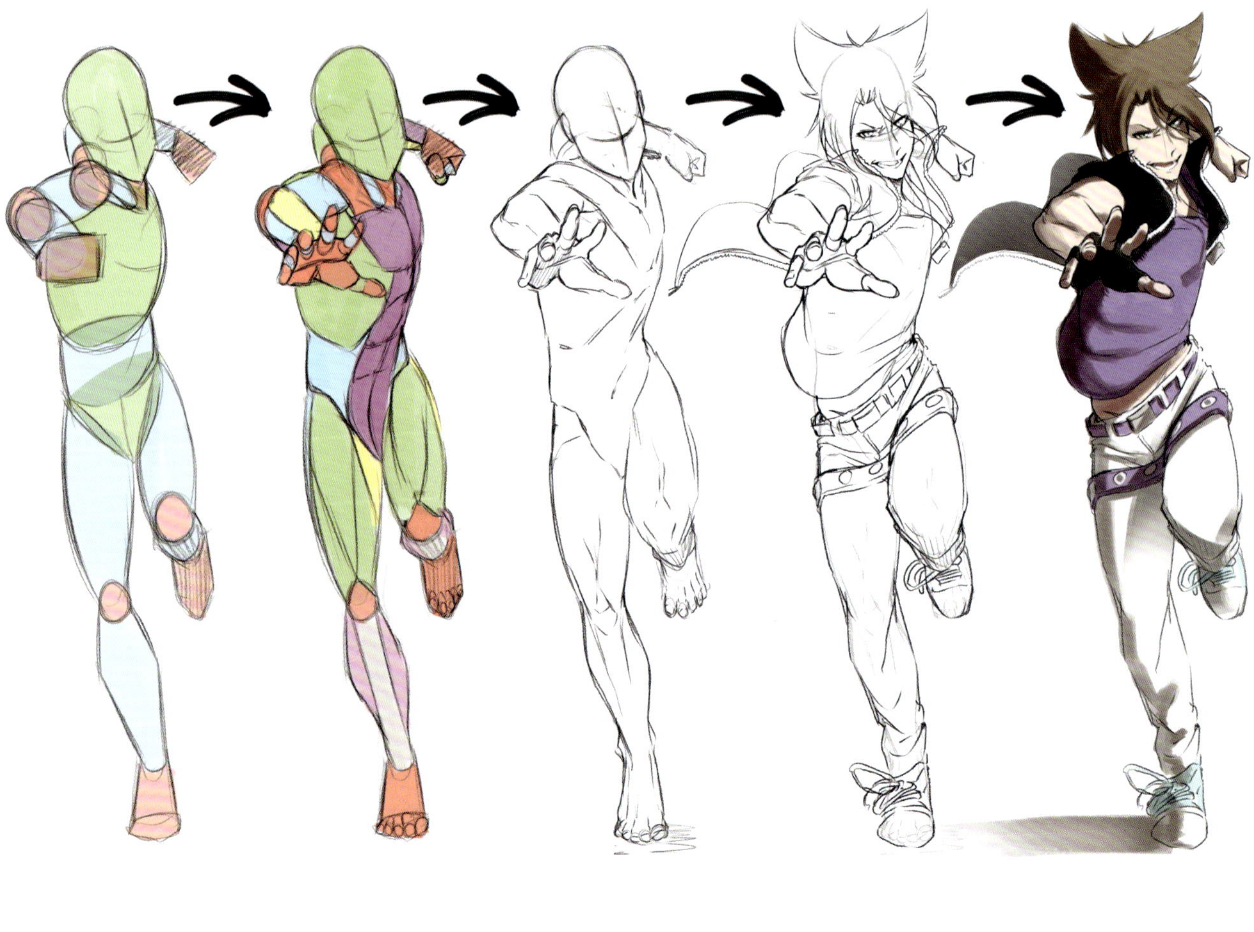

Übung mit Vorlage

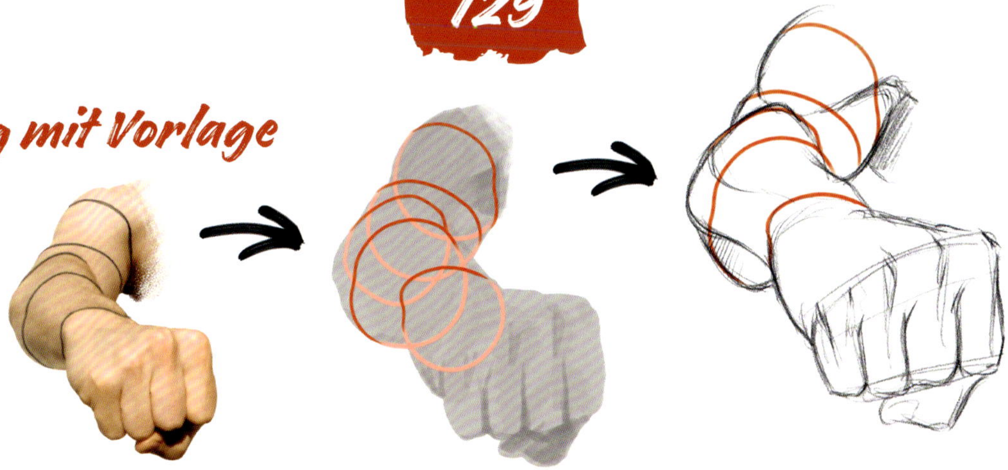

Anhand dieser Fotos und Guidelines kannst du üben, verschiedene Armpositionen in Perspektive zu zeichnen. Wie du siehst, ist immer der Teil **am größten**, der direkt **zum Betrachter** zeigt (zum Beispiel die Faust oder der Ellbogen).

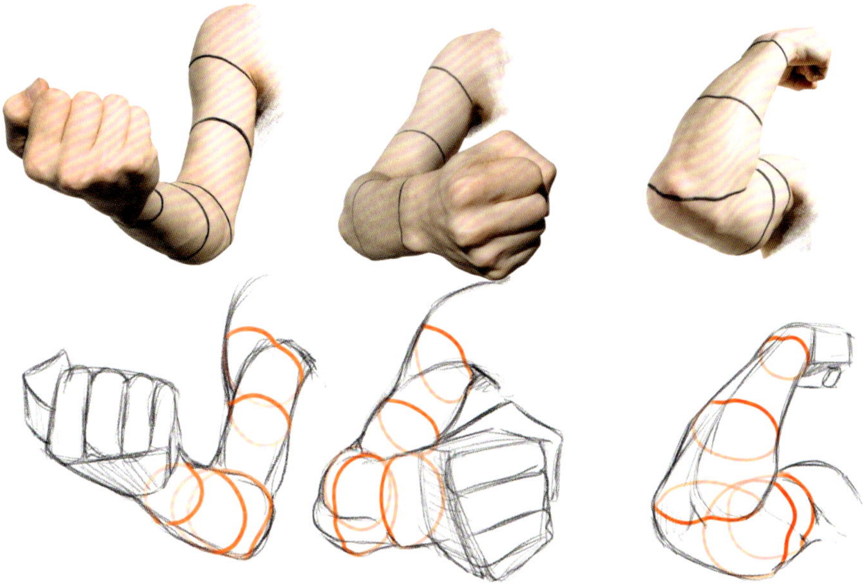

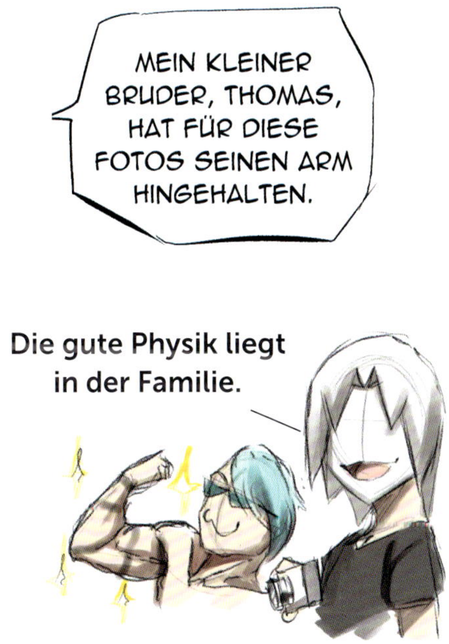

Übung ohne Vorlage

Hier ist noch eine simple Übung, die jederzeit und ohne Vorlage funktioniert: Zeichne einfach **Kreise** in verschiedenen Größen und versuche, diese dann perspektivisch durch eine **Röhre** zu verbinden. Natürlich musst du mit dem größten anfangen und bei dem kleinsten enden!

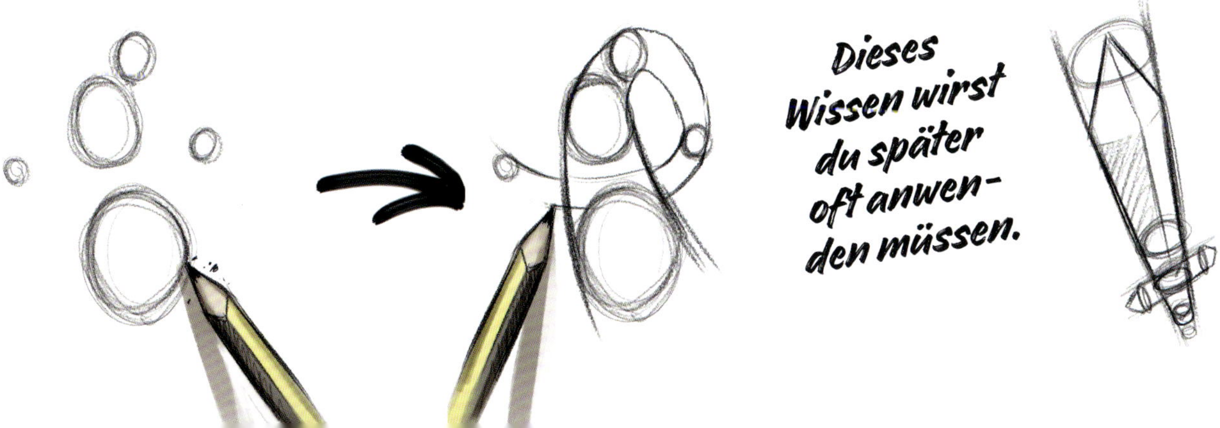

Ganzer Körper in Perspektive

Versuchen wir das gerade Gelernte mal mit einem **kompletten Körper**. Einen ganzen Charakter in Perspektive zu versetzen ist natürlich noch mal schwieriger. Deshalb solltest du den Körper zunächst so simpel halten wie möglich und dann erst Details einzeichnen:

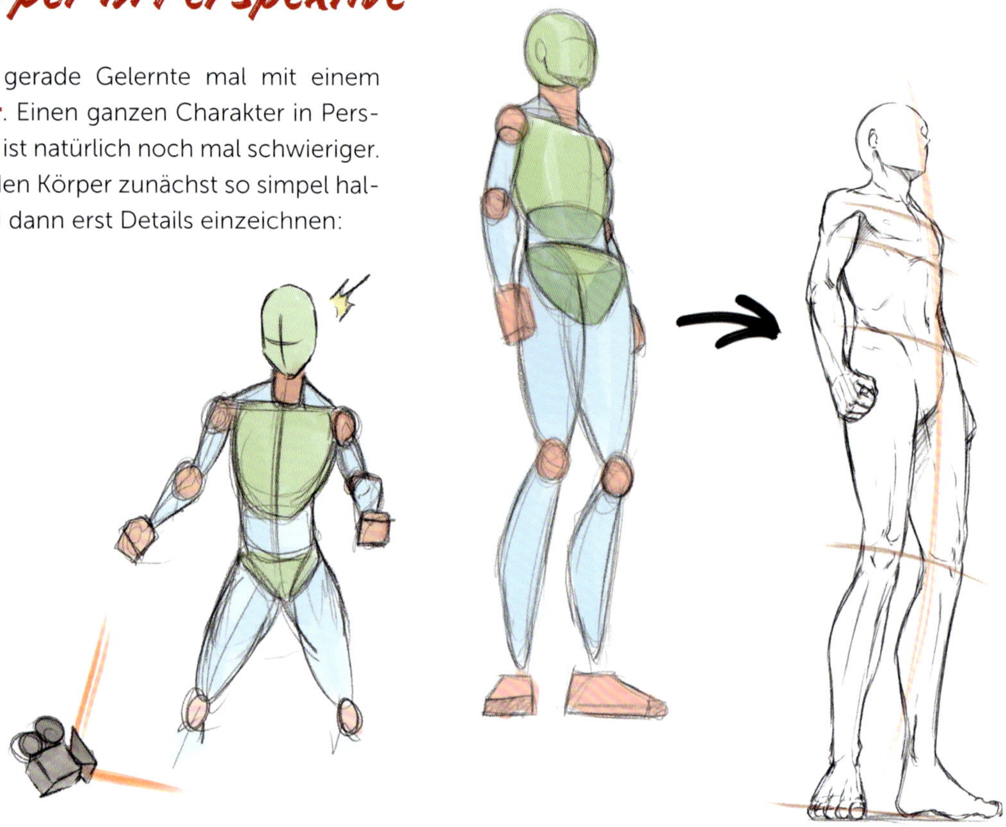

1

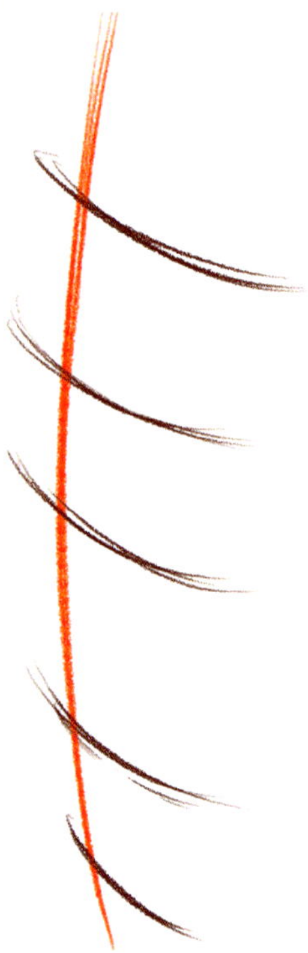

Hier also Schritt für Schritt: Ich markiere mit dem **dynamischen Strich** zuerst, wie lang der Charakter wird und in welche Richtung er sich krümmt. Mit horizontalen Linien markiere ich mir die Höhe der verschiedenen Orientierungspunkte: **Schultern, die Mitte des Brustkorbs, Hüfte, Knie & Füße**.

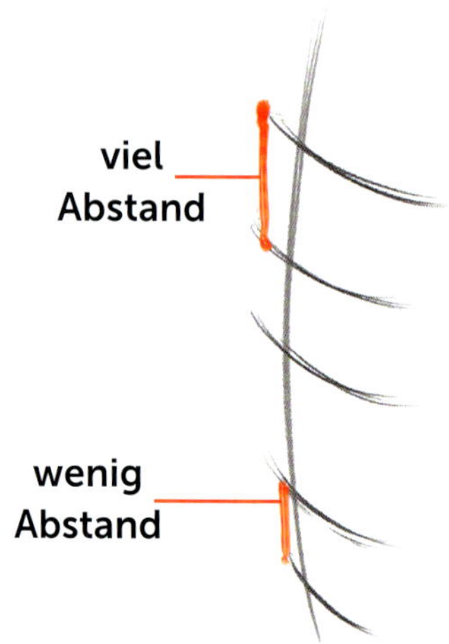

Niemals vergessen: je **weiter weg** sich etwas befindet, desto **kleiner** wird es. Deshalb werden die **Abstände** zwischen den Markierungen hier immer **kleiner und kleiner**.

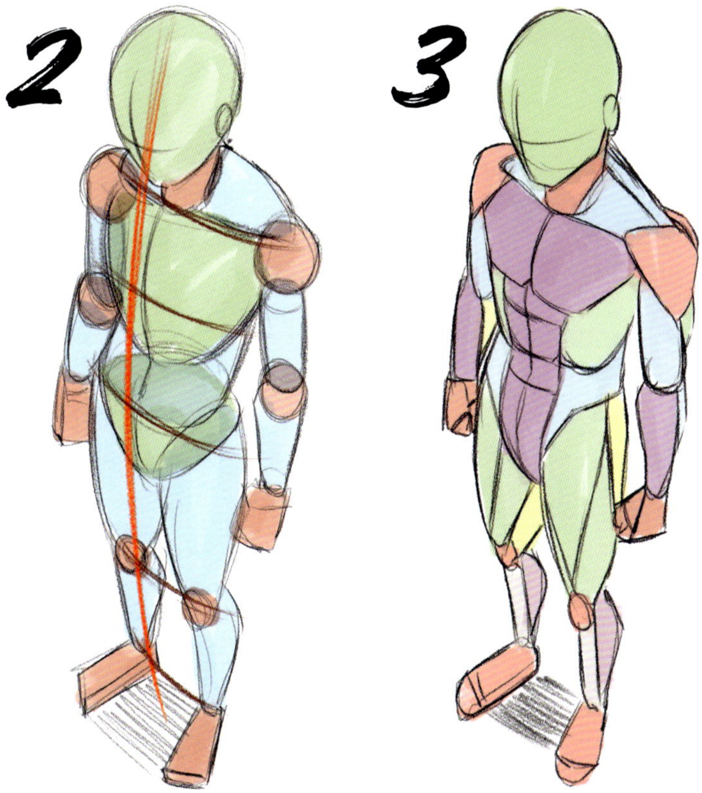

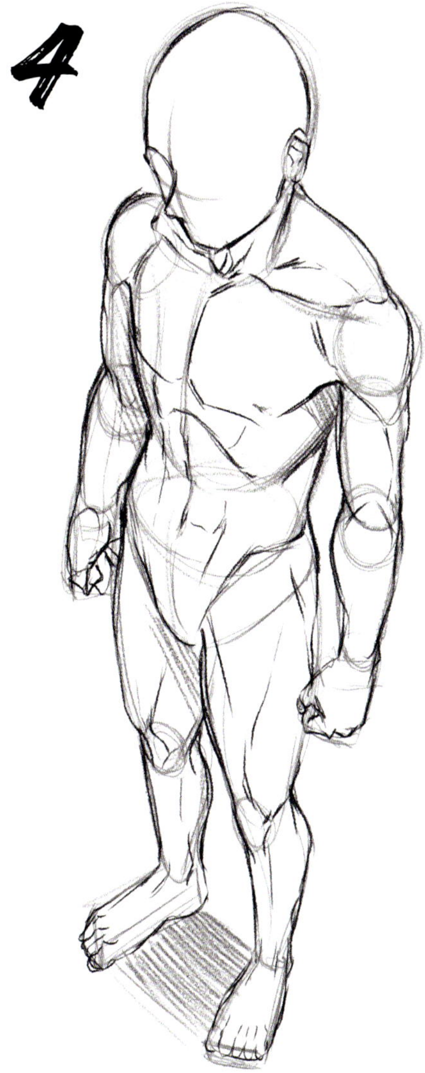

Den Rest kennst du ja mittlerweile: Zeichne zuerst die simple, dann die komplexere Version des Körpers ein. Zum Schluss wendest du wieder dein Wissen über Anatomie an.

Das Ganze kannst du auch super mit Fotos üben und so überprüfen, ob deine Zeichnung am Ende richtig ist oder nicht. Hier sind außerdem noch ein paar Übungsbeispiele, bei denen ich dir die Guidelines schon vorgezeichnet habe:

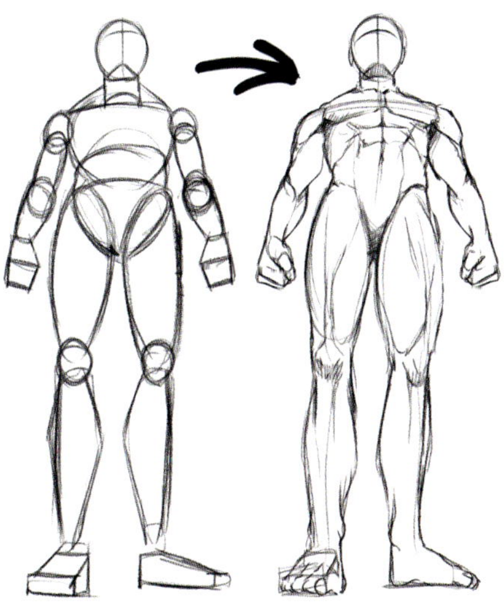

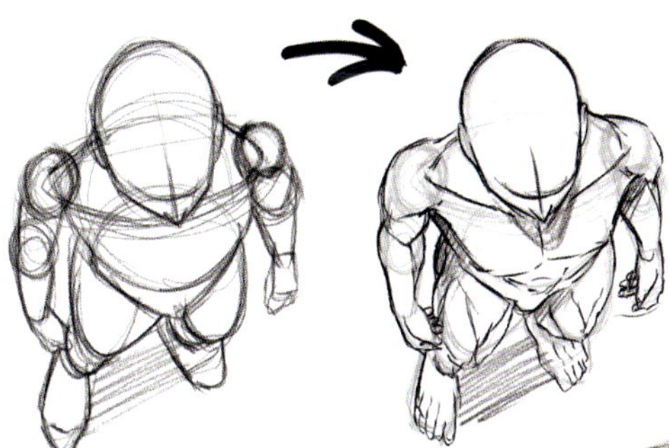

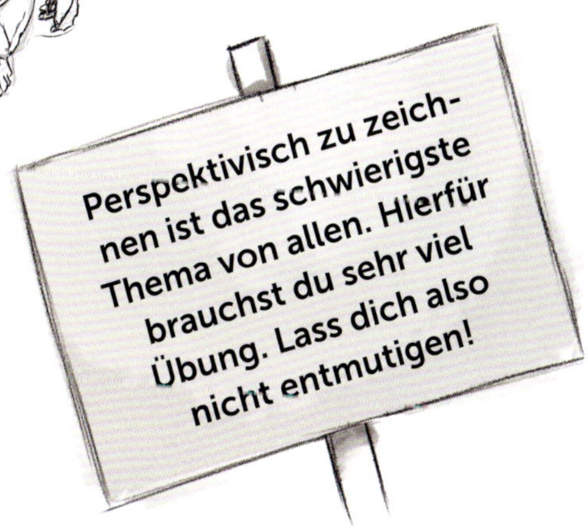

DAS ENDE VOM ANFANG

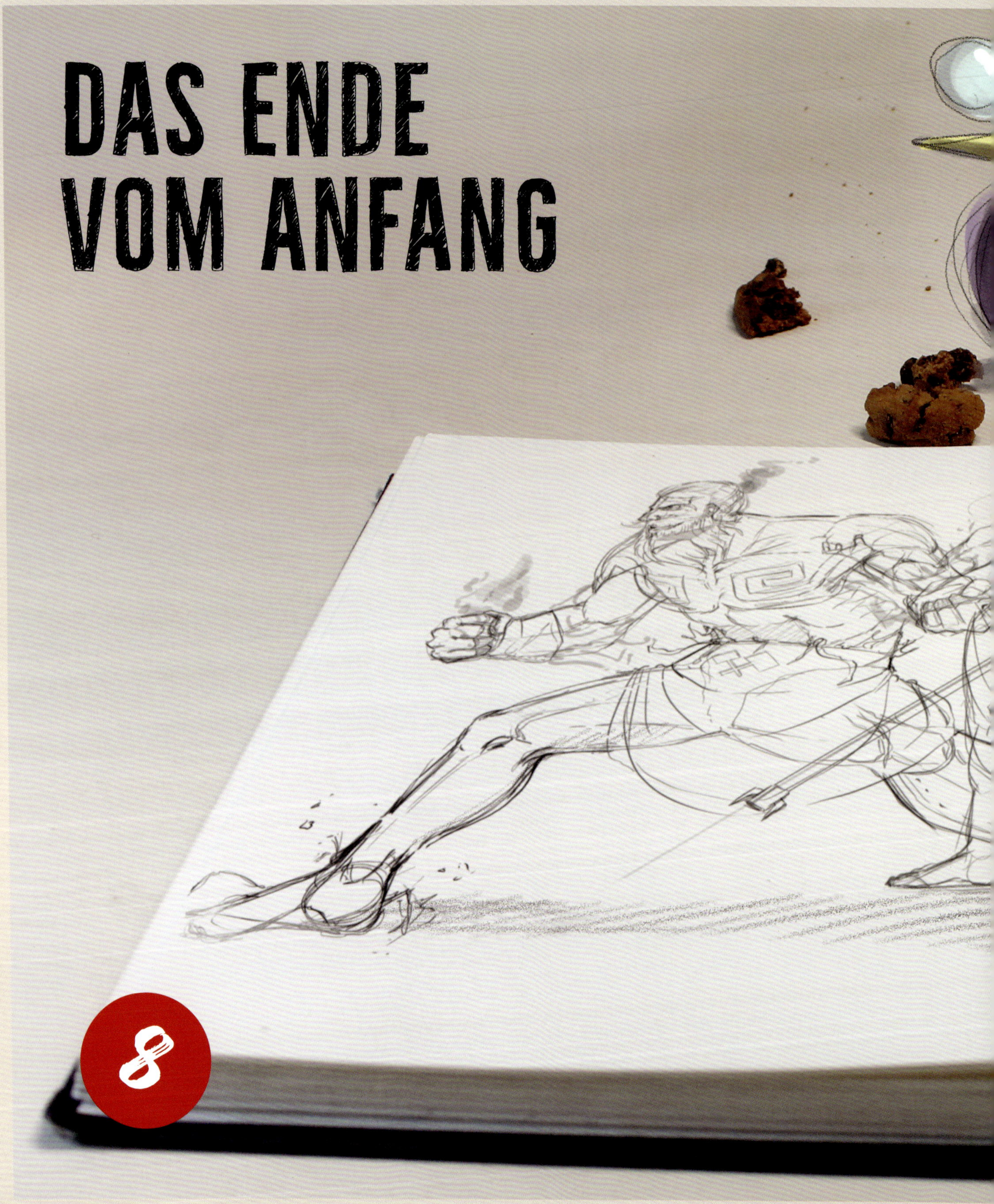

8

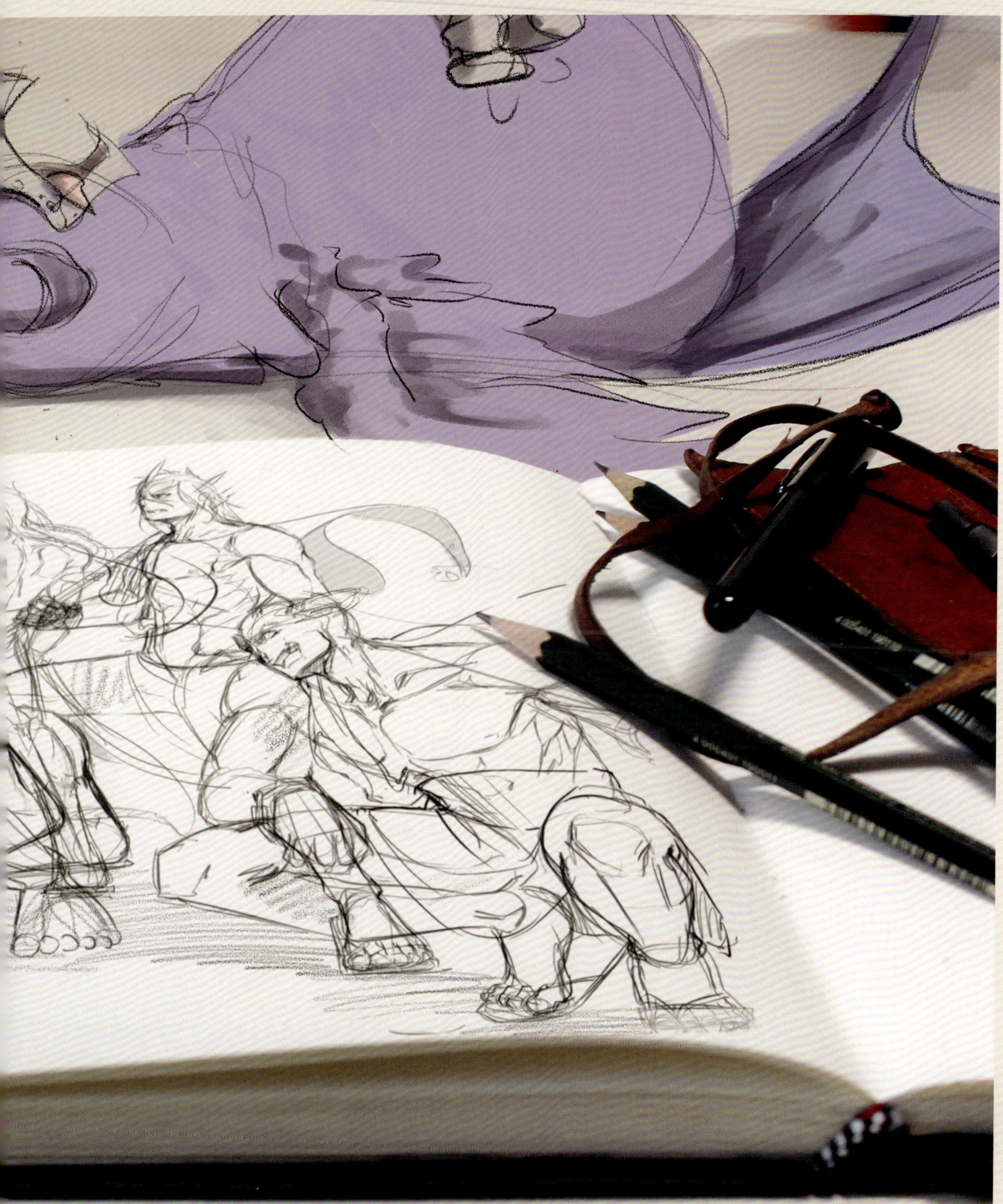

DEIN EIGENER STIL

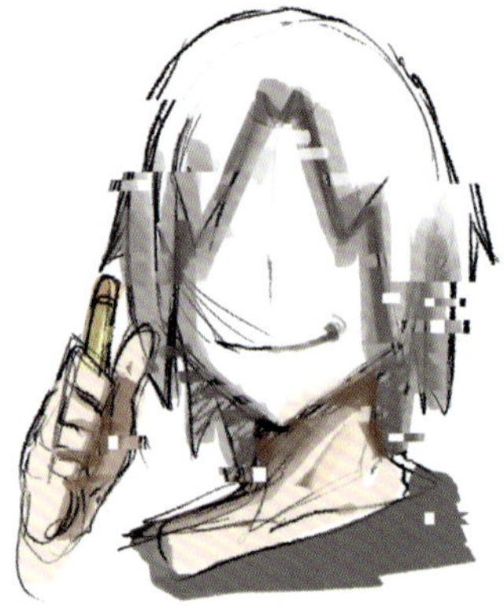

Lass uns zum Schluss noch ein paar Fragen auf den Grund gehen, die viele Anfänger*innen haben. Zum Beispiel die Frage nach einem eigenen, einzigartigen Stil! Ein eigener Stil ist im Prinzip die Zusammensetzung spezieller Eigenschaften. Verschiedenste Eigenschaften können deine Zeichnung einzigartig machen:

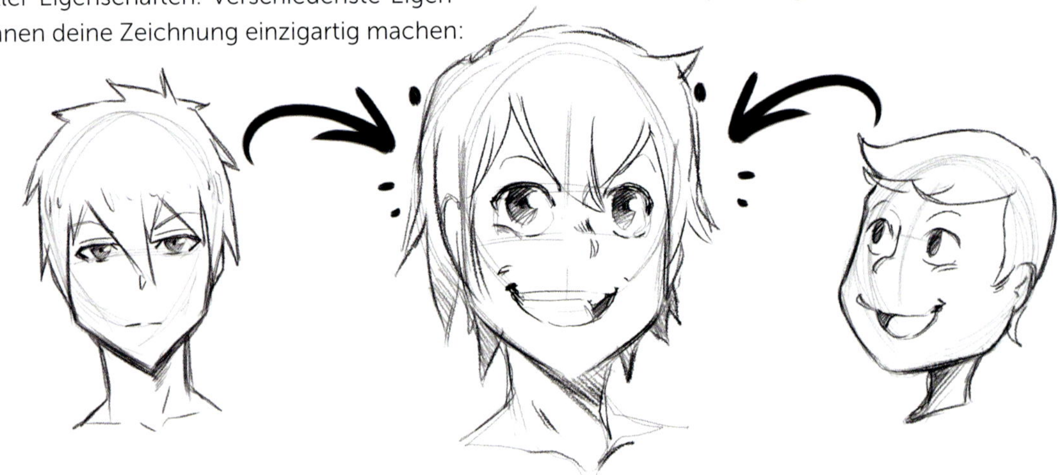

Viele Mangaka wie Eiichirō Oda oder Kōhei Horikoshi haben sich in den letzten Jahren an westlichen, cartoonartigeren Stilen orientiert, um ihre Zeichnungen ausdrucksstärker zu machen. Wenn man nicht für Neues offen ist, wird man sich also nie verändern oder verbessern (das gilt übrigens nicht nur fürs Zeichnen).

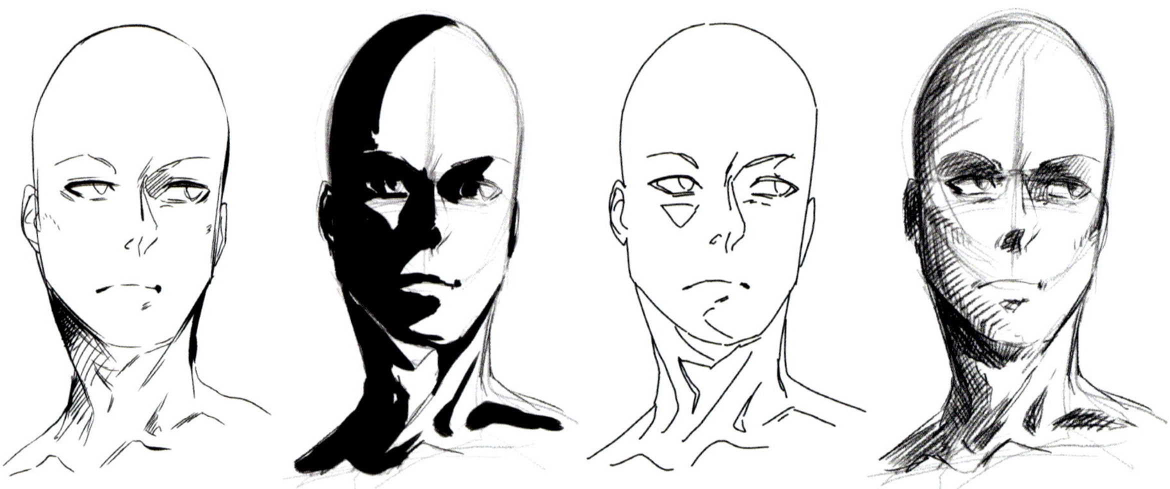

Diese Gesichter sind alle unterschiedlich ausgefertigt worden. Alle vier Köpfe wirken verschieden, als hätten sie eine ganz eigene Identität – und das, obwohl es immer exakt dasselbe Gesicht ist. Auch das kann einen Stil einzigartig machen. Ein Stil ist also weitaus mehr als nur: „Wie zeichne ich ein Gesicht?“. Verschiedene Schattierungen oder Outlines können auch ein Markenzeichen werden.

Wie es funktioniert

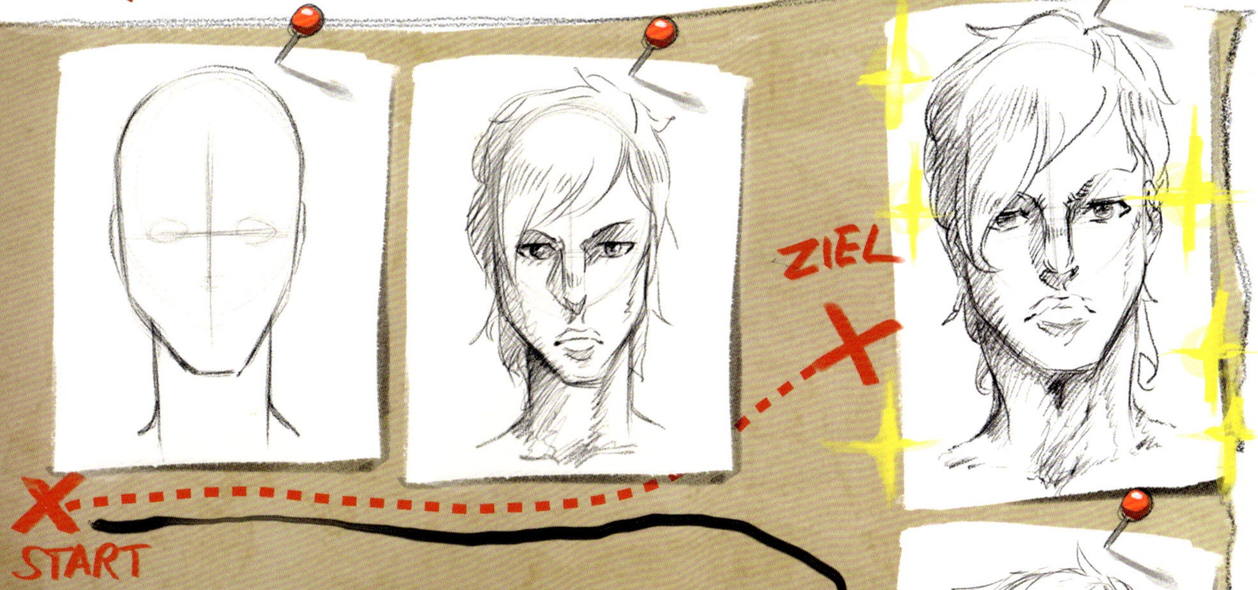

Durch den Prozess der Stilfindung geht so gut wie jede*r Zeichner*in, egal ob bewusst oder unterbewusst. Jede*r Zeichner*in startet mit Vorlieben oder Vorbildern als Ziel und entwickelt auf dem Weg dahin etwas ganz Eigenes. Das kommt mit der Zeit, dauert in der Regel aber einige Jahre. Bei allen Zeichner*innen kann man Einflüsse anderer Künstler*innen oder Stilrichtungen erkennen, wenn man genau hinsieht oder sich gut genug auskennt.

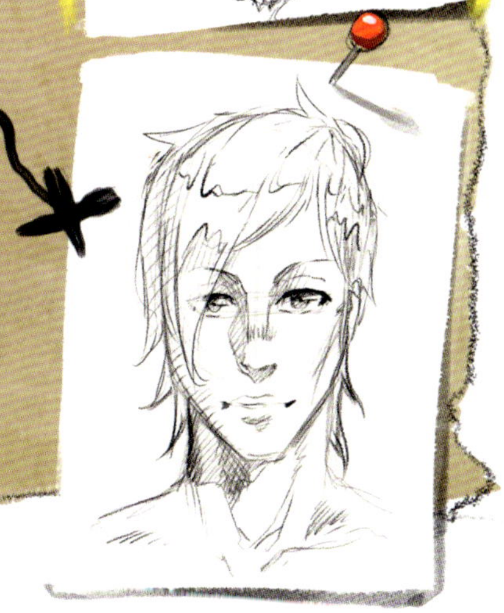

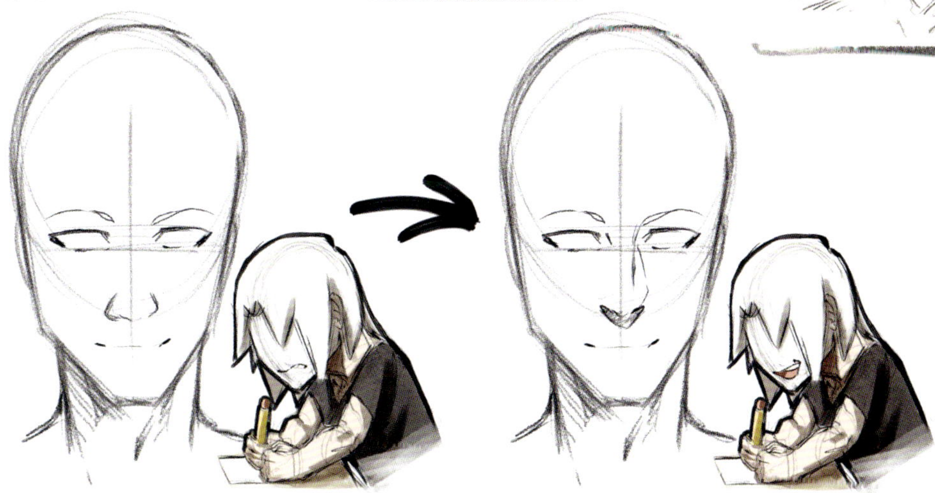

Ein erster Schritt wäre, dich zu fragen, was du **an deinen Zeichnungen ändern** möchtest. Ein Gesicht zum Beispiel besteht aus mehreren Einzelteilen und du kannst Stück für Stück experimentieren und schauen, was genau dich bisher an deinen Zeichnungen stört. So arbeitet man aktiv an seinem Stil – man experimentiert und ändert alles ab, was stört.

ARTBLOCK UND BESSER WERDEN

Wenn du alles aus diesem Buch kannst, bist du auf dich alleine gestellt. Was du oft erleben wirst (oder schon erlebt hast), ist, dass du deine Arbeit abwechselnd wirklich gut und wirklich schlecht finden wirst. Letzteres beschreiben viele als „**Artblock**" oder „**KreaTief**", also eine Art Blockade oder das Gefühl, nichts mehr auf die Reihe zu bekommen. Aufhören wird das nicht, das kommt nämlich ganz automatisch, wenn man sich verbessern will.

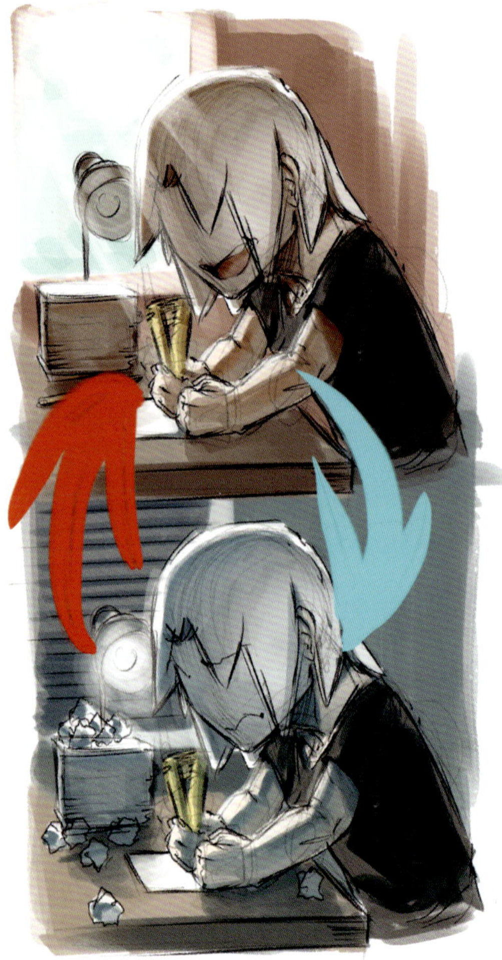

Es ist wichtig zu verstehen, wie „**besser werden**" eigentlich funktioniert: Grob gesagt hast du **zwei Fähigkeiten**: Einmal deinen Skill, also **wie gut du selbst zeichnest**, und dann noch dein **Auge für Kunst**.

Dein **Skill-Level** beschreibt, **wie gut du selbst schon bist**, und dein **Auge für Kunst**, wie gut du **Zeichnungen analysieren kannst**, also quasi deine **Erwartungen** – nicht nur an fremde Zeichnungen, sondern auch an deine eigenen.

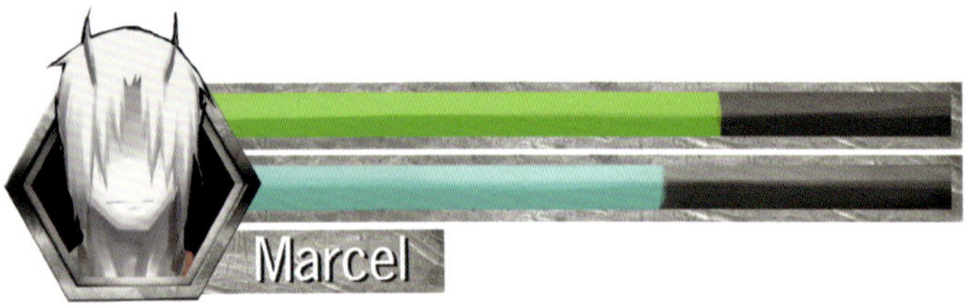

Jedoch sind beide Fähigkeiten **nie** auf einem Level! Wenn du besser zeichnest als deine Erwartungen, gefallen dir deine Zeichnungen natürlich. Wenn dein Auge für Kunst allerdings höher ist, als dein Level, zu zeichnen, entspricht deine Zeichnung nicht mehr deinen eigenen Ansprüchen. Das macht auch Sinn: Du kannst tolle Eigenschaften und Details in anderen Zeichnungen erkennen, aber sie selbst (noch) nicht zeichnen.

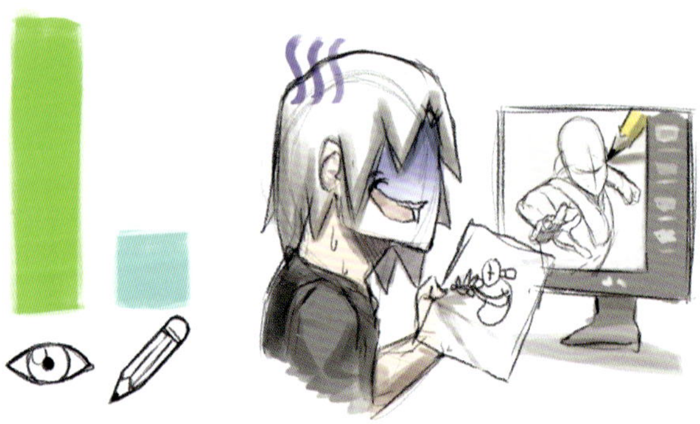

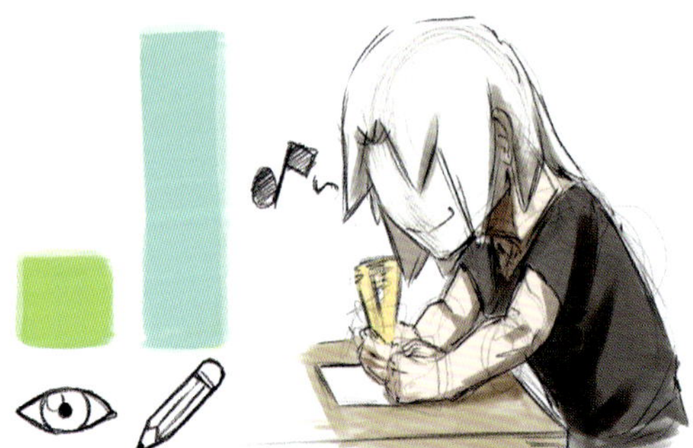

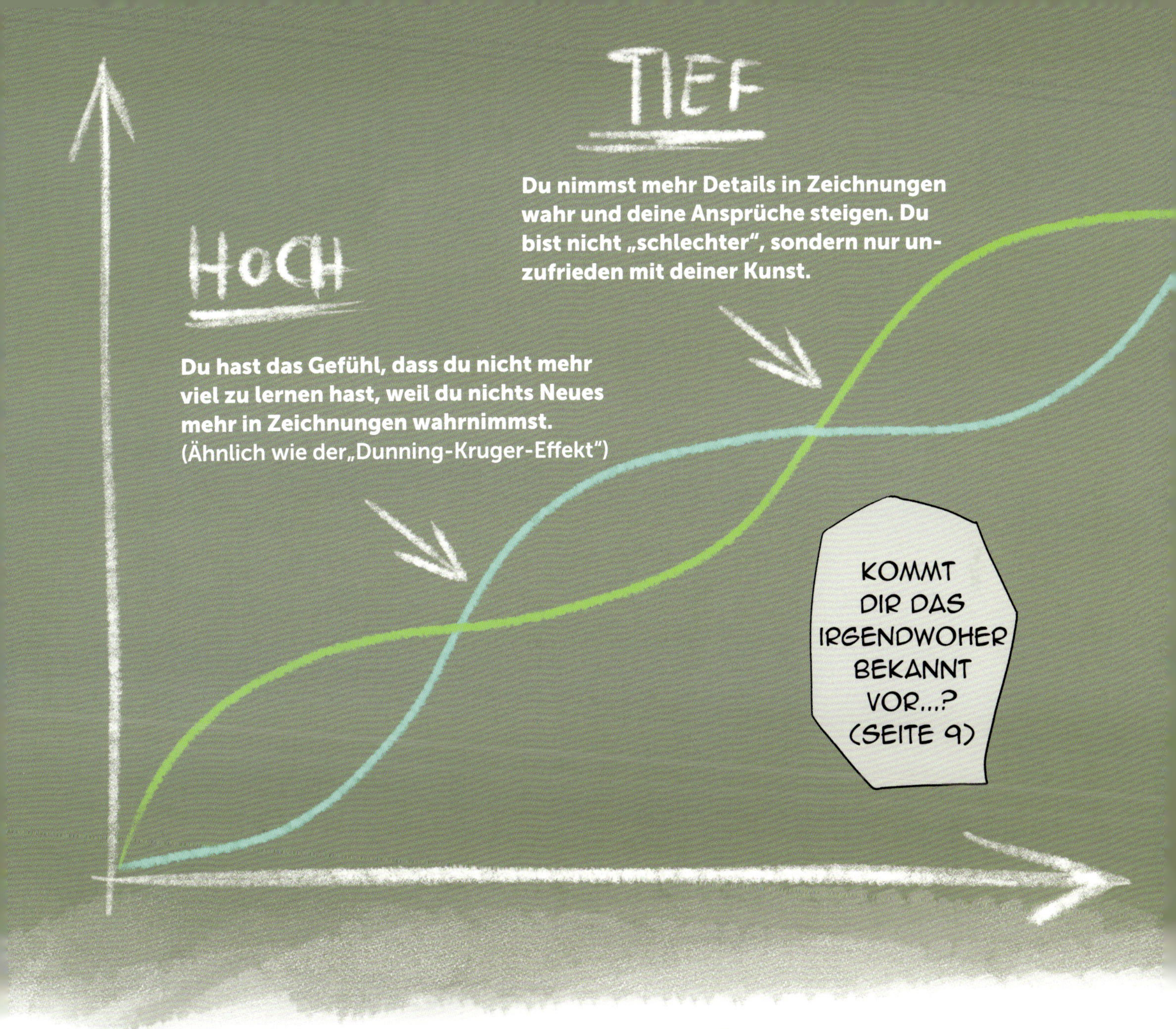

Und was kann man dagegen tun? Genau: Gar nichts. Artblock ist aber nichts Schlechtes, es bedeutet nur, dass deine Ansprüche gestiegen sind. Social Media können das Ganze stark aus dem Gleichgewicht bringen, da du konstant fantastische Zeichnungen zu Gesicht bekommst und somit dein **Anspruch** immer höher wird. Mit deinem **Können** aufzuholen wird ewig dauern. Der Trick dahinter ist allerdings, sich nicht mit diesen Zeichnungen zu vergleichen und zu verstehen, dass es sehr lange dauert, bis man auf so einem Level ist. Das Ganze als Wettlauf oder Rivalität zu sehen ist unglaublich toxisch und verdirbt einem nur die Laune.

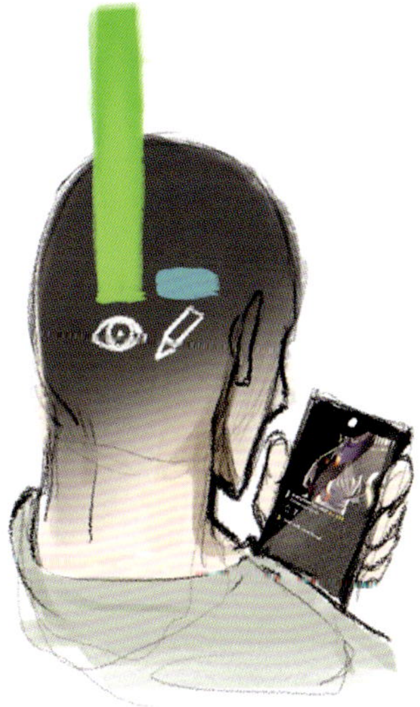

THUMBNAIL SKETCHES

Bei größeren oder wirklich komplizierten Motiven skizziere ich immer erst sogenannte **Thumbnail Sketches.** Ich fertige also zuerst eine kleine Version meiner Zeichnung an – wie eine Art Bauplan, nach dem ich mich richten kann. So habe ich zum Beispiel auch das Cover für meinen Soundtrack gestaltet:

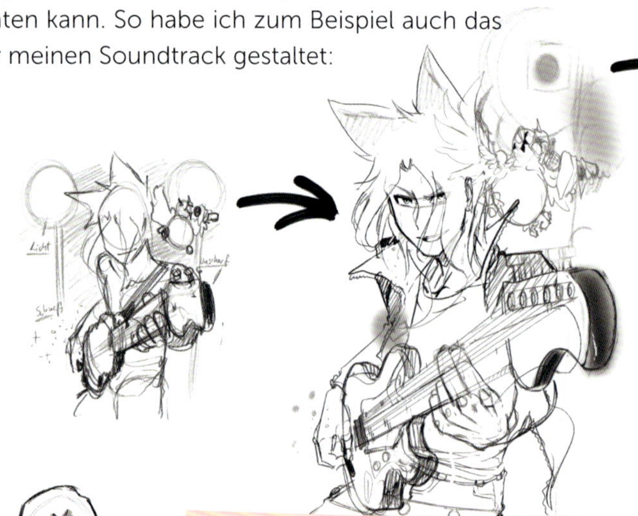

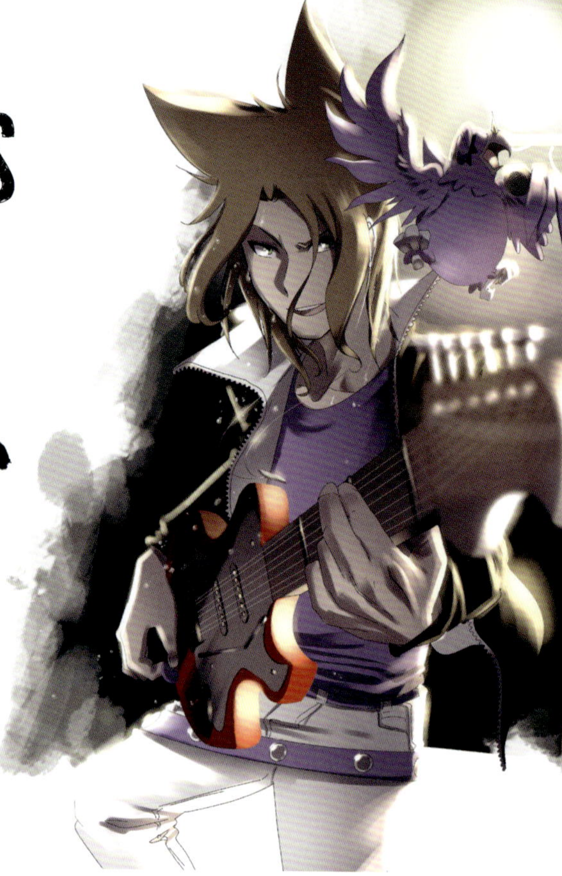

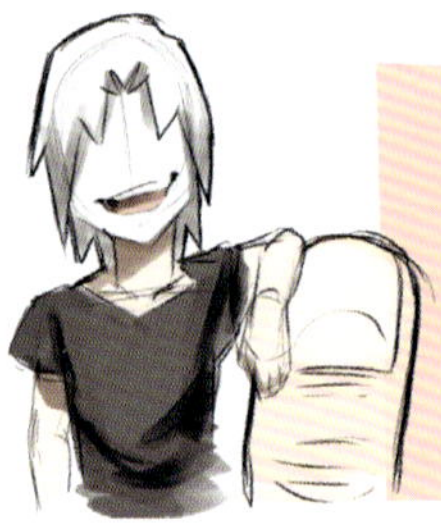

Auch wenn es zu Deutsch „Daumennagelskizze" heißt, bedeutet das nicht, dass deine Skizze so klein sein muss. Ich mache diese Skizze meistens circa 5cm breit. Dafür gibt es keine wirkliche Regel.

Wie es funktioniert:

Bei einer Thumbnail Sketch geht es darum, die Bildidee so gut es geht festzuhalten. Es reicht also voll und ganz, z.B. nur mit Strichmännchen zu skizzieren. Mithilfe dieser Vorlage machst du dann die richtige Skizze.

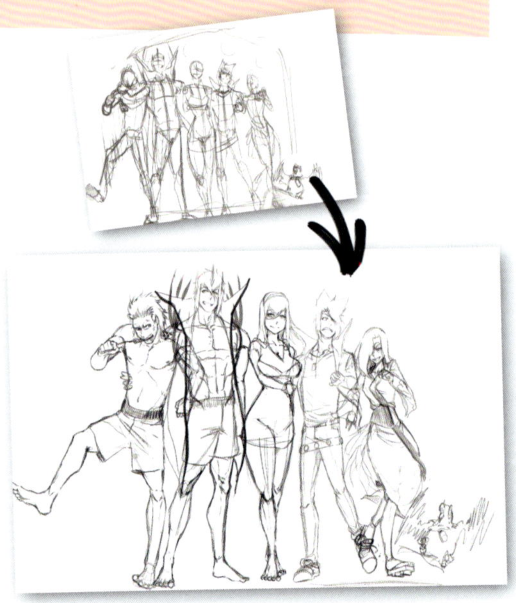

Eine Thumbnail Sketch ...

- solltest du so simpel wie möglich zeichnen, damit du dich nicht verkünstelst.
- verschafft dir eine gute Übersicht über das ganze Bild, vor allem bei großen Bildern.
- hat meist noch viel Dynamik, da du sehr frei und unbeschwert zeichnen kannst.

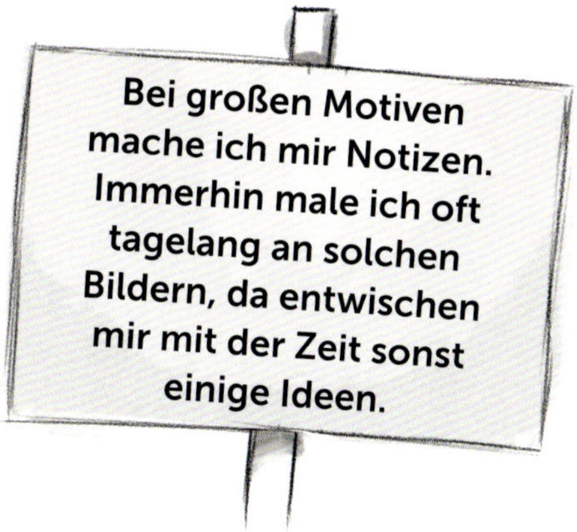

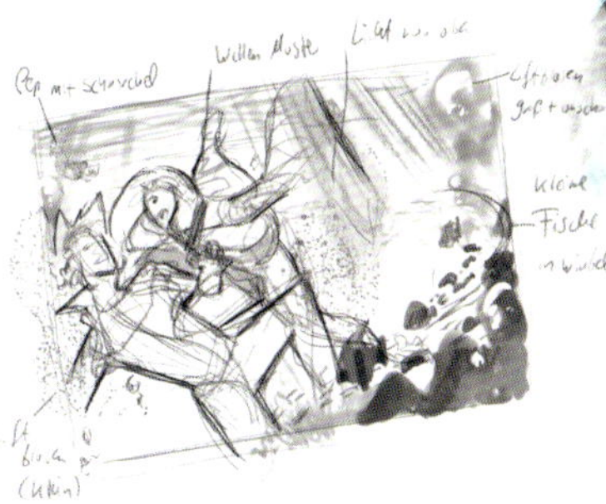

Thumbnail Sketch

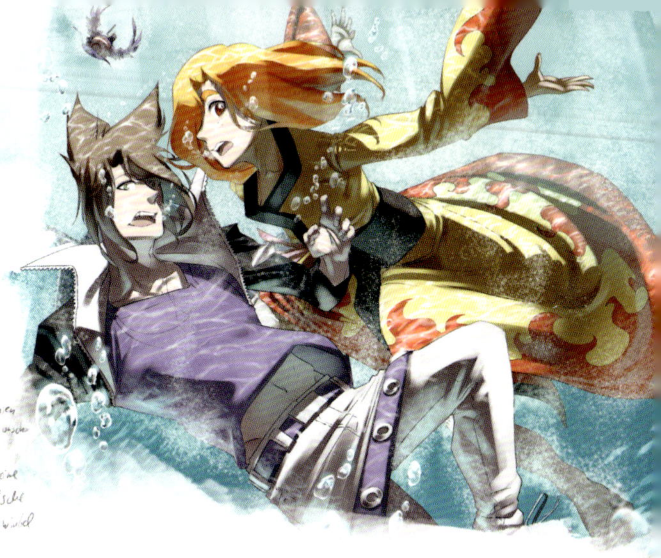

Fertige Illustration

Wenn man Manga zeichnet, läuft es ganz genauso – hier macht man sich Thumbnail Sketches in Form eines **Storyboards**. Auch hier werden viele Notizen und Ideen aufgeschrieben, damit die fertige Mangaseite akkurat gezeichnet werden kann.

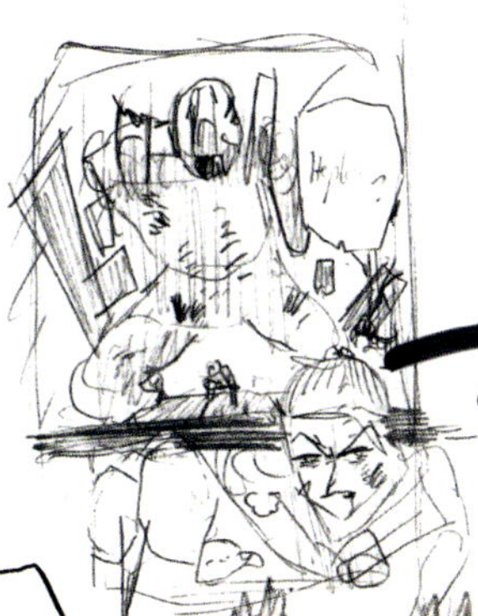

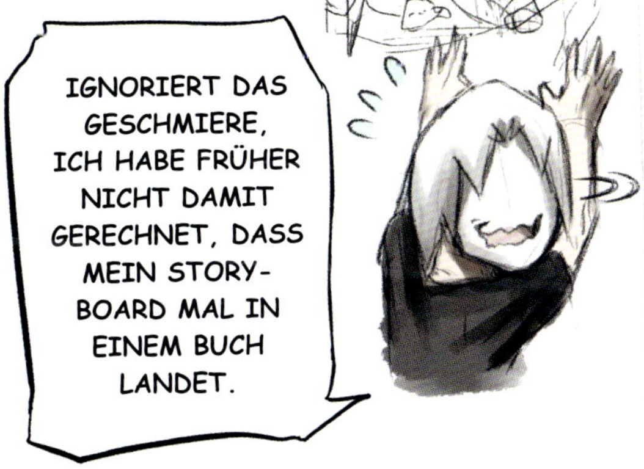

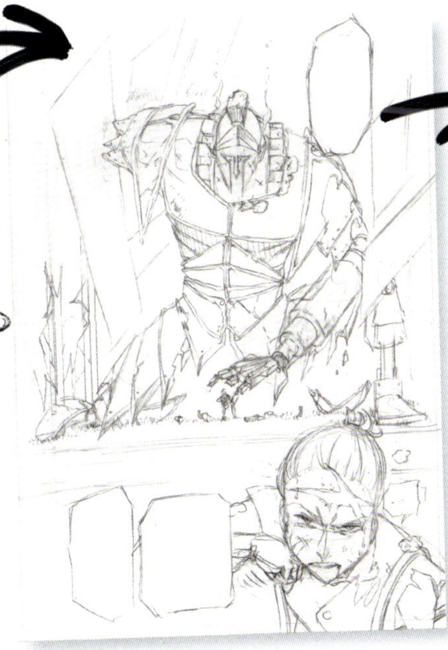

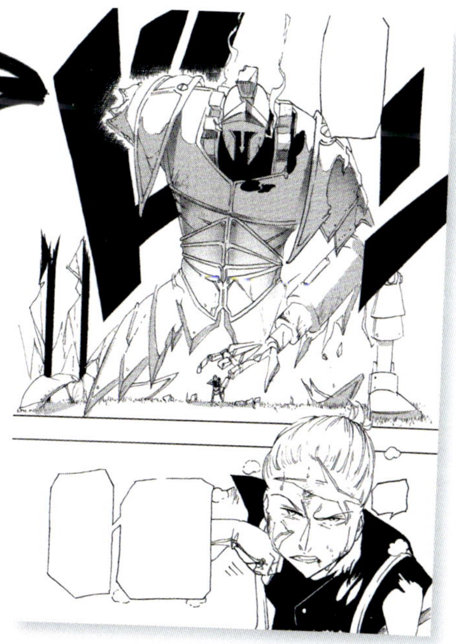

Thumbnail Sketches fertige ich zu jeder Idee an, die mir kommt, damit ich sie nicht vergesse. Mittlerweile habe ich so viele davon, dass ich ein komplettes Buch damit füllen konnte. (Die Bücher & Manga sind erhältlich auf **www.drawinglikeasir.de**)

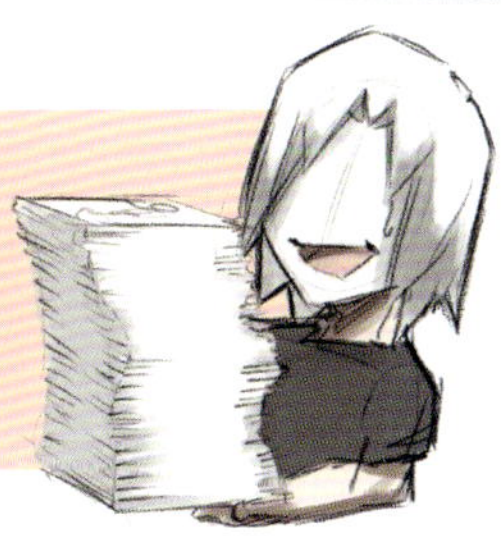

WIE ICH EIN MOTIV ENTWERFE

Zum Schluss zeige ich dir hier noch eine Illustration, die ich gezeichnet habe – komplett von Anfang bis Ende. Wie bereits gezeigt, mache ich mir immer erst eine Thumbnail Sketch. Hier habe ich nur ganz wenig geplant, ich wollte nur ungefähr festlegen, welche Charaktere wie groß dargestellt werden, den Rest mache ich in diesem Fall spontan.

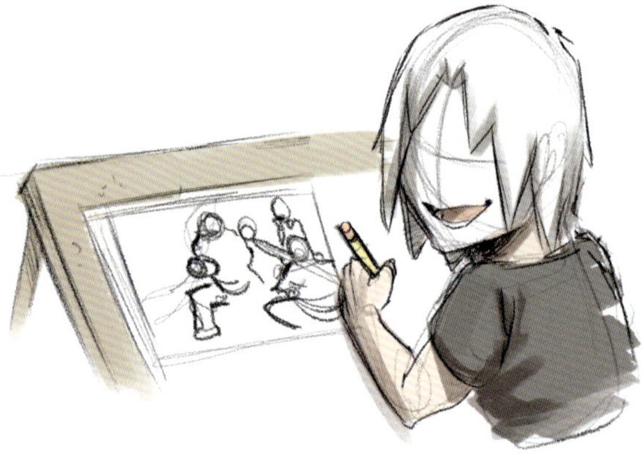

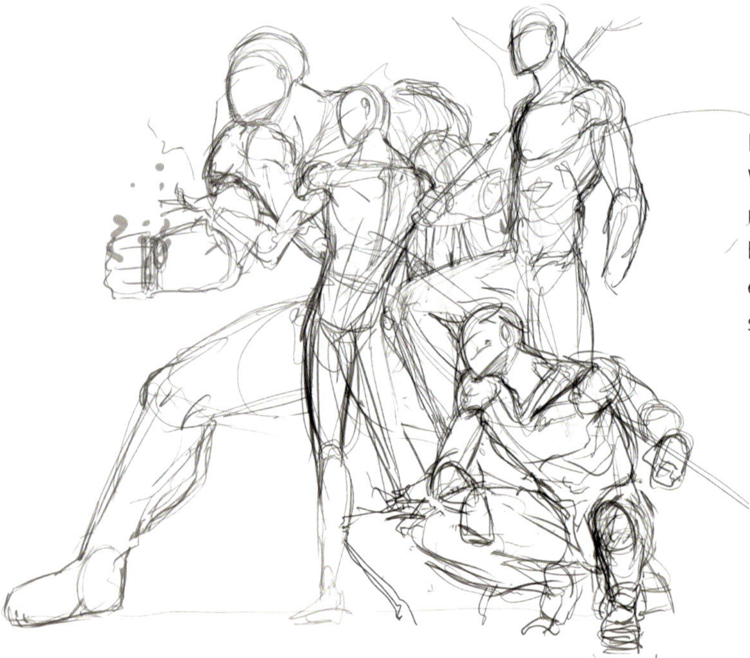

Danach skizziere ich grob die einzelnen Charaktere. Wie du siehst, ist hierbei nichts detailliert, es geht erst mal um die grundlegenden Formen. Bei diesem Schritt haben viele Zeichner*innen schon Probleme, aber mit etwas Übung im Life Drawing (S. 109) lässt sich das super verbessern.

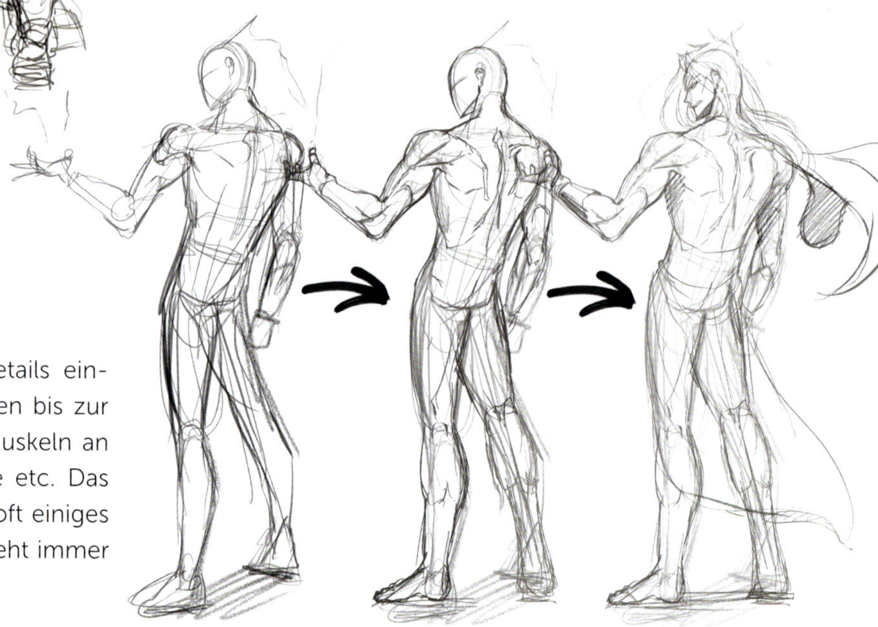

Wenn alle Charaktere stehen, kann ich Details einzeichnen. Ich arbeite mich von der untersten bis zur obersten Schicht vor, fange also mit den Muskeln an und zeichne danach erst Klamotten, Haare etc. Das dauert manchmal Stunden oder Tage, weil oft einiges korrigiert oder geändert werden muss. Es sieht immer weitaus leichter aus, als es ist.

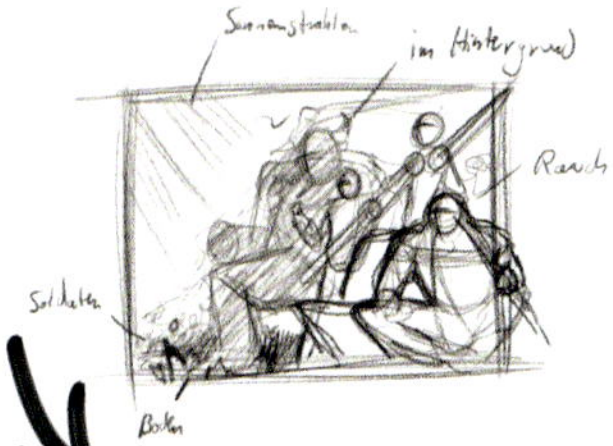

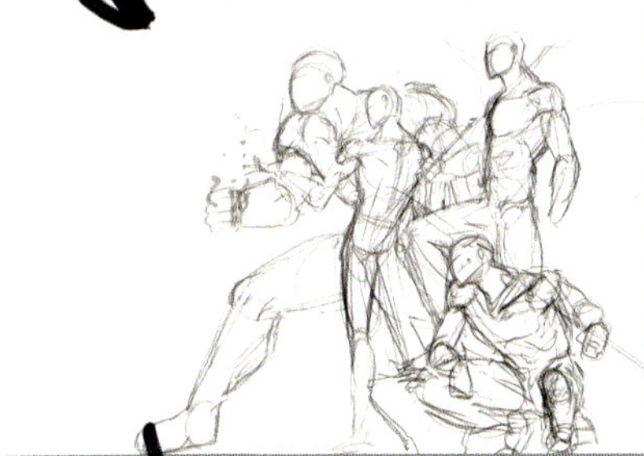

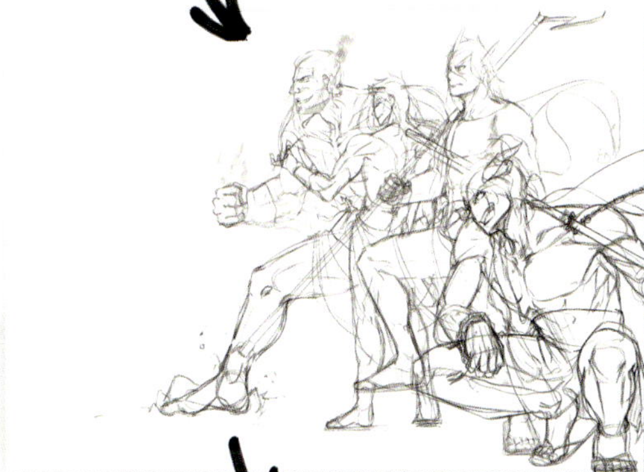

So zeichne ich im Prinzip alle meine Illustrationen. Meine Vorgehensweise ist also so, wie du es bisher gesehen hast:
Ich zeichne erst mit simplen Formen, bevor ich Details wie Kleidung, Muskeln, Haare oder Gesichter ergänze. Danach inke und koloriere ich meine Zeichnungen noch, aber das sind alles Themen, über die man jeweils komplett eigene Bücher schreiben kann…

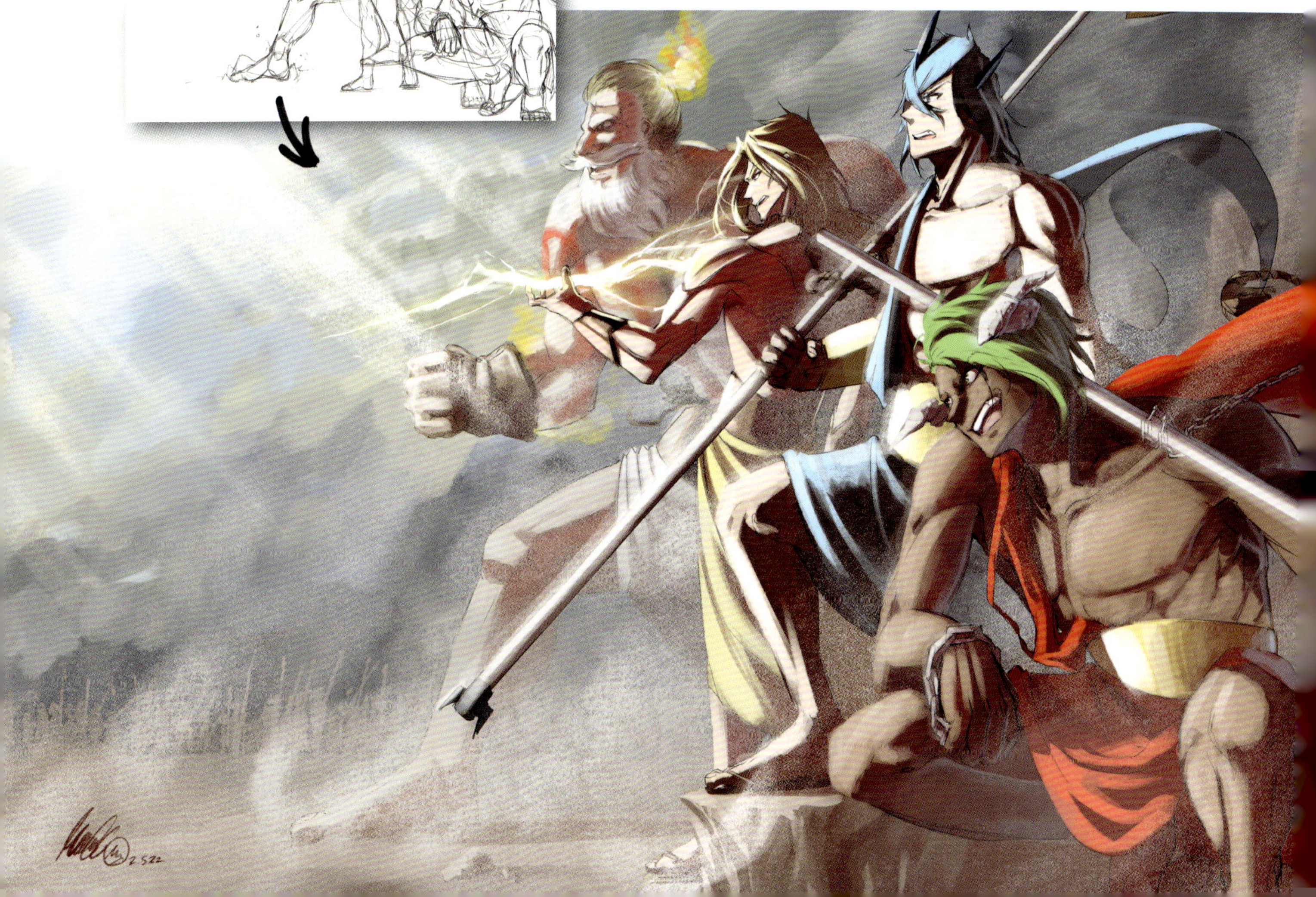

OH MANN. Ich bin wirklich nicht gut im „Auf Wiedersehen“ sagen und habe viel zu lange dafür gebraucht, mir etwas Passendes für ein Schlusswort einfallen zu lassen. Womit endet man eines der anspruchsvollsten Bücher, an denen man bisher gearbeitet hat? Eigentlich habe ich so gut wie alles, was ich dir zu dem Thema sagen wollte, bereits in dieses Buch gepackt (sonst hätte ich es nämlich definitiv nicht drucken lassen, haha).

Eine letzte Sache ist mir tatsächlich noch eingefallen: Während ich an diesem Buch gearbeitet habe, habe ich oft daran zurückgedacht, wie die letzten Jahre für mich gelaufen sind. Ich habe oft die Frage gestellt bekommen, wo mein Durchhaltevermögen herkommt, und habe das bisher immer sehr gekonnt kleinreden können. Aber so im Nachhinein ist die Frage wahrscheinlich gar nicht mal so unberechtigt. Ich habe weit über 700 Mangaseiten gezeichnet und danach direkt an einem Artbook mit mehr als 140 Seiten gemalt – und noch währenddessen dieses Buch hier in Angriff genommen. Von außen kam da oft die Frage: „Wird das nicht langweilig?“ Aber ich dachte mir dabei immer: „Wieso? Macht doch Spaß.“

Während dieser zehn Jahre gab es natürlich mal Momente, in denen es gut und dann wieder weniger gut lief. Aber in solchen Momenten finde ich es immer wichtig, sich daran zu erinnern, weshalb man das Zeichnen und Malen früher eigentlich so toll fand. Natürlich wirst du nicht so lange durchhalten, wenn es nur dein Ziel ist, viele Follower durch deine Zeichnungen zu sammeln oder besser als jemand anderes zu werden. Glaub mir, Follower im Internet machen einen nach ein paar Jahren nicht mehr glücklich. Und Rivalen sind nach der Schulzeit meistens weg. Wo ist dann noch deine Motivation?

Wenn du zeichnest, weil du wirklich Spaß daran hast und dir alles andere egal ist, bin ich der festen Überzeugung, dass jeder mit dieser Art von Motivation genauso viel Durchhaltevermögen daraus schöpfen kann wie ich. Davon bin ich zu 100% überzeugt – immerhin war es bei mir nicht anders.

Vielen Dank für's Lesen!
Mehr habe ich nicht mehr zu sagen.
Und vergiss nie...

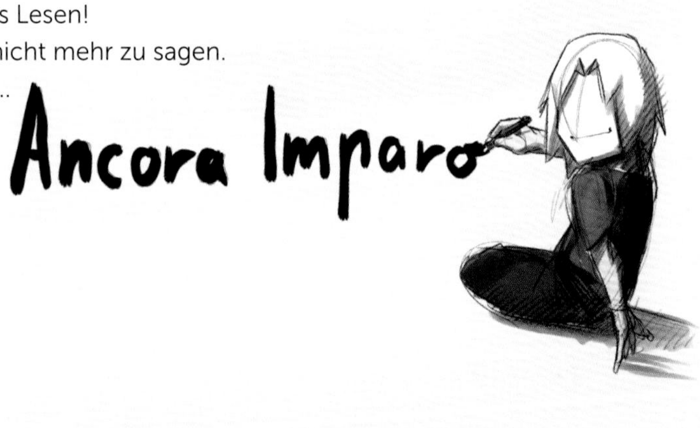

ÜBER DEN AUTOR

Konstant übermüdet, abhängig von Süßigkeiten und dauerhaft am Schreibtisch – das ist **Marcel „Drawing like a Sir" Kühn**. Der Autor dieses Buchs hat bisher acht Bücher selbst illustriert und veröffentlicht, darunter die sechsteilige Mangaserie „MYTH".

YouTube: Drawinglikeasir

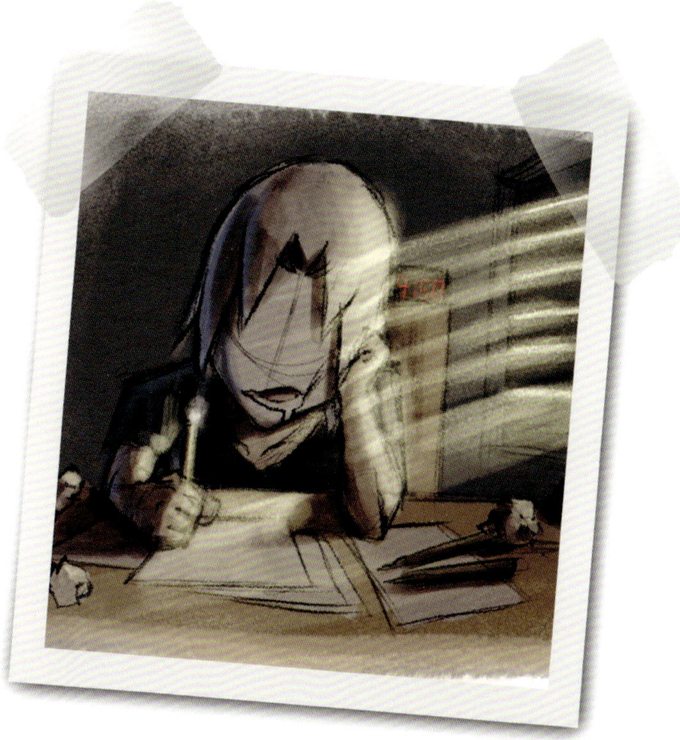

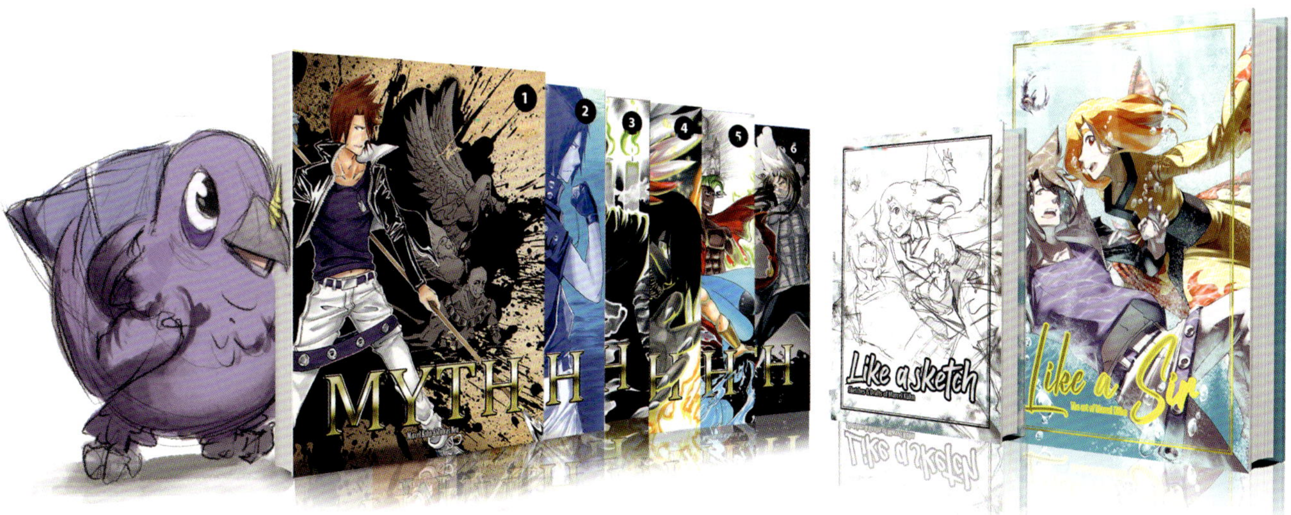

Alle meine bisherigen Bücher, darunter auch die komplette Mangaserie und Artbooks sind erhältlich auf **www.drawinglikeasir.de/shop**

Code scannen

IMPRESSUM

Bibliografische Information der Deutschen Bibliothek.

Die Deutsche Bibliothek verzeichnet diese Publikation in der Deutschen Nationalbibliografie.
Detaillierte bibliografische Daten sind im Internet über http://www.dnb.de/ abrufbar.

Bei Fragen zur Produktsicherheit wenden Sie sich an
Edition Michael Fischer GmbH
Kistlerhofstr. 70
81379 München
kontakt@emf-verlag.de

EIN BUCH DER EDITION MICHAEL FISCHER

8. Auflage 2026

Covergestaltung und Satz: Luca Feigs
Redaktion und Lektorat: Anneliese Roth

ISBN 978-3-7459-1299-9

www.emf-verlag.de